科技论文写作与文献检索指引

王中华　编著

中国石化出版社

内容简介

该书简要介绍了科技论文与科技文献的基本知识，以及如何进行文献检索与利用，详细介绍了科技论文的选题、材料组织、谋篇布局、基本结构、写作步骤与方法、写作要点与实例、插图和表格的制作与使用要求，并对综述性科技论文写作进行了专门介绍。结合检索实例介绍了国内外一些常用检索系统的基本内容及使用方法，同时还介绍了一些常用的搜索引擎和学术资源等。力求做到理论与实践相结合，简明扼要，深入浅出，实用性强。

本书可供科研人员及工程技术人员使用，也可以作为有关专业大专院校高年级本科生及研究生的教学参考书。

图书在版编目（CIP）数据

科技论文写作与文献检索指引 / 王中华编著．—北京：中国石化出版社，2021.4（2024.4 重印）
ISBN 978-7-5114-6208-4

Ⅰ．①科… Ⅱ．①王… Ⅲ．①科学技术–论文–写作②科技情报–情报检索 Ⅳ．① H152.3 ② G252.7

中国版本图书馆 CIP 数据核字（2021）第 054803 号

中国石化出版社出版发行
地址：北京市东城区安定门外大街 58 号
邮编：100011　电话：(010)57512500
发行部电话：(010)57512575
http://www.sinopec-press.com
E-mail：press@sinopec.com
番茄云印刷（沧州）有限公司印刷
全国各地新华书店经销
*
710×1000 毫米 16 开本 17.5 印张 316 千字
2021 年 4 月第 1 版　2024 年 4 月第 3 次印刷
定价：88.00 元

前言

科技论文写作与文献检索是科学研究、生产实践与技术创新的重要组成部分，并已成为信息时代人们开展交流，提高科技水平，培养、提升个人与集体科学素养的一个标准和反映。对于科研和工程技术人员来说，科技论文写作和文献检索是有效地完成本职工作所必须掌握的最基本的能力之一。

科技论文写作是提高专业技术人员自身能力，展示自己成果的重要途径。在从事研究和技术工作中，当完成了一项研究，取得了一项成果，推广了一项技术，获得了一定经验，以及成果、技术在推广应用中得到了进一步提高时，就需要写成总结报告或论文，以反映成果和技术的应用情况及价值。当需要进行职称评审、成果交流、专业技术能力展示等时，也需要写论文。

文献在科学技术的发展中具有极其重要的地位和作用，是科研选题和论文写作的基础。可以说文献信息是启迪科技工作者智慧的金钥匙，是掌握和获取专业知识的源泉，而文献检索是获取信息的重要途径。可见，科技论文写作离不开文献检索，文献检索也可以视为科技写作的重要辅助手段。

尽管科技论文写作和文献检索是科技工作者必备的基本技能，但仍然有许多人员，尤其是从事现场工作的工程技术人员和刚从事专业技术工作的人员，由于工作性质和经验所限，对科技论文写作和文献检索知识的掌握还不够多，仍然需要不断学习和提高。尽管国内已经出版了一些关于科技论文写作与文献检索方面的书籍，但由于侧重点不同，还是不能完全满足现实需要。针对当前实际，中国石化出版社程天阁老师提出让我来编写一本关于科技论文写作与文献检索方面的书籍，接下这个题目诚惶诚恐，总怕不能很好地完成任务，但认真思考之后，感觉写这个题目对我虽是一个挑战，但却很有意义，自己虽非写作专业出身，但毕竟有着35年的科技写作的经历，也讲授过科技报告与论文写作，在专业技术方面曾经发表200多篇论文，出版10多本专著等，其间积累了一些科技写作方面的经验和认识，若再进一步吸收借鉴有关科技论文写作方面的理论和经验，也就有了写作的基础，于是便开始构思该书的基本框架，并基于长期的科研、生产、文献检索的实践，以及论文、报告、专著撰写的经验积累，结合有关文献资料，考虑到网络信息检索、文献数据库检索与手工文献检索的继承性和交互性，以及对工程技术人员文献基本知识与查阅技能的训练要求、工作环境和条件，从实用的角度出发，在吸收了大量相关文献资料中的新观点和新方法的基础上，形成了书的初稿，几经修改与完善，最终完成，并定名为《科技论文写作与文献检索指引》。值此，要特别感谢程天阁老师对我的信任、帮助和支持，也感谢吕跃滨同志在书稿修改、打印等方面给予的帮助。本书在写作过程中参考了许多有关论文写作方面的书刊、规范等文献资料，并尽可能地在参考文献中列出，在此向有关文献的作者表示衷心的感谢。由于所涉及的文献较多且存在交叉，若某些文献资料由于作者疏忽等原因没有标注其出处，尤其是对于一些电子文献没有一一列出，也请相关文献作者和提供者予以谅解。

本书共七章，第一章绪论，第二章科技论文选题及研究方法，第三章科技论文的写作步骤与规范，第四章科技论文的基本结构与写作要点，第五章综述性科技论文的写作，第六章科技文献检索与利用，第七章常用文献检索系统及检索方法。其中，第一章至第五章由王中华撰写，第六章、第七章由王中华、孙盼科共同撰写，全书由王中华统稿。本书旨在帮助科研工作者和工程技术人员提高科技论文的写作和文献检索能力，也可作为大中专院校教材使用。

由于科技论文写作和文献检索是一个系统而又复杂的课题，而且还在不断发展，限于个人的学识和理解力，书中难免存在疏漏之处，敬请各位读者朋友在使用中多提宝贵意见，以便今后有机会再版时改正。

目 录

第一章　绪论

科技工作者的任务是进行科学研究与实践，科学研究的目的是产出成果提高本领，最终解决生活和生产中的技术难题，从而推动科技进步。在从事科研和技术工作的过程中为了使研究和技术成果得到检验和评审，取得的经验和认识得到传播，就必须通过报告的形式来实现，这就要求我们不仅要做好科研和技术工作，还必须写好报告。而当我们的成果需要发表的时候，还需要在报告的基础上写出能够满足期刊发表要求的科技论文。就科技论文而言，它主要用于科学研究、技术攻关及其成果的描述，是研究成果的一种体现形式，是进行成果推广、信息交流和促进科学技术发展的重要途径，也是科技工作者文字表达能力的具体体现。论文的发表不仅体现了研究和技术工作的水平，而且还标志着成果为社会所公认，载入人类的知识宝库，成为人们共享的精神财富。可见，科技论文的写作对每位科技工作者来说都是非常重要的。

文献检索是打开人类知识宝库的金钥匙，是从事科学技术活动的重要组成部分。通过科技文献的阅读可使科技人员在科研、设计和生产中继承和借鉴前人的研究成果和宝贵经验，避免重复研究，从而提高研究的针对性和科研工作效率。科技文献检索也是科技论文写作的基础，对于提高科研和工程技术工作效率，以及科技论文的质量也是非常关键的。

本节结合具体情况对科技论文的基本概念和科技文献基本知识进行简要介绍。

第一节　科技论文的基本概念

一、科技论文的含义

科技论文通常是指科学技术人员对各个学术领域的研究和描述学术研究成

果的文章。它既是探讨问题进行学术研究的一种手段，又是描述研究成果进行学术交流的一种工具。它包括学年论文、毕业论文、学位论文、科技论文、成果论文等。论文一般由题名、作者、摘要、关键词、正文、参考文献和附录等部分组成，其中某些部分（例如附录）可有可无。要写出一篇要素完整的论文来，往往需要两方面的基础，即研究基础和写作基础。

科技论文是报道自然科学研究和技术开发创新性工作成果的论述文章，是阐述原始研究结果并公开发表的书面报告；是人类交流科技成果和科技信息的载体，是科技人员智力劳动的物化形式；是以科技新成果为对象，采用科技语言、科学逻辑思维方式，并按照一定的写作格式撰写，经过正规严格的审查后公开发表的论文。其特点是：①原始研究结果或新认识的首次披露；②采用一定形式，使同行能重复实验，审查作者的结论；③在杂志或其他能为科学界利用的文献期刊或书报上发表过。

科技论文写作是科学技术研究工作的组成部分。由于论文是科技成果的重要标志，是发现人才的重要途径，故开展科技论文的写作有利于促进科学技术的发展，有利于提高科技人员的素养，有利于进行学术交流，科技论文也是衡量科研水平的重要手段。可以说，科技论文写作是一切科技交流（研究成果、技术发明、科技信息）的基础，对科学技术工作来说，具有非常重要的意义。

二、科技论文的分类

科技论文有多种不同的分类方法，一般有如下几种。

（一）按研究目的分类

按研究目的可分为理论探讨性和论证性论文、综合论述性论文及预测性论文。

1. 理论探讨性和论证性论文

理论探讨性和论证性论文是运用有关原理或以大量的观察实验结果为依据，或以丰富的文献资料、现实材料等作为基础，通过分析综合，剖析现象与本质推理论证，从而提出新理论、新看法、新方法，或论述自己的研究成果，证明自己的研究论点的论文。

2. 综合论述性论文

综合论述性论文是针对现实中或学科专业领域提出的问题，围绕某一主题进行研究，从纵向（历史发展）或横向（目前现状）两方面加以系统和综合概括，说明来龙去脉及前人研究情况，分析问题之所在，指明进一步探索方向的论文。

3. 预测性论文

预测性论文是指研究者通过调查研究，根据科学和事实对某一项技术或现象进行分析，指出发展的趋势以及预测今后发展方向的论文。

（二）按作用分类

按作用可将论文分为学术性论文、技术性论文和学位论文。

1. 学术性论文

学术性论文是指研究人员提供给学术性期刊发表或向学术性会议提交的论文。它以报道学术研究成果为主要内容，反映该学科领域最新的、最前沿的科学技术水平和发展动向，对科学技术事业的发展起着重要的推动作用。这类论文应具有新的观点、新的分析方法和新的数据或结论，并具有科学性。

2. 技术性论文

技术性论文是指工程技术人员为报道工程技术研究成果或新发现、新经验、新认识而提交的论文，这种研究成果主要是应用已有的理论来解决生产、设计、技术、工艺、设备、材料等具体技术问题而取得的。这类论文应具有技术的先进性、实用性、科学性和经济性，代表行业技术水平和发展方向。

3. 学位论文

学位论文是指学位申请者为获取学位而提交的论文。这类论文根据学位的高低又分为以下三种。

（1）学士论文。指大学本科毕业生申请学士学位需要提交的论文。该论文应能够反映出作者具有专门的知识和技能，具有从事科学技术研究或担负专门技术工作的初步能力。这种论文一般只涉及不太复杂的课题，论述的范围相对较窄，有一定深度即可。因此，严格地说，学士论文一般还不能作为科技论文发表。

（2）硕士论文。指硕士研究生申请硕士学位需要提交的论文。该论文是在导师指导下完成的，但必须具有一定的创新性，强调作者的独立思考作用。通过答辩的硕士论文，基本上能够达到发表的水平，具有一定的创新性和学术性，可以作为一般性科技文献。

（3）博士论文。指博士研究生申请博士学位需要提交的论文。该论文可以是一篇论文，亦可以是相互关联的若干篇论文的总和。博士论文应反映出作者具有坚实、广博的基础理论知识和系统、深入的专业知识，具有独立从事科研工作的能力，应反映出某一学科技术领域最前沿的独创性成果。因此，博士论文被视为重要的科技文献。

（三）按研究方式和论述内容分类

按研究方式和论述内容可分为实（试）验研究报告型论文、理论推导型论文、理论分析型论文、设计型论文、专题论述型论文和综述型论文。

1. 实（试）验研究报告型论文

这类论文不同于一般的实（试）验报告，其写作重点主要放在“研究”上。它强调的是可靠的理论依据，科学的实（试）验设计方案，先进、适用的测试手段，合理、准确的数据处理及科学、严密的分析与论证。

2. 理论推导型论文

理论推导型论文主要是对提出的新的假说通过数学推导和逻辑推理，从而得到新的理论，包括定理、定律和法则。其写作要求是数学推导要科学、准确，逻辑推理要严密，并准确地使用定义和概念，力求得到的结论准确可靠。

3. 理论分析型论文

理论分析型论文主要是对新的设想、原理、模型、机构、材料、工艺、样品等进行理论分析，对过去的理论分析加以完善、补充或修正。其论证分析要严谨，数学运算要正确，资料数据要可靠，结论不仅要准确，且一般还必须经实（试）验验证。

4. 设计型论文

设计型论文一般是指为解决某些工程、技术和管理问题而进行的计算机程序设计，某些系统、工程方案、产品的计算机辅助设计和优化设计以及某些过程的计算机模拟，某些产品或材料的设计或调制和配制等。设计型论文的研究对象是针对新工程、新工艺、新产品的设计，主要研究方法是新的设计文件的最佳方案或对实物进行全面论证，从而得出某种结论或引出某些规律。对论文总的要求是相对要“新”，数学模型建立和参数选择要合理，编制的程序既要能正常运行，计算结果还要合理、准确；设计的产品或调、配制的物质要经试验证实或经生产、使用证实。

5. 专题论述型论文

专题论述型论文是指对某一专业、某一领域、某一学科、某项工作发表的议论（包括立论和驳论），通过分析论证，对它们的发展战略决策、发展方向和路线，以及方针政策等提出新的独到的见解。

6. 综述型论文

综述型论文是一种比较特殊的科技论文，与一般科技论文的主要区别在于它不要求在研究内容上具有首创性，尽管一篇好的综述文章也常常包括某些先前未曾发表过的新资料和新思想，但是它要求作者要掌握足够的文献量，在综合分析和评价已有资料的基础上，综合介绍、分析、评述该学科（专业）领域里国内外的研究新成果、发展新趋势，并表明作者自己的观点，对特定时期内有关专业领域的发展演变规律和趋势做出科学预测，提出建设性的意见和建议。

三、科技论文的特点

科技论文的撰写不同于教科书、专著、技术报告和技术总结的写作。科学性、创新性、学术性、重现性、规范性和实践性等是科技论文同其他科技文章的基本区别。归纳起来科技论文有如下基本特点。

（一）科学性和准确性

科学性和准确性是衡量一篇科技论文写作水平的重要标准。

科学性是科技论文同一般议论文以及一切非科技文体的基本区别。论文的科学性就是要准确地说明研究对象所具有的本质特性，并尊重事实，尊重科学。具体而言就是论点正确、论据必要而充分、论证严密、推理符合逻辑，同时还具有数据可靠、方法合理、计算精确、实验可重复、结论客观等特征。

准确性是指概念、定义、判断、分析和结论要准确，对研究成果的估计要确切、恰当，对他人成果的评价要实事求是，切忌片面和说过头话。最根本的是科技论文的实验过程、实验结果要具有可重复性。

（二）创新性或独创性

创新性或独创性是科技论文的灵魂。没有创新性，科技论文写作就失去了意义。所谓创新，是指在认识中有新的突破及新的发现，在应用中有新理论、新技术、新方法的提出，即研究结果的创新性应该是显著的。

科技论文的创新性表现在方法上的创新和成果上的创新两方面。科技论文报道的主要研究成果应是前人（或他人）没有做过的，这应作为每一篇科技论文写作与发表的必备条件。通常理论型科技论文是新的科学研究成果或创新见解和知识的科学记录，技术型科技论文是已知原理应用于实际中取得新进展的科学总结。也就是说没有新的观点、见解、结果和结论，就不能称之为科技论文。

（三）理论性或学术性

学术性即理论性，学术性是科技论文同其他科技文章的基本区别。所谓学术是指系统和专门的学问，也就是有较深厚的实践基础和一定的理论体系的知识。科技论文的学术性是指一篇科技论文应具备一定的学术价值（理论价值）。

科技论文的学术价值一般包括两个方面：一是对实验、观察或用其他方式所得到的结果，要从一定的理论高度进行分析和总结，形成一定的科学见解，包括提出并解决一些有科学价值的问题；二是对自己提出的科学见解或问题，要用事实和理论进行符合逻辑的论证与分析或说明，将实践上升为理论。

（四）重现性或重复性

重现性或重复性，即读者根据论文中所描述的实验方法、实验条件、实验设备等进行重复实验时，应能得到与作者所发表论文相同的结果。但应明确的是，一些带有专利性的内容，或者是需要保密的内容，不应在论文中出现。

只有在研究中真正揭示了研究对象的内在联系，并掌握了所研究对象的变化规律，获得可靠的数据或结果，才能保证论文结果和结论的可重复性。这就要求作者科研设计必须合理，写作时要详细介绍必要的、关键的内容，尤其是自己创新或改进的技术和方法，以便读者可在相同的条件下重复出同样的结果。有了可重复性的成果，才有推广和应用价值，也才能具有经济和社会价值，这样论文发表才有实际意义。

（五）规范性和可读性

撰写科技论文是为了交流、传播、储存新的科技信息，并为他人所利用。一篇科技论文一旦失去规范性和可读性，它的价值就会严重降低，甚至会使人怀疑研究成果的可靠性。因此，科技论文必须按一定格式写作，具有良好的规范性和可读性。规范性和可读性表现为两个方面：一是在文字表达上要做到语言准确、简明、通顺，条理清楚，层次分明，论述严谨；二是论文的技术表达上要规范，包括名词术语、数字、符号、公式的使用，图表的设计，计量单位和符号的使用，以及文献的著录等，都要准确并符合一定的规范和格式要求。

（六）实践性和有效性

从实践性来讲，写论文要充分考虑到文章的实践性和现实性意义。只有从现实需要和推动科学技术进步的需要出发，才能写出满足时代发展要求、真正能够体现实际价值的论文。科技论文的实践性一般可以从三方面衡量，即：一看论文是否从学科研究和工作实践中产生，是否反映了科学研究的新成果、新问题；二看论据是从科学研究或实际调查中取得的第一手资料，还是东拼西凑、道听途说的无本之木；三看是否解决或回答了学科或专业发展中提出的迫切需要解决的问题，其答案对科研和技术工作是否有直接或间接的指导意义。

有效性是指论文的发表方式。只有经过相关专业的同行专家的审阅，并在一定规格的学术评议会上答辩通过、存档归案，或在正式的科技刊物或学术会议上发表的科技论文才可以看作是完备和有效的。这时，不管科技论文采用何种文字发表，它表明科技论文所揭示的事实及其真谛已能方便地为他人所获取和应用，从而成为人类知识宝库中的一个组成部分。

但目前并非所有在期刊上发表的论文都是有效的，如一些纯粹为了挣钱的期刊所刊登的是为了职称评审等需要的一些论文，由于根本不需要审查论文的质量和真实性就可以发表，这些论文几乎是毫无意义的。

四、科技论文的结构

一篇完整的科技论文应包括标题、署名、摘要、关键词、引言、正文、结论和参考文献等。

（一）标题

标题或题目是科技论文的篇名，简称文题。它要求用简洁、准确、新颖、可检索的词组反映文章的主要内容，体现论文的研究方向，界定研究范围，即起到画龙点睛的功能。一般情况下，标题中应包括此论文的主要关键词。

（二）署名

作者署名是科技论文的必要组成部分。作者是指在论文主题内容的构思、具体研究工作的执行及撰稿执笔等方面的全部或局部上作出主要贡献，以及能够对论文的主要内容负责答辩的人员，是论文的法定著作权人和责任者。

工作单位是作者从事科研和技术工作的地点和通信地址，包括单位的具体名称、所在城市、邮编等，工作单位一般写在作者姓名之后。

（三）摘要

摘要是科技论文的重要组成部分，是整篇论文主要内容和基本思想的缩影，内容必须简明、清晰，不加解释或评论，是一份文献内容的准确压缩，读者在读完摘要之后应能对整篇论文有一个清晰的轮廓。一篇高质量的论文，必须要有一个高水平的摘要。

（四）关键词

为了便于文献检索，特别是适应计算机自动检索的需要，摘要后应给出关键词。关键词是指从论文题名、摘要、层次标题以及论文内容中挑选出来的，能反映论文主题观念的词或者词组，是科技论文文献检索的标识。

（五）引言

引言（前言、序言、概述）经常作为科技论文的开端，主要回答“为什么”这个问题，包括四个要素：研究背景、研究意义、研究目的和研究假设或研究问题。它简明介绍科技论文的背景、相关领域的前人研究历史与现状（有时亦称这部分为文献综述），以及著者的意图与分析依据，包括科技论文的追求目标、研究范围和理论、技术方案的选取等。

（六）正文

正文是科技论文的主体或者核心部分，主要回答“怎么研究”这个问题。是作者对科研实践中所获得的数据、结果以及观察到的现象进行综合、分析、推理，并上升到理性认识的文字表述。

科技论文的正文部分通常分成若干节。如果一节包含的内容较多，还可以按主题分为一级子节和多级子节（层次），每一子节有意义明确的标题（层次标题）。从结构来讲正文部分有自由型和规范型两种类型。

（1）自由型。自由结构的节段一般分若干平行节，每一节有序号。各平行节均有自己的标题。标题反映该节的主题。平行节大致有三种类型，即并联型、串联型和混合型。其中，并联型各平行节段处理不同类型的、相对独立的问题，一般各有各的方法、结果和结论；串联型各平行节段处理的问题存在前后关联，即下一节要用到上一节的结果或者结论；混合型各节之间可以相对独立、也可以存在前后逻辑关联。

在每一节的开始，最好简要交代本节目标是什么，结尾交代本节内容是否会在别的节段中用到。如果需要，一些细节可以放到文尾部分的附录之中。

（2）规范型。常见的规范型结构一般包含三大节，即方法（或材料和方法）、结果、讨论三节结构。也有将方法放在结果的二节结构中，即结果、讨论，或结果和讨论组合为一节的二节结构，即方法（或材料和方法）、结果与讨论。有时也存在四节结构，即机理、方法（或材料和方法）、结果和讨论。规范型结构常见于实验类和现象类论文中，但也可能会出现在一些其他类的论文中。

一般情况下实验性科技论文包括实验、结果与讨论和结论三个部分。理论性论文包括理论基础与方法、结果与讨论和结论三个部分。

（七）结论

结论是整篇文章的最后总结。结论不是科技论文的必要组成部分。主要是回答“研究出什么”。它应以正文中的试验或考察中得到的现象、数据和阐述分析作为依据，以此完整、准确、简洁地指出：由研究对象进行考察或实验得到的结果所揭示的原理及其普遍性；研究中有无发现例外或本论文尚难以解释或解决的问题；与先前已经发表过的（包括他人或作者自己）研究工作的异同；本论文在理论上与实用上的意义与价值；对进一步深入研究本课题的建议等。

（八）参考文献

参考文献是指论文中引用或参考他人已经公开发表的论文，或者已经公开出版的图书，以及已经被公开的专利等有关信息（如作者姓名、标题、发表刊物、出版年、卷、期、页）的一览表。

参考文献是一篇论文的重要组成部分，参考文献可以提供论文的背景、依据和目的，可以揭示论文的起点和达到的高度，可以方便地将作者的研究成果和他人的研究成果区分开来，避免涉及抄袭或者剽窃他人成果之嫌，可以为读者查阅相关资料提供方便。

（九）附件

包括照片（尤其是对比照片）及其他旁证。

（十）附录

将不便列入正文的有关资料或图纸等编入其中，它包括有实验部分的详细数据，图谱、图表等，有时论文写成后，临时又发现新发表的资料，需补充时，可列入附录。

五、撰写科技论文的基本要求

做好文献阅读笔记或记录、实验（试验）和工作记录或笔记，以及不断提高写作能力等是写好科技论文之必备，所以在日常工作和生活中要高度重视，并养成良好的阅读、记录和写作习惯，不断地提高科研和写作能力。

（一）做好文献阅读笔记或记录

文献阅读笔记或记录是为科技论文写作积累背景材料，形成研究思路的基础，因此，在撰写论文之前阅读文献是论文写作的重要环节，在检索或阅读文献时，若能系统地做好笔记或记录，则可以达到事半功倍的效果。那么，怎样才能更有效地做好笔记、提高阅读效率、减少时间耗费？下面结合工作实践，针对这些问题从不同方面进行介绍。

1. 为什么要记文献笔记

阅读文献记笔记是为了提高文献检索和阅读效率，减少重复检索和阅读。对于大多数人来说，往往是读了文献之后很快就会遗忘。也许两天、两周之内读过的文献你还会记得，但再聪明、记忆力再好的人，也不可能记得两年之前读过的一篇学术文章的全部重要细节。如果在阅读时记了笔记，那么就可以随时调出来查看文章的重要内容，而不需要再回过头去把几页甚至几十页的文章重新看一遍，这不仅可以提高工作效率，也可以有效地节约时间。

记笔记不仅能够提高阅读文献的效率，还能增强思考、分析问题的能力，同时也有利于养成良好的阅读和记录习惯。如果你在阅读文献时能够清楚应该记什么，那么也就逐渐学会了在看文献时应重点看什么、简略看什么、不用看什么了。科技论文通常都有其独特的结构，通过多分析、多思考、多归纳、多记笔记，将会大大提高阅读文献的效率，同时积累系统的知识。

简而言之，阅读文献做好笔记或记录的理由是：读了文献之后会遗忘，做笔记能教会我们怎么读文章，需要引用文献的时候可以信手拈来。

2. 文献笔记的范围和内容

一般来讲，文献笔记的内容不能漫无边际，它应划定在一个范围内或一个方向上。因此，在阅读文献之前，首先要基于拟开展的工作和科研实践，参考教科书、百科全书或其他专业书厘清与研究主题相关的已知事实。然后在了解背景的情况下，简单列出预计检索或阅读资料应解答的相应问题的纲要或明细，也相当于笔记标签或目录，以便划出阅读范围，并在阅读中能够将问题聚焦，明确记录的关键，不至于偏离方向和主题。

当厘清主题，明确重点之后，选择一个感兴趣的切入点也很关键，一般由已知、有争议或存在缺陷的问题入手，然后拟定自己的研究问题。研究问题拟定后，便可以有针对性的开始寻找或检索与课题相关的材料和文献了，并通过文献阅读最终明确哪些已知事实及理论能帮助我们回答研究问题，能够作为研究的基础，他人的哪些意见与论述能帮助我们判定研究结果是否适当、切实。

在开始记笔记之前首先我们需要分清将要阅读的这篇论文是理论性论文，还是实证性论文，由于两者一般在结构上会有很大的不同，因此，记笔记的侧重点也就会不同。对于理论性论文，一般没有数据，写论文的目的是为了提出一个概念性的观点或搭建理论框架，而不是去验证某个假设是否真实。可见，在阅读理论性论文时，记笔记要重点关注的是：论文的主旨是什么，即论文想表达什么，论文是通过哪些支持性的论述去论证这个主旨的，论文中理论框架的核心组成是什么，以及有哪些基本的命题假设，等；对于实证性论文，则是通过数据去验证某个或某几个实证假设，即文章的目的不是给出一个全景和所有问题的答案，也不是构建理论框架，而是只关注某一个假设问题去验证，只关注某一个或某几个因变量和自变量。因此，在阅读实证性论文时，记笔记应重点关注的是：论文的研究问题和论文的实证假设是什么，实证研究用了什么方法收集数据、测量变量、分析数据，以及研究发现了什么结果，哪些假设成立，哪些假设不成立等。

无论是阅读理论性论文还是实证性论文，在文献笔记中均应重点关注的是：有哪些重要的观点是需要记住的，或是将来可能会引用到的；有哪些结论、哪些方法是将来可能会用到的；论文在研究设计上有哪些不足，有没有更好的改进方法；所阅读的论文让你想到了哪些观点类似或者完全不同的其他论文；你对论文中观点、论述、方法、讨论等部分有什么想法和评论等。

3. 文献笔记的种类

笔记的种类很多，一般来说，可分为三大类，即摘录式、评注式和心得式。在每一类中又可分为若干种，现分述如下：

1）摘录式

即在阅读文献时，把一些与自己的研究课题有关的语句、段落抄录下来或复制到电子记事本。韩愈曾说："记事者必提其要，纂言者必钩其玄。"这说明作摘录要有一定的选择，而不是连篇累牍地誊写或复制。内容是否与课题有关，是摘录的标准。摘录式笔记一般又可分为：

（1）索引。索引笔记是只记录书或文章的题目和它的出处。如书刊篇目名、编著者、出版年月日、藏书处。

（2）抄录原文。就是照抄或复制书刊、文献中与自己研究有关的精彩语句、段落等，作为日后应用的原始材料。摘抄原文要写上分类题目，在引文后面要注明出处，以便需要时核实或引用。

（3）摘要。摘要是在理解原文的基础上，按照原文的顺序，扼要地把书刊中的论点、结论摘抄下来。

2）评注式

评注式笔记不单是摘录，而且要把自己对一些要点的看法写出来。评注式笔记有时要对摘录的要点做概括地说明。评注式笔记有下列几种：

（1）书头批注。这是一种最简易的记笔记的方法。就是在读书的时候，把书中重要的地方或自己体会最深的地方，以及理解上有困难、有疑问的地方，都可以用不同的记号标示出来，记号可以是曲线、直线、圆圈以及问号、惊叹号等。或者用笔在字句旁边作记号、在空白处加批注，或者折页夹纸条作记号。

（2）提纲。提纲是以纲要的形式把一本书或一篇文章的论点或主要论据提纲挈领地记叙出来。提纲式的笔记可以采取原文的章节、段落层次，把主要内容扼要地写出来。提纲式的笔记可以采取原文的语句和自己的语言相结合的方式来写。

（3）提要。提要和提纲不同。提纲是逐段写出要点，提要是综合全文写出要点。它是对一本书或一篇文章的内容概要、中心思想、作者的情况、创作时间、意图及该书或文章的内容特点的分析与介绍。

3）心得体会

心得体会是在阅读书、文章之后，自己的感想、收获、疑问、评论（包括赞成和反对的意见）等的书面表达，心得体会应当以写自己的认识为主，有时也可引用原文。引用原文的目的在于证明自己对某一问题的看法。这种笔记既可以写上几段表达自己的系统见解，也可以三言两语表达几句零碎的意见。

4. 笔记的记载方式

笔记记载的方式方法多种多样，有纸质记录（传统的）和电子记录（现代的）。因此，每个人可以根据自己的习惯而定。

当今信息化时代，数据库建设和互联网的快速发展，使文献的来源更广泛、丰富，电子文献的出现不同程度地改变了传统的文献检索方式和阅读习惯，电子文献笔记不再像传统文献笔记那样靠纸和笔，电子文献笔记更确切地说应该是电子文献记录。

对于电子文献，记笔记的软件或工具有很多种，其中用 Word 和 Excel 最为常见，也可以使用 Evernote 或其他很多记笔记的软件，不管用什么软件和工具，应依据自己的习惯来选择记录的形式。

文献笔记的结构也常常因每个人的偏好而异，可以使用表格式还是段落式，每个人可以尝试不同的格式，最终摸索出自己使用最方便、看起来最清晰有条理的格式。无论是哪种结构，一般一篇文章的文献笔记（Word 文档）以不超过 3 页 A4 纸为宜。

5. 记笔记应注意的事项

为了提高文献阅读效率和记笔记的质量，便于论文撰写时直接引用，在文献笔记的记录中要注意如下几点。

（1）不能机械地抄写过多内容。记笔记时要避免抄写过多内容，只记录与研究主题有关的概念，总结（而非抄写）相关叙述。避免过度依赖划线等重点标记，要选择最重要的概念作为标签或子标题，其余则用自己的话说明，也可以在页面边缘（或使用自黏贴）用自己的话写下说明笔记。当某一概念已设计成好记且清楚的名词时，应完整记下精确文字，这些内容往往可以在论文写作中正式引用。此时一定要把文献来源标记清楚和正确，以便日后引用。

（2）有效地为记笔记做分类标签或分类文档。记文献笔记可能有时候是为了完成某项工作，但它最终是为了自己使用。所以记笔记时要使用自己习惯的格式、缩写和语言，即怎么好用怎么记，只要自己将来能看懂就行，但形成诸如有效的为笔记做分类标签或分类文档等良好的习惯仍然十分必要。在平时阅读中要养成以作者姓名与页数编排笔记的习惯，这样可以在论文撰写中需标出参考文献时，只需再补上出版资讯即可。为便于日后重新组合，有利于使用，应尽量将笔记纸/卡或电子文档上的各条目维持分离与独立，这样既有利于让笔记聚焦，同时在笔记的各条目间留有适当的空白，以便日后加注，即在重新阅读笔记时，在有关记录处补上自己对内容的相关疑问、回应，以及交叉参照等评论，这些内容能很容易形成论文初稿的原型。对于电子笔记可以采用带格式的 Word、Excel 文档编排，也可以采用不带格式的记事本文档，若采用 NoteExpress、Endnote 和 Notefist 等文献管理软件则更方便日后引用。

（3）笔记不能过度综述。虽然说记笔记的时候要适当记录自己当时的想法，但千万不能花过多的时间去综合评述，否则重点就不是在阅读上，而变成写一篇文献综述了。

（4）阅读时避免形成机械式的习惯。记笔记也往往易于形成一种机械式的习惯，抄写文字、复制粘贴，其结果却无助于加强对内容的理解和记忆，尤其是电子文档的复制粘贴。因此，如果能够将所阅读的文章内容分成片段，每看完一段就去试着回忆所阅读的内容，然后再用自己的话把内容记录下来（必须保证忠实原文），这样不仅有利于强化对阅读内容的吸收，而且可以提高阅读效率、保证笔记的质量，同时也方便撰写论文时直接引用。在记录的过程中可视具体情况该简则简，该繁则繁，以保证笔记的质量和应用价值。

（二）做好实验（试验）和工作记录

实验（试验）和工作记录是事实材料和材料获取过程的载体，是论文论证部分写作的重要依据，没有可靠的记录，就无法保证论证的可行性和科学性，也就不可能写出高水平的论文。

1. 记录的作用

要想写出一份好的科技报告或论文，必须掌握一组完整的记录，这些记录包括调研、研究或处理问题的过程、实验数据、现场描述和计算结果等。

有经验的研究人员和工程师在工作的时候，应及时、有意识地花费一定时间对其调研情况、操作步骤、观察结果和想法进行整理并做详细的记录，因为这是为将来保存资料的唯一有效的办法。一项常规操作中发生的最微小的差异，与任何出乎预料的现象一样，不管它看起来是如何的互不相干或微不足道，但它却是一件“值得注意”（如偶然发现）、值得记录下来的事情。可靠而完整的记录，对任何真正的科学研究都是必不可少的。

2. 记录的内容

记录应包括实验、处理复杂的题目和标示——时间、地点，预先设想的目标及记事，即工作行为本身的叙述，是描述现场处理、实验过程和观察结果的一本完整的“流水账”，记录里的文字将是今后用来写研究报告、现场技术总结报告和实验报告或论文时可提供的唯一可靠的信息。

一般情况下实验记录的内容包括：①实验地点、时间、记录人姓名；②实验内容：实验条件（包括环境条件）、使用仪器名称型号、试剂浓度、用量、用法等具体细则（便于实验结果重现）；③实验结果：数据、实验中观察到的现象、发现的问题、实验小结及相应改进建议；④参考标准号、文献出处等。

做实验记录时要注意：①记录不要隔天记录以及写在纸片上；②保持记录的真实性和完整性；③实验结果或仪器测试结果，包括照片、图谱、表等应贴在记录本上，不要保留在公共计算机里；④不能仅记录符合主观想象的内容和自认为成功的实验；⑤定期整理、分析数据，并汇总。

3. 从记录的记载转变为论文

一份完整的记录或笔记可以很容易地加工成一篇学位论文或期刊上发表论文的正文或实验部分。利用记录和笔记的记载转变为论文，比需要时再翻资料找数据要容易得多。

在实验或查阅与研究相关资料的过程中，发现一些现象，或看到一些重要的有价值的材料，或者对阅读的材料有某些心得体会，就要随时做好记录。否则，时间长了容易忘掉，等到用时又无处去查证，甚至需要从头实验。所以做记录是阅读资料、开展研究、准备论文写作时的一个重要环节。

（三）养成良好的写作习惯

戴伯特曾说："科学写作应该是真实的、简洁的和以证据为基础的，但这并不意味着它不富于创造性——用原创的语气讲述即可——和引人入胜的。"要想写好论文就需要养成良好的写作习惯，并在科技工作和写作实践中不断地提高写作能力。写作能力是指作者用正确的文字、生动形象地表达思想、传播知识、交流信息和记事状物的能力。写作是一种创造性劳动，它体现了作者对客观事物的认识和反映程度，属于一种精神生产活动。同时写作也体现了作者的综合能力。

怎样才能提高写作能力呢？首先要在学习语言文字上下工夫，由于说的和写的总是有很大的不同，能说好不一定能写好，故要不断学习提高；第二是要提高思想认识，即培养自己敏锐的观察能力，缜密的逻辑思维能力和对事物的分析与认识能力。只有这样，心中才有观点，下笔才有东西；第三是注意学习写作理论，最好能够全面地了解各种文体的写作常识，掌握各种写作技能。

总之，提高写作能力的有效途径还是勤学和苦练。勤学，就是博览群书，广泛涉猎各方面的知识，学习和借鉴别人的写作经验和长处。苦练，就是多动脑筋，多动笔，多写。只有长期坚持勤学苦练，写作能力才能不断提高，论文写起来才能得心应手。

对每个人而言，只有学会学习、学会工作、学会思考、学会总结，善于表达、善于动手，才能有所收获。由于论文的写作需要建立在科研工作、学习和知识积累的基础上，故动手写作前一定要有大量的准备工作，准备越充分，写作就会越顺利，论文水平也就会越高。磨刀不误砍柴工，前期的知识积累、文献储备、材料和方法准备可以避免写作时手忙脚乱，充分的实验数据，充分的文献资料，会使你在论文写作中充满信心。一步一个脚印提高写作水平，从而写出一篇又一篇好论文来。

第二节　科技文献基本知识

一、文献的基本概念

（一）文献的定义和作用

文献是用文字、图形、符号、声频、视频等技术手段记录人类知识的一种载体。文献不仅包括各种图书和期刊，而且还包括会议文献、科技报告、专利文献、学位论文、科技档案等各种类型的出版物，同时也包括用声音、图像以及其他手段记录知识的全部现代出版物。

文献在科学和社会发展中所起的作用主要体现在：①是科学研究和技术研究结果的最终表现形式；②是在空间、时间上传播情报的最佳手段；③是确认研究人员对某一发现或发明的优先权的基本手段；④是衡量研究人员创新能力和创造性劳动效率的重要指标；⑤是研究人员自我表现和确认自己在科学中的地位和手段，是促进研究人员进行研究活动的重要激励因素；⑥是人类知识宝库的组成部分，是人类的共同财富。

（二）科技文献

科技文献是记录科学技术的研究、发展过程的文献资料。它记录了科学技术的产生、发展和研究的全过程，是人们进行科学研究必须阅读和了解的文献资料。可以说科技文献是记录科学技术知识或信息的一切载体。通俗地说，科技文献就是除了社会科学文献以外的一切文献。

科技文献一般指科技论文，情报学中又称为原始论文或一次文献，它是科学技术人员或其他研究人员在科学实验（或试验）的基础上，对自然科学、工程技术，以及人文艺术研究领域的现象（或问题）进行科学分析、综合的研究和阐述。

（三）信息、知识、情报的定义

1. 信息

信息是一种十分广泛的概念，它在自然界人类社会以及人类思维活动中普遍存在。不同事物有着不同的特征。这些特征通过一定的物质形式（如声波、电磁波、图像等）给人带来某种信息。例如，人的大脑通过感觉器官所接收到的有关外界及其变化的消息，就是一种信息。因此，信息可以定义为：生物以及具有自动控制功能的系统，通过感觉器官和相应的设备与外界进行交换的一切内容。简单地来说就是身边能够感觉和感知的消息。

信息是知识的载体，信息是原材料，经过提炼和加工，能成为有用的知识。信息的价值取决于其内核——知识的价值。就特定的信息而言，并非所有的信息都含有知识，信息也有垃圾；若把信息看成是食物，知识就是食物中有营养的成分，开发利用信息资源实质上是开发利用包含在信息中的知识。信息服务的最终目的也就是帮助用户获得其所需要的某种知识。

2. 知识

知识是人类社会实践经验的总结，是人的主观世界对于客观世界的概括和如实反映。知识是人类通过信息对自然界、人类社会以及思维方式与运动规律的认识，是人的大脑通过思维重新组合的系统化的信息集合。因此，人类不仅要通过信息感知世界、认识和改造世界，而且要根据所获得的信息组成知识。可见，知识是信息的一部分。知识依存于信息，信息是知识的载体，知识是信息的内核。

人们对实践的认识是一个无限的过程，人们获得的知识在一定层面上揭示了事物及其运动过程的规律性。每一次新知识的产生，既是原有知识的深化与发展，又是更新知识的基础和前提，知识被记录或被物化为劳动产品后，可以世代相传利用。随着知识门类的增多，各种知识可以相互渗透，形成了许多新的知识门类，形成科学知识的网状结构体系。

3. 情报

情报就是人们在特定的时间内为一定的目的而传递的有特殊效用的知识或信息。情报是一种普遍存在的社会现象，人们在社会实践中，源源不断地创造、交流与利用各种各样的情报。

通常情报是指传递着的有特定效用的知识。知识性、传递性和效用性是情报的三个基本属性。

（1）情报的知识性。人们在科研、生产和生活活动中，通过各种媒介手段（书刊、广播、会议、参观等），随时都在接收、传递和利用大量的感性和理性知识。这些知识中就包含着人们所需要的情报。情报的本质是知识，可以说，没有一定的知识内容，就不能成为情报。

（2）情报的传递性。情报的传递性就是说知识要变成情报，还必须经过运动。人的脑海中或任何文献上无论储存或记载着多少丰富的知识，如果不进行传递交流，人们无法知道其是否存在，就不能成为情报。情报的传递性表明情报必须借助一定的物质形式才能传递和被利用。这种物质形式可以是声波、电波、印刷物或其他，其中最主要文献的是以印刷物、电子文档等形式出现。

（3）情报的效用性。运动着的知识也不都是情报，只有那些能满足特定要求的运动的知识才可称之为情报。例如，每天通过广播传递的大量信息，是典型的运动的知识。但对大多数人来说，这些广播内容只是消息，而只有少数人利用广播的内容增长知识或解决问题，对于这部分人来讲广播内容才能称之为情报。

二、科技文献的特点

现代科学技术发展有两大趋势，一是学科划分越来越细、内容越来越专业，新兴学科不断涌现；二是学科之间相互交叉、相互渗透，要取得任何创新成果，必须高度综合运用各学科知识。由于科学技术的高度发展，科技文献作为科技知识的记录载体，也呈现出新的特点。具体可归纳如下。

1. 数量庞大，增长速度快

现代科学技术的飞速发展，极大地丰富了科技文献，早在20世纪90年代全世界科技文献就以每分钟2000印张的速度增长，每年发表的科技论文约为500万篇以上，且每年增长约为7%~8%。科技期刊已超过8万种，并以每天增加3种以上新科技期刊的速度增长。图书每年出版万种以上，平均不到5分钟就出版一种科技图书。其他诸如专利文献、会议文献、技术标准等科技文献的增长速度也都十分惊人。科技文献的数量大约每隔七八年就增加一倍。

2. 形式复杂，文种多样化

常常会出现同一篇文献可能在学术会议上宣读，然后编入论文集（会议录），有的又在期刊上发表，在期刊上发表之后，有的还编入各种图书，同一作品常会出版有多种文种的版本。尤其是伴随着科学技术的发展，文献载体除传统的纸张印刷形式以外，还出现了多种材料、多种形式的文献。如由磁带、磁盘、光盘、移动硬盘、U盘、手机、微机等的各种视听资料，以及缩微资料、机读资料、数据库等，形成多种文献载体并存，多种文献载体相互补充、相互依存的局面，大大促进了科技文献的传播、利用与保存。

科技文献也由早期的图书和期刊两种主要类型，逐步发展为现有的十多种类型，如科技图书、科技期刊、专利文献、科技报告、科技会议文献、学位论文、科技档案资料、政府出版物、标准文献和产品样本资料等。为适应科技发展速度，还出现了新的传递形式，如“快报”“动态”“展望”“预测”等。

3. 语种多样，译文不断增多

现代科技文献出版采用的文种越来越多。在20世纪初，世界科技文献多用英、德、法等几种语言写成。只要掌握了英、德、法三种语言，就可阅读全世界大多数科技文献。而现在科技文献出版的文种有70~80种之多，比较集中的文种分布也有10多种，世界各国出版的期刊中，有1/2的期刊是科学技术研究人员所不懂的语言文字出版的。

为了克服语言上的障碍，促进科技文献的传播与利用，世界各国特别是科学技术比较发达的国家，都大量翻译外国文献，从而使译文数量也不断增加。

4. 内容泛散，交叉重复增加

随着现代科学技术日益向纵深发展，学科划分越来越细，边缘学科不断出现，文献的专业化程度越来越强，涉及面广泛而又分散、交叉、重复。如同一专业文献往往分散在许多相关专业的综合性刊物上。

一些专业刊物所发表的文献一般涉及多种学科。有时同一类科技文献用多种形式发表，如会议论文，先以会议文献形式出现，再在专业刊物上发表，继而收入论文集，后又出版单行本等。同一篇科技文献同时先后用多种文字发表，其中专利文献的重复更为严重，现在全世界每年公布的100万件专利中等同专利约占2/3。

5. 代谢频繁，时效性增强

科学技术的高度发展，使得一种理论、一项技术、一个产品，从发现、研究、试验到设计、生产之间的周期越来越短，因而导致科技文献代谢频繁。

由于现代科学技术发展速度快、成果多、知识容量大，使科技文献有效使用时间日益缩短，失效周期明显加快。不同类型文献的平均时效不同，一般情况下图书著作10~20年，科技报告3~5年，学位论文5~7年，期刊及连续出版物3~5年，国家标准5年，产品样本3~5年。文献增长越快，新文献被利用的频率必然增多，旧文献的利用越少，文献的时效性越短。一般是历史悠久的学科文献要比新兴学科的文献的时效性长，基础理论学科的文献要比应用技术学科的文献的时效性长，图书著作比期刊论文、科技报告、会议文献、专利文献、技术标准的时效性长，学术理论性期刊比技术性期刊的时效性长。

6. 质量下降，利用率降低

当前由于商业宣传性刊物的不断增加，尤其是用于职称等评定的一些并无新见解和新数据的文章较多，有参考价值的文献也越来越少。另外，由于科技文献的时滞过长，使用时效缩短，文献内容的交叉、重复、质量下降等因素，也导致了文献利用率的降低。国外有人对科学期刊的使用情况进行统计表明，35%的论文从未被引用过，49%只被引用过1次，被引用2次以上的只占16%，只有约6%的文献被多次利用。

三、科技文献的类型

科技文献具有不同的类型，下面从载体性质、出版形式和加工深度三个方面进行介绍。

（一）按载体性质划分

按载体性质可以将科技文献分为印刷型、缩微型、机读型、音像型和实物型五种类型。

1. 印刷型

印刷型是一种传统的也是最常见的文献形式。其主要方式是以纸张为载体，把负载科技知识的文字信息固化在纸张上，是文献的最基本方式，包括铅印、油印、胶印、石印等各种资料。优点是可直接、方便地阅读。

2. 缩微型

缩微型是以感光材料为载体的文献，又可分为缩微胶卷和缩微平片，具有体积小、便于保存、转移和传递等优点。但阅读时需用阅读器。

微缩型文献一般以印刷型文献为母本，采用光学摄影技术，把文献的体积缩小，固化到感光材料或其他载体上。它分为一般微缩品和超级微缩品。一般微缩品有微缩胶卷、微缩平片和缩微卡片。

3. 机读型

计算机阅读型即机读型，是一种新形式的载体。它主要通过编码和程序设计，把文献变成符号和机器语言，输入计算机，存储在磁带或磁盘、光盘、硬盘和云盘等上，阅读时，再由计算机输出，它能存储大量情报，可按任何形式组织这些情报，并能以极快的速度从中取出所需的情报。近年来出现的电子图书即属于这种类型。机读型文献是使用计算机进行存储和阅读的一种文献形式。它利用计算机技术和磁性存储和光学存储技术，通过程序设计和编码，把文字信息变成计算机可以识别的机器语言。电子出版物是典型代表。

4. 声像型

声像型又称直感型或视听型，是以声音和图像形式记录在载体上的文献，如唱片、录音带、录像带、科技电影、幻灯片等。又叫视听资料，是非文字形式文献，由声音和图像传递信息，直观方便。

5. 实物型

实物型也是非文字形式文献。如博物馆中的文物，展览馆中的展品，资料馆中的样品等。其特点是直观、真实感强。

（二）按出版形式划分

按出版形式可将科技文献划分为图书、期刊、报纸、专利、会议文献、科技报告、政府出版物、学位论文、标准、产品资料和其他文献等。

1. 科技图书

凡由出版社（商）出版的不包括封面和封底在内的49页以上的印刷品，具有特定的书名和作者名，编有国际标准书号，有定价并取得版权保护的出版物即为图书。科技图书，大多是对科学研究成果和生产技术经验的概括论述，常常是作者收集大量资料，经过筛选、鉴别、融会贯通，进行全面归纳总结的产物，主要包括专著、文集、教科书、普及读物及一些参考工具书等。其特点是内容系统、全面、成熟、可靠，但编辑出版的时间过长，相比于期刊时效性较差。科技类图书一般不适合了解最新的学术动态，适合对问题获得比较全面而系统地学习，或对陌生的问题获得确定性的了解。

2. 科技期刊

期刊又称为杂志，一般是指定期或不定期出版的连续出版物。其外部特征是有固定的名称，统一的版式和外观，使用连续的序号，每期内容汇集了多位作者分别撰写的多篇文章，并由专门的编辑机构编辑出版。

科技期刊按所刊载文献的信息密度可以划分为核心期刊和非核心期刊。某学科的核心期刊是指该学科所涉及的期刊中，刊载论文的信息量大、学术水平高、参考价值大、利用率高的那部分期刊。这类期刊水平和质量高、影响面大，能反映本学科最新研究成果及前沿研究状况和发展趋势，核心期刊以外的其他期刊称为非核心期刊。

期刊的出版周期短，报道速度快，内容新颖。许多新的研究成果、研究方法、仪器装置、问题讨论等都首先在期刊上发表。

3. 报纸

报纸有固定的名称，是以刊登各类新闻为主的出版周期较短的定期连续出版物。报纸具有内容新颖、时效性强、发行量大和影响面宽等特点。由于报纸的出版周期较短，信息传递较及时，各学科的最新信息常常首先在报纸上发表，阅读报纸是搜集最新科技信息的一条有效途径。

4. 专利文献

专利文献包括专利说明书、专利公报、专利分类表、专利检索工具以及专利的法律文件等，其中主体是专利说明书。专利说明书是指专利申请人为取得专利权向专利主管机关呈交的一份有关该发明创造的详尽的书面技术文件，包括发明的目的、构成及效果等。内容新颖、实用、可靠，往往附有发明示意图，是了解及掌握世界发明创造和新技术发展趋势的最佳文献信息源。其中专利说明书的内容涉及范围广，几乎包括了全部的技术领域，可以帮助科研人员借鉴国内外先进技术，避免重复性研究。

5. 科技报告

科技报告是指关于某项科研成果的正式报告或记录，是研究单位或个人以书面形式向提供经费和资助的部门或组织汇报其研究成果或进展情况的报告。科技报告的特点是每份报告自成一册，有机构名称、统一格式和统一编号（即报告号）。许多最新的研究课题与尖端学科的信息，都首先在科技报告中反映出来，内容翔实、专、深，既反映成功的经验，又有技术失败的教训，往往附有详尽的数据、图表和事实资料，对科研工作能起到直接的借鉴作用，是一种重要的科研信息来源。

6. 会议文献

会议文献是指在国内外各专业学术会议上发表的论文和报告。许多学科中的重要发现，很大一部分都是在学术会议上首次公布，会议文献代表某一学科领域的最新成果，反映该学科领域当时的发展水平、动态和趋势，具有传播信息及时、论题集中、内容新颖丰富、专业性和学术性强等特点。会议文献是了解各国科技发展水平和动向的重要文献，因而受到科技界的高度重视，成为重要的文献信息源。

会议文献的出版形式一般有几种：以单卷式出版，以会议名称作为出版物名称，按会议届次编号，定期或不定期出版文集；以期刊、图书、科技报告、视听资料等形式出版。由于会议类型较多，决定了其具有文献出版形式多样，命名方式复杂，以及文献收藏分散等特征。

7. 政府出版物

系政府所属各部门出版，政府设立或指定的专门机构印刷发行的文件。其内容涉及两大方面：①行政性文献，如会议记录、政府法令、方针政策、规章制度、决议指示、调查统计等；②科技性文献，如科研报告、科普资料、技术政策等。科技性文献约占30%~40%。其出版形式多样化，有图书、期刊等印刷品，也有视听资料。对于了解一个国家的科技政策、经济政策、以及科技活动和水平，具有一定的参考价值。

政府出版物具有权威性和正式性的特点，集中反映了各国政府及其各部门对有关工作的观点、方针和政策，对了解某一国家的科学技术水平、经济状况及相关政策等具有参考价值。

8. 学位论文

高等院校毕业生申请不同学位时，提交的学术论文。有博士论文、硕士论文和学士论文。学位论文是原始研究成果，有一定的独创性，对研究工作有一定参考价值。学位论文一般都附有大量的参考文献，从中可以看出有关专题的发展过程和方向。尤其是博士论文，其后的参考文献几乎是某个专题的书目索引，对获取相关文献资料有很大的帮助。

学位论文除少数在有关期刊上登载全文或摘要，或以书本形式单册发行外，大多数学位论文不对外发行，属非卖品，仅供内部参考。由于学位论文数量不断增加，质量参差不齐，多数未公开发行，难以收集和利用。

9. 标准文献

标准文献是技术标准、技术规范和技术法规等文献的总称。它是人们在从事科学试验、工程设计、生产建设、技术转让、国际贸易、商品检验中对工农业产品和工程建设质量、规格及其检验方法等方面所做的技术规定，是具有法律约束性的技术依据和技术文件。按审批机构级别可将标准分为国际标准、国家标准、区域标准、部颁标准和企业标准等。按其内容分为基础标准、产品标准、方法标准。按其成熟程度分为正式标准、试行标准、推荐标准。标准文献包括各种标准化期刊、图书专著、标准化组织机构发表的有关手册、通报、汇编、以及各种标准及检索工具等。它的特点是严肃性、法律性、时效性和滞后性。

标准有明确的适用范围和用途，传递的信息准确可靠，编排格式严谨划一，有统一的编号。通过标准可以了解有关国家的工业发展情况，也可以为我们研制新产品、改进老产品和提高技术操作水平等提供参考和借鉴。

10. 产品资料

产品资料是国内外生产厂商或经销商为了推销产品而印发的以介绍产品为主的出版物，如产品目录、产品说明书、产品数据手册、产品样本和厂商介绍等，包括产品的品种、性能、特点、用途、结构原理、使用方法和价格等。产品资料一般附有较多的外观照片，形象直观、图文并茂，对新产品的选型和设计、技术改造、设备引进等具有重要的参考价值。

利用产品资料，可以调查了解和分析国外同类产品的技术发展过程、水平和发展动向等。还可作为引进技术、购买产品，判断其质量和价值的主要依据。

11. 其他科技文献

除上述所列文献类型外，还有科技档案、科技电影和数据等文献。其中，科技档案是生产建设、科技部门和企事业单位针对具体的工程或项目所形成的技术文件、图样、图表、图片和原始记录等，包括任务书、协议书、技术经济指标、审批文件、研究计划、方案大纲、技术措施、调查材料、设计资料、试验和工艺记录以及应该归档的其他材料，是科学研究和生产建设工作中积累经验、吸取教训和提高质量的重要科技参考文献。科技档案主要为内部使用，保密性较强，一般都有密级限制，借阅手续严格。

（三）按信息加工层次划分

按信息加工层次可将科技文献划分为零次文献、一次文献、二次文献和三次文献。

1. 零次文献

零次文献，就是未经公开的原始记录，或未正式出版的各种资料，如书信、手稿、笔记、会议记录、各种科学研究工作中的实验记录、工作日志和阶段总结报告等，零次文献一般是通过口头交流、参加学术会议、参观展览、访问科研院所等途径获取，这类信息具有内容新颖、不成熟和不定型的特点。

2. 一次文献

一次文献又称原始文献，是情报学中的一种主要文献，是以作者本人在科研、生产工作中取得的科技成果为依据而撰写、创作的。对于原始文献，不论其载体形式，出版类型如何，都属于一次文献。大部分具有一定创新和一定新见解的期刊论文、研究报告、专利说明书、会议论文、学位论文、技术标准等特性的原始文献都是一次文献。一次文献直接记载了科研和生产中创造、发明和成果的原始资料，是科技人员宝贵的参考资料。

3. 二次文献

二次文献又称二级次文献，是对一次文献进行加工整理后的产物，即对无序的一次文献的外部特征如题名、作者、出处等进行著录，或将其内容压缩成简介、提要或文摘，并按照一定的学科或专业加以有序化而形成的文献形式，如目录、文摘杂志（包括简介式检索刊物）等。它们都可用作文献检索工具，能比较全面、系统地反映某个学科、专业或专题在一定时空范围内的文献线索，是积累、报道和检索文献资料的有效手段。

科研人员利用二次文献可全面、系统地查找有关文献的线索。二次文献具有以下特点：

（1）浓缩性，是对原始文献内容的浓缩，所以，二次文献是情报工作的重要工具，成为一种信息文体，是随着科技、文化的发展，为适应信息的急剧增加而出现的。

（2）汇集性，二次文献经过情报工作者加工，把有关内容汇集在一起，能比较全面地反映某个学科、专业或专题在一定时空范围内的文献线索。

（3）系统性，由于二次文献是经过情报工作者加工而来，所以它能系统地反映某个学科、专业或专题在一定时空范围内的最新研究成果。

4. 三次文献

三次文献也称三级次文献，是选用大量有关的文献，经过综合、分析、研究而编写出来的文献。它通常是围绕某个专题，利用二次文献检索搜集的大量相关文献，对其内容进行深度加工而成。图书专著、评论综述、手册年鉴、百科全书、标准资料以及数据库等，都属于三次文献。在文献调研中，可以充分利用这类文献，在短时间内了解所研究课题的研究历史、发展动态、水平等，以便能更准确地掌握课题的技术背景。

三次文献具有浓缩性、指引性、针对性、参考性等特点，由于该类文献综合性强、系统性好、知识面广，有的还有检索功能，具有很高的参考价值。

从零次文献、一次文献、二次文献到三次文献，实际上是将文献由无序到有序，由广泛到精简的加工整理过程。

人们在查找文献时，一般是先查找三次文献（比如综述），掌握有关信息后，再通过二次文献查找一次文献，最后从一次文献中找到自己需要的相关信息，为科研和技术工作提供支撑。

四、科技论文与文献的关系

无论是科技论文的选题，还是科技论文的撰写等过程，都离不开文献资料的收集、分析、整理、加工和利用等。在研究工作中，文献作为前人研究的资料和成果载体，是我们继续进行某一专业或学科深入研究工作的基础，前人成功的经验，是我们继续研究工作的向导，前人研究工作的失败教训，是我们继续研究工作的借鉴，前人研究工作中存在的科学问题，是我们继续进行研究工作的开端。

论文重在传播、记录研究成果，重在内容的指导作用和形式的工具作用，而文献重在记录、保存研究成果，重在内容的历史价值和形式的取证作用。论文可以作为文献的一种特殊形式，昨天的文献是今天论文的写作基础，今天的论文又可以是明天的文献。

但并不是所有论文都是有文献价值的，目前有相当数量的论文为着某种目的，如职称评审而发表的论文是毫无价值的，因为这些“论文”大多数都纯粹是为了有一篇“论文”，常常是东拼西凑或由代写机构编造而来。有些期刊则将发表职称论文作为生财之道，对文章质量毫不关心，只要交钱就可以发表，这些论文和期刊不仅产生了垃圾文献，浪费了资源，而且严重影响了学术风气，败坏了期刊和科技人员的形象。

第二章　科技论文选题及研究方法

科技论文的选题是论文写作的第一步，当课题确定后还必须采用适当的研究方法去完成论文素材的搜集和研究工作，以获取论文写作所必需的支撑材料和数据。因此，科技论文的选题及研究方法的选择是论文能否顺利完成的关键。本章结合实践及有关文献简述科技论文的选题及研究方法。

第一节　选题

所谓选题，就是寻找一个贯穿自己研究的概念、理念或议题，也就是选择论文的论题，即在撰写论文前，对科学研究中所要研究或讨论的主要问题的选择过程。这些问题一定是理论上或实践方面尚未解决的问题。事实上写论文的过程也就是科学研究的过程，而科学研究过程就是提出问题和解决问题的过程。归根结底，也就是确定做什么，写什么，怎么写的过程。

选题中的“题”字，实际上包含了三层意思，即课题、论题和题目。这三者既同属一个学术问题，又有所区别，即：课题不同于论题，通常是指某一学科重大科研项目的研究范围比论题大得多，在自然科学和工程技术方面常被称为某个研究领域或尖端领域；论题又不同于题目，它的研究范围一般比题目要大，可以由多篇论文组成；题目是指论文的标题，它的研究范围一般比论题要小。

撰写科技论文，首先要确定选题，即解决“我要写什么”的问题。科技论文的选题是科技论文写作中最重要、最关键的步骤，通过对本专业知识的了解和挖掘，选择需要解决的科学技术问题或需要攻克的科学技术难关，拟订一个初步方案，在此基础上通过阅读大量与此问题相关的文献资料和已有的研究成果，进行修正和完善，最终确定论文选题。

一、选题的重要性

选题是研究工作的开始，它不仅决定着科技论文的价值，也关系到论文写作能否顺利进行，是论文写作的重要环节。正确而又合适的选题，对撰写科技论文具有重要意义。由于提出问题是解决问题的第一步，选准了论题，就等于完成论文写作的一半，也就是说选题是研究的起点和方向，决定着研究效率和成功率，题目选得好往往事半功倍。因此，在撰写论文前，必须重视选题，并争取选准、选对、选好。

（一）选题是论文成败的关键

选择课题，确定攻关方向，是撰写科技论文的第一步，它直接关系着论文或成果的质量和水平。由于解决一个问题也许仅仅是一个数学上的或实验上的技能而已。而提出新的问题，新的可能性，从新的角度看旧的问题却需要有创造性的想象力，而且标志着科学的真正进步。

从论文写出之后的效果及所起的作用看，只有有意义的课题才会产生积极的影响，获得良好的效果。而一项毫无意义的课题，即使花再大的精力，研究的再充分，论文表达的再完美无缺，也是没有价值的。

（二）选题是研究工作的目标

在任何有目的的活动中，目的总是最先环节，而认识活动的目的就是为了解决问题。科学研究正是一个目的性很强的认识活动过程，因此，科学研究必须有很强的目的性，只有明确了工作目标，才能使所有的研究工作聚焦，做到有的放矢，从而大大提高研究工作的效率和质量。

从提出问题到解决问题应是一个合乎逻辑的过程。只有提出问题才谈得上解决问题，对问题认识的越清楚，解决问题的针对性才能越强，解决问题的方法才越有效。毫无目的和方向的研究不仅不会有结果，也更不可能取得有价值的成果和思路。可以说，一项自始至终没有明确目的的研究根本算不上真正意义的科学研究。

（三）选题是论文成功的依据

科技论文的成果与价值，最终往往要由论文的最后完成和客观效用来评定，但选题对其有重要作用。选题不仅仅是给文章定个题目和简单地指定个研究范围，选题的过程也是初步进行研究的过程。作者往往需要经过多维思考、互相比较、反复推敲、精心策划，才能选择一个好的题目。题目一经选定，也就表明作者头脑里已经大致形成了论文的轮廓。

论文的选题有意义，写出来的论文才有价值，正如前所言，如果选定的题目毫无意义，即使花了很多的功夫，文章的结构和语言再好，也不会有什么积极的效果和作用。

（四）选题是研究者能力的体现

科研要以专业知识为基础，但一个人的专业知识丰富并不一定代表他的研究能力一定很强。选题有利于提高研究能力。通过选题，能对所研究的问题由感性认识上升到理性认识，加以梳理使其初步系统化。通过对某一问题历史和现状的研究，找出问题的瓶颈与关键，不仅可以对问题有比较清楚的认识，而且也能够增强对研究工作的信心。

选题，不仅是给科技论文定一个题目和规定一个研究范围，也是初步研究成果的“定型”，这种“定型”不仅规划研究的方向、研究的角度，而且对论文有一定的预测性，可以评估论文水平和研究者创造能力的高低。

如前所述，选题不是研究的终结，而是研究的开始和继续。那么，课题选定之后，就需要深入研究，在深入研究的过程中来准确把握课题的方向、角度和规模，对所选的课题了然于心，以奠定研究和写作的基础。

二、课题的来源

从一般意义上讲，在人类认识世界和改造世界的活动中，所涉及的矛盾现象或问题都属于科研课题的来源范畴。因此，科研课题的来源往往是多种多样、多方面和多渠道的。通常包括四个方面：一是从社会生产、生活实践中提出的理论性问题或应用性问题；二是从原有理论与新观察实验现象的矛盾中提出的问题；三是从各学科之间的相互渗透、相互影响的过程中出现的问题；四是科学理论完善和发展过程中出现的问题。结合实践，从科研和工程技术的角度讲，论文选题来源主要有：

（1）国家、地区和企业等的发展对科技创新的需求和科技进步的新要求。如国家、地区和企业的科技发展规划和企业的市场开拓计划等。

（2）在生产实践中存在的技术难题或瓶颈问题。当各种实际生产中遇到问题时，在分析解决这些问题的过程中，自然而然地就成为了非常好的论文题目来源。

（3）科研项目研究过程中，结合论文的研究工作产生的一些新思路、新产品、新方法和新技术，形成自己的研究题目。

（4）结合专业技术工作从自己的兴趣中产生研究题目。这些题目往往最具有创新性和前瞻性。

（5）由于专业技术在不断发展和更新变化，在专业技术学习过程中，通常存在许多尚未解决或解决不完善的问题。在学习过程中，针对所从事的专业，通过与他人交流、查阅文献资料等方法，形成自己研究的题目。

三、课题的类型

依据不同的分类方法，可以将课题划分为不同的类型。目前比较流行的和经常使用的划分方法有三种，从而形成了科研课题的三种分类体系。

（一）按科研课题的内容分类

依据科研课题的内容，可将科研课题分为基础性、应用性和开发性课题。

1. 基础性科研课题

基础性科研课题简称基础性课题，其目的是回答是什么。它是针对基础性科学问题而言的，通常是指天文学、地质学、生物学、数学、物理学、化学、经济学和管理学等基础科学中的研究课题，它具有以下特点。

（1）探索性强。由于这类课题涉及的科学问题一般指向自然界、人类社会和人类自身的领域，把未知领域纳入科研人员的研究视野进行研究，从而表现出很强的探索性特征。

（2）自由度大。正是由于这类课题表现出强探索性的特征，因此，科研人员在对这类课题进行研究时，可以采用任何方式方法和研究路径，体现出很强的自由度。

（3）不确定性因素多。由于这一领域属于科研人员或人类全新的领域，各种各样的不确定性的因素都会进入科研人员的研究视野，因此，研究中不确定性因素很多。

（4）研究周期较长。以上三方面的研究特点决定了这类课题研究的时间周期也是不确定的。一般而言，其研究周期比较长，甚至是非常长。有时候，不仅是一代科学家研究的课题，甚至是几代科学家研究的课题。

（5）成功把握性较小。基础性课题的上述特点决定了科研人员在开展这类课题研究时成功的把握性非常小，在很多情况下是以失败而告终的。但即使是失败的教训，也会对将来的研究提供参考。

（6）成果评价难度大。对这类研究课题所获得的研究成果，由于是探索未知，并缺乏参比，很难在短期内对成果进行有效的评价。

2. 应用性科研课题

应用性科研课题简称应用性课题。它是针对应用性科学问题而言的，是指技术科学领域中的研究课题。其特点如下：

（1）具有定向性。应用性研究课题是将基础研究的成果向生产转化的中间环节，是将基础性研究成果应用于技术科学中，因而具有定向性。

（2）成功的把握性大。应用性研究课题是在基础科学理论的指导下进行的，具有一定研究基础，从而减少了研究的自由度。研究中的确定性因素较多，易获得成功。

（3）成果评价的难度小。与基础性研究课题的成果相比，成果评价难度小。由于应用性研究课题的成果是应用性研究成果，评价的依据是它能否有用，是否能转化，是否具有经济效益，因此其评价较基础性研究成果简单明了。

3. 开发性科研课题

开发性科研课题是针对推广性科学技术问题而言的，是应用科学或工程技术中的科研课题，它包括新工艺、新方法、新产品和新流程等的研究课题，其任务是回答如何做。其主要特点如下：

（1）实际应用性强，具有直接的应用性。该类课题的研究，一方面是在应用性研究成果的指导下进行，具有一定的研究基础和理论支撑；另一方面该类课题的研究必须与生产实际密切结合，因此，该类课题的研究成果具有强的直接应用性或实际应用性。

（2）成果易评价，易被社会所接受。该类课题的研究是科学技术转化为社会现实生产力的最后一个环节，它能直接与生产实际相结合，其成果能够直接应用于生产实际，带来直接经济效益和社会效益。因此它的评价是最明显、最清晰的。而且，只要应用于生产且带来了经济效益，就必然会得到社会的欢迎和接受。

（二）按需要程度划分

根据科学技术自身的需要和社会经济、政治、军事等需要程度的不同，可将研究课题划分为重点科研课题和非重点科研课题。

1. 重点科研课题

重点科研课题一般是根据社会、经济、政治等发展的需要，亟待解决的问题，它的解决有着极大的社会价值和社会意义；或者是根据科学技术自身发展的需要，迫切要求尽快有所突破的科研课题，它的解决对科学技术本身的发展有着特别重大的价值和意义。一般情况下，重点科研课题根据社会需要和科技自身需要的不同程度，依次划分为：国家级重点科研课题（简称为国家级科研课题）、省部级重点科研课题（简称为省部级科研课题，包括央企企业集团）、地市级或学校级重点科研课题（简称为地市级或厅局级科研课题，包括央企企业集团直属单位）等。

2. 非重点科研课题

非重点科研课题是与重点科研课题相对应的，是重点科研课题以外的其他科研课题。这类科研课题的解决，有助于重点科研课题的研究，因此在实践中应予以重视。另外，重点科研课题和非重点科研课题的划分是相对的而非绝对的，而且在一定社会条件和科技条件下，二者可以相互转化。

（三）按完成周期划分

根据完成周期的要求不同，科研课题可划分为战略性科研课题和战术性科研课题两大类。

1. 战略性科研课题

战略性科研课题也称长期科研课题。它是指在比较长远的时期内完成的科研课题，即从开题到结题所用的时间即周期比较长，由于该类科课题研究进度是由主、客观条件所决定的，故其周期不易人为控制。

2. 战术性科研课题

战术性科研课题又称为近期科研课题，这是相对于战略性科研课题而言的。顾名思义，该类科研课题是指在短期内就能完成的科研课题，或者说，从开题到结题所用的时间即周期一般比较短。

四、选题的原则

选题的基本原则主要包括科学性原则、创新性原则、需要性原则、可行性原则、效益性原则和前瞻性原则。

（一）科学性原则

科学性原则体现了科研课题选择和确定的依据。它要求选题要有事实根据和科学理论的依据，坚持实事求是的精神和辩证的科学态度。科学性原则要求科研课题选择必须以被科学实践反复证明是正确的科学理论为依据，既实事求是，还要坚持辩证的科学态度。因此，科学性原则要求人们在选择和确定科研课题时，既要尊重事实，又要不拘泥于事实；既要接受已有理论的指导，又要敢于突破传统观念的束缚，这才是辩证分析的科学态度。

就科技论文来说，所谓科学性就是要求论文资料翔实、内容先进。由于论文选题一旦失去了科学性，就会变得毫无价值和意义，因此，科学性是论文选题的生命。虽然不以科研为唯一目的，但它带有科研的性质。因此，不管是科技论文还是科学研究，都要强调选题的科学性。

（二）创新性原则

创新性是科研选题应具备的重要条件，是科研课题得以成功的基本保证和价值所在。所谓创新可以是全新，也可以是部分创新。选题的创新性体现在：所研究的内容和提出的问题是前人未曾研究和涉及的，需要开辟新的领域或建立新的技术方法等，即填补某个学科中的部分或一点空白；前人对此问题虽有研究，但尚存在一些疑点和争论的问题，可以补充完整、发展、解决新的问题；已有的理论不能完全解释的自然现象，某些客观事实与解释它的理论相抵触的问题；国外对此问题虽有研究，但国内比较薄弱或尚未起步，需结合我国实际引进国外先进技术，并通过消化、吸收进行再创新，从而填补国内空白。

就论文而言，创新性体现在：论文的研究内容是前人没有研究过的，不能重复别人的工作，但可以补充前人的不足或对自己做过的研究进行深化、发展和改进；研究成果应该是前人没有的，也可以从不同的角度或以新的论证方式研究老问题，提出新见解，研究新领域，应用国外的先进技术解决本地区、本行业的实际问题，或利用某一地区已经成熟的技术解决其他地区遇到的实际问题。

（三）需要性原则

需要性原则体现了科研课题选择和确定的目的。具体来说，科研课题的选择和确定必须服从社会实践的需要和科技自身发展的需要。

科学研究旨在解决理论和实践问题，基础理论研究最终也将应用于生产领域。无论是科研选题还是论文选题都应本着需要性的原则。尽最大可能选择那些科学认识领域矛盾尖锐、突出的科研课题，选择那些对社会和生产有直接或间接效益的课题。由于这些科研课题的有科学价值，它的成果也易被理论界所接受。当然，并不排除纯理论的基础研究，有些纯理论研究暂时还看不出其应用价值，但随着科学的发展，其适用性会显示出来。

可见，按需选题是科研选题时必须遵守的首要原则。按需选题就是在选题时，首先要选择亟待解决的课题，质疑传统观点的、争鸣性的课题，具有创新性的课题，能够填补理论空白的课题。只有这样，科学研究才能真正为社会需要服务。

（四）可行性原则

可行性原则也称可能性原则，是指课题研究要具备一定的主观和客观条件，才有成功的可能和希望。可行性原则体现了科学研究的“条件原则”。主观条件包括研究者的学识、技能、特长、兴趣、爱好，以及身体状况和献身精神等；客观条件包括科学发展程度、资金、设备、人员和期限等。没有一定的条件，是无法完成课题的研究任务。因此，在选题时必须做到量题而为、量力而为、量料而为，扬长避短、难易适中、大小适中、深浅适中，选经过主观努力能够完成的课题和论文的题目。具体而言，就是要正确评估自己的知识结构和专业水平，根据个人知识水平和工作实际选题；考虑资料是否具备，来源是否困难，有可靠的资料来源是完成论文写作的前提。

（五）效益性原则

效益性原则体现了科研课题选择和确定的价值。也就是说，选择和确定科研课题时既要注重社会效益，又要注重经济效益，同时还要重视科学价值，否则将是无效劳动。科学研究要满足社会、经济和科技自身的发展需要，就要在创造社会价值和科学价值的同时，注重创造经济效益。因此，选定科研课题不考虑其效益，不注重运用效益性原则是不科学的，显然也是不可行的。

效益性原则对科研课题选择和确定的具体要求主要体现在两个方面：一是对基础性研究课题，要注重其科学价值，但同时也要在一定程度上考虑其向现实生产力的转化；二是对于应用性、开发性科研课题，选择的目的在于把基础性科学理论转化为生产工艺、生产技能等，最终解决生产实践中的实际问题。此外，这类科研课题选择、研究的直接目的虽然是创造经济价值，但也要实现社会经济效益。因此，这类科研课题研究应把社会经济效益放在第一位。

（六）前瞻性原则

前瞻性就是以战略眼光审视大势和大局，认清机遇和挑战，准确分析不利环境和有利条件，把握发展的主动权。也就是要有长远的眼光，能够想到还未发生的，并有可能发生的事情。科学研究是滞后的，也是超前的。由于研究过程往往比较漫长，学术传播很难一蹴而就，因此，选题时要对其研究前景进行研判，选择那些将来有可能成为主流、前沿的选题。

科研选题最好不要扎堆热点，更不能跟风。比如现在，由于油基钻井液技术和工艺已基本成熟，如果再以页岩气油基钻井液选题，基本上已经很难有所创新了。选题者应该立足学术前沿，根据自己的能力，判断并选择一个将来更有可能受人关注的选题。如选择那些尚无人研究过的，或者虽有前人研究的成果或经验，但在未来发展中有待发展的问题进行研究，将其发展、完善，使之更丰富，更完整。

总之，科研课题选择和确定的科学性、创新性、需要性、可行性、效益性和前瞻性原则，依次体现了选题的依据、目的、特性、条件和价值。只有在这六项原则的指导下选择和确定的科研课题，才能选出符合自身实际的、有可能取得最大科学成果的科研课题。违背其中任何一项原则，都有可能使选题不当，最终导致研究的不利或失败。

五、选题的程序与方法

如前所述，要想写好一篇高质量的论文，确定论文选题意义重大，可以说拥有了一个好的选题就意味着论文写作成功了一大半。论文选题的确定步骤，一般会涵盖研究者对研究主题以及整体研究框架的把控。合理的选题不仅可以使研究过程顺利进行，也可以在研究过程中提升研究者的学术实力，增长学术研究的兴趣，并且能做出有价值的研究成果，从而促进本学科或研究领域的发展。

（一）选题程序

科学研究工作是一项极其复杂的社会活动，而其中的一个重要环节是科研课题的选择与确定，尤其是对一些大型科研课题的选择与确定，往往是一个相当复杂的过程。选题程序一般包括确定研究方向、选择研究课题、明确研究目标和选择研究方法。

1. 确定研究方向

确定研究方向就是明确做哪方面的事。由于现代科学技术已经高度分化为一个由多学科、多专业构成的庞大、复杂的体系，而且每一学科、专业当中都存在许多研究方向，因此，对每个科研人员来讲，一开始都存在一个选择与确定研究方向的问题。所谓研究方向是指科研人员在一个较长的时期内从事科学研究的领域。只有确定了较长时期内的研究领域，才能在这个领域中选择与确定自己的研究方向，并在某一方向上开展长期研究，直到做出成果为止。研究方向一旦确定，它便成为科研人员的行动指南，具有相对稳定性，即在较长的时期内是不变的。当然，这并不是说研究方向一成不变，在特定的条件下可视具体情况适当调整。但一般情况下，除非无法继续，最好不要轻易改变研究方向。

一般说来，研究方向与科研课题的关系是相辅相成的。一方面，研究方向一旦确定，也就明确了科研人员在一个较长时期研究工作的范围，科研人员一般就在这个范围内选择、确定自己的科研课题；另一方面，一个个具体的研究课题积累起来便展示出某个科研人员的研究方向。对于刚开始从事科研的人员来说，选择与确定研究方向非常重要。一般可以在科研之初根据自己的爱好、特长、兴趣、知识背景和技术、实验条件等先大致地确定一个研究方向，然后在其中选择与确定一些相对简单的科研课题进行研究，随着对该领域背景知识的逐渐积累，并以其中几个关键科研课题为立足点，最后便可以确定自己的研究方向了。

2. 选择研究课题

选择研究课题就是明确做什么。确定研究方向是开展科研工作的第一步，但有了研究方向并不等于就有了科研课题。因此，第二步便是在已确定的研究方向上通过调查研究，多方面搜集整理并发现与提出该方向上的科学问题，然后，通过对这个方向上的研究问题进行分析、筛选和梳理，选出其中一个适合的问题作为自己要研究的科研课题进行研究。其中，调查研究是研究课题选择的基础，它既包括文献调查，又包括实际调查。文献调查即查阅文献并对文献进行分析研究，实际调查是向与自己的研究方向有关的专家、科学家进行咨询与调查，以及自己的实践调查。通过调查研究，将该研究方向上的科学问题搜集起来，并在此基础上发现及提出新的问题，以便于分析、辨别和选择。

3. 明确研究目标

明确研究目标就是确定做到什么程度，获得什么样的结果。研究目标是一切研究工作的立足点。一个课题一般可分为任务目标、状态目标和成果目标。任务目标是指工作目标，即研究的目的意义、工作步骤、时间安排、经费安排、人员分工、完成时间等。状态目标是指具体实施某一研究时希望达到的新状态，这在运用实验、实证研究的课题中体现较多。如我们日常开展实验实证研究时就必须设置状态目标，这种目标往往采取预测假设来表现。成果目标是指课题研究的最终成果，如我们围绕钻井提质、提速、提产、提效等开展的课题研究，最终要取得的成果是提速的方法、参数、方案和模板等。

4. 选择研究方法

选择研究方法就是为顺利完成研究目标采用的方法，也就是如何达到预期目标。研究方法在很大程度上决定课题研究的效率。自然科学研究手段包括实验研究、理论研究。例如，地质勘探、页岩气开发、勘探开发对环境的影响、土壤和生态恢复、钻井复杂预防与处理的研究等。每个研究领域都有其特殊的方法和手段，有的需要实地勘察，有的需要现场调研、统计、分析和总结，有的需要查阅专业历史文献，研究地层裂缝情况则需要到岩心馆查看岩心，或到野外采集或观察露头等。因此，研究者在选题时应根据自己的兴趣和特长选择适合自己的研究课题，并结合课题的具体情况选择合适的研究方法。

（二）选题的基本方法

通常情况下，应结合自己的工作内容、研究课题或熟悉的领域确定选题，若计划申请专利和申报科研项目，为不影响专利的新颖性应在专利公开和申报科研项目工作完成后再撰写论文。在课题进展到一定阶段时，应制定论文产出计划，做出撰写论文的统一安排。一般情况下选题基本方法主要有以下几种：

1. 结合课题研究确定选题

在开展科研课题研究中，可以结合研究中的新发现、新方法和新产品或课题的具体某一方面选题。如某科研人员在开展博士后课题《钻井液用阳离子烷基糖苷的研究》期间，先后以《阳离子烷基糖苷合成过程中的季铵化反应》《阳离子烷基葡萄糖苷钻井液》《阳离子烷基糖苷的绿色合成及性能评价》《钻井液用阳离子烷基糖苷的合成研究》作为论文选题并完成了相应的研究和论文撰写，发表后起到了很好的交流作用，同时也进一步促进了成果的推广。

2. 在实际工作中寻找选题

梳理工作中遇到的问题，通过调研、分析、计算、试验最终解决问题。如本书作者在国内页岩气开发初期，结合实际情况，围绕页岩气水平井钻井井壁稳定、井眼净化和润滑防卡等，通过对国外相关文献及国内现场情况等调研分析，撰写了《页岩气水平井钻井液技术的难点及选用原则》，为页岩气水平井钻井液技术应用提供了参考。

3. 从最新的工作总结中找选题

在开展一些研究和技术工作中，可以将新取得的成果或认识及时总结，这些总结就是很好论文选题的来源。如司西强等在开展《聚醚氨基烷基糖苷研究与应用》中，当形成的产品在现场进行应用或形成钻井液体系后，项目组成员就及时总结产品的现场应用效果，撰写了《聚醚氨基烷基糖苷在杭锦旗区块的应用》《钻井液用聚醚氨基烷基糖苷在方3井的应用研究》和《聚醚氨基烷基糖苷类油基钻井液研究》论文并发表，促进了项目的推广。

4. 将综述国内外技术新进展作为选题

针对某一领域技术发展的实际，可以将国内外技术进展情况介绍作为论文选题。如本书作者结合国内油基钻井液发展的需要，依据有关文献，撰写了《国内外油基钻井液研究与应用进展》，结合超高温、高密度钻井液的实际，撰写了《国内外超高温高密度钻井液技术现状与发展趋势》。文章提出了油基钻井液和超高温高密度钻井液的发展方向，对国内钻井液技术的发展有一定的借鉴意义。

5. 把已发表论文的进一步完善作为选题

若发现已发表论文有不严谨、不全面、以及需要深入研究的地方，也可以撰写论文进行进一步分析研究。

6. 根据拟投稿期刊、投稿指南或刊文情况选题

对拟投稿期刊近几年发表的论文进行分析，再根据该期刊及同类期刊的投稿指南，有针对性地围绕期刊稿源比较欠缺的方面进行论文选题。通过大量阅读国内外其他期刊中该领域的论文，特别是有关权威专家的综述，利用这些论文作为素材和最终选题的依据。

有一个好选题论文就成功了一半，选用合适的数据和模型是论文成功的另一半，写作的技巧则是论文成功的促进剂。如何选择一个合适的题目，如何正确看待创新，如何选择一个恰当的模型，这是在科研实践中不断思索、不断进取的过程，也是科研人员科研水平和论文写作能力不断提高的过程。

六、选题注意事项

科技论文选题常常包括自选题论文和命题论文，自选题论文一般源于技术人员的能力、兴趣和某些需要，而命题论文通常源于上级部门下达或导师拟定的论文题目，不同的选题着重点不同，目标和要求不同，在选题中应注意。

（一）自选题

对于自选题，在选题时应注意以下问题。

1. 根据个人业务专长来确定课题

这一点对刚开始从事科研或技术工作的人员很重要，业务专长是搞好科研或技术工作的基础。如果不考虑这一点，看到别人搞某类课题，自己虽然只是一知半解，却去跟风凑热闹，肯定是搞不好的。比如，看到目前钻井液领域出现“聚胺”热，就去研究聚胺，看到页岩气水平井水基钻井液热，就去跟风研究水基钻井液，这种不是结合自身实际，而是看别人做什么就做什么的态度显然是不端正

的，也是不可取的。因为科研需要有坚实的业务基础，只有根据自己的专长，认真地做好调查、思考、研究，做到有的放矢，才能做出别人做不出的成果，才能见到成效，取得进步，使自身的科研和技术工作能力逐步提高。

2. 题目宜小不宜大

题目小容易搞深吃透，题目大不仅费时费力，且不容易出成果，甚至会半途而废。比如“国内外石油工程技术”“页岩气开发技术”“深井超深井钻井技术”，这类题目完全可以写成专著，若用写一本书的题目来写论文，自然不容易写好。当然，如果对这类问题确有独到的见解，也可以把它写成论文，但不能面面俱到，如果总做一些别人已经做过的事或众所周知的技术，缺少自己的见解是无法写出有价值的论文来的。

3. 商榷或批驳文章要注意被商榷或批驳文章的代表性

对被商榷或批驳的文章如果有代表性，或者商榷或被批驳的文章中某些看法会产生一定的社会影响，为了纠正一些错误或认识，可以写商榷或批驳文章。但如果这种错误意见没有代表性或者相信者寥寥无几，那就没有必要花费笔墨去驳斥了。

4. 选题时要充分查阅文献资料

查阅文献资料的目的，在于了解前人对某个问题的研究达到了什么程度。特别是自己对某一问题已经有了某种设想时，更应该核对文献，看看前人是否已有类似的或相反的结论。如果结论不同，就要去比较。如果前人的结论能站得住脚，那么自己的设想就可能有问题了。如果结论相同，应当检查自己掌握的材料是否也相同，如果材料不同，又有新的论证，还是可以把它写出来的，但一定要指出哪些是前人取得的成果。

5. 研究生和刚参加工作人员选题时要经导师或专家指导

对于研究生和刚参加工作的人员，选题时要多听听导师或专家们的意见、建议，以免走弯路。一般来说，导师和专家不仅专业知识基础雄厚，而且思路广、经验多，经过他们的指导，成功的可能性就大。如果完全是仅靠自己，由于缺少经验，不仅费时费力，甚至会走弯路。

同时，在选题时还要结合自身的专业知识和实际情况，选择难度不大的课题，避免贪大求全。尤其是刚参加工作的人员，不要因为选题不当、达不到预期目标而影响信心。

6. 职称论文的选题要紧跟时代步伐

需要在一定的时间内完成发表，所以选题要针对拟投稿刊物的办刊要求以及刊物本身的栏目来进行，保证紧跟时代步伐，论文论点不能太偏，能够吻合当前的科研方向。同时选题还要结合高级、中级等不同级别的职称评审需要。

（二）命题论文

科研部门或导师有时会根据需要下达或指定题目，这就是所谓的命题论文。这类题目有时不一定是论文作者感兴趣的，但是有关领导或专家、导师会将与命题有关知识、经验、资料的范围告诉作者，而且他们所出的题目总是要考虑是否包含着学科领域中的重要问题和作者的专业范围的，往往是经过深思熟虑的，一般只要经过努力是可以完成的。

接受命题之后，要从多方面进行了解和调查研究，务必把课题的内容和范围先搞清楚，然后抓住核心问题进行研究和撰写。在开展命题论文撰写中，背景资料和文献的检索更重要，因此，要认真对待，不打无准备之仗。

第二节　课题研究方法

科学的研究方法是开展科研认识活动的一个必不可少的要素。从选定科研课题到搜集事实材料、提出和验证假说、形成科学理论，直至理论复归实践的科学技术研究的一般过程来看，整个科学研究活动中需要大量信息，即科研中关于事实的判断。因此，搜集事实材料就成为所有科学研究活动中不可缺少的过程。

工程技术课题研究的目的往往是为了解决某些实际问题。与科学研究相比，工程技术研究所需要的技术知识主要是为解决实际问题，越实用越好。与生产活动相比，工程技术研究主要是指形成物化成果的技术知识、设计方案、技术诀窍、工艺说明书等信息形式，而不是生产活动所产出的产品本身，工程技术研究比生产活动具有更大的经验性和高度的综合性。

由于科学研究和工程技术研究各有其特点，采用的方法各有所偏重，本节介绍一些常用的研究方法，可在研究和技术工作实践中根据具体情况选择。

一、观察法与实验法

（一）观察法

观察法是指研究者根据一定的研究目的、研究提纲或观察表，用自己的感官和辅助工具直接观察被研究对象，从而获得资料的一种方法。在科学实验和调查研究中，观察法的作用是扩大人们的感性认识，启发人们的思维，导致新的发现。

观察，作为一种感知活动，一种认识方法，在人们的一切实践领域里都有广泛的适用性。生产劳动、科学研究、社会调查、文艺创作等都离不开观察。以观察的方法应用于科学研究就是科学观察。科学观察，是一种有目的、有计划、有步骤的感知活动。按观察的手段不同，可分为直接观察和间接观察。直接观察，就是观察者直接用自身等感觉器官去感知事物的各种现象。间接观察，就是观察者利用科学仪器或其他技术手段去考察研究对象的方法。

科学观察是研究课题的重要途径。有经验的科学家，总是能够善于抓住观察事实所提供的启示，确立新的研究方向。科学的观察，还为建立科学理论提供科学的事实。俄罗斯生理学家巴甫洛夫十分重视观察，他说："应当先学会观察，不学会观察，你就永远当不了科学家"。通过观察尽可能获得更多的科学事实，当观察到的事实与已有理论发生矛盾时，科学将以这些新的事实为依据，提出新的假说，建立新的理论。

观察的基本原则是观察的客观性和全面性。所谓客观性就是说观察要有实事求是的态度，不要有偏见，不要抓住一些次要枝节，而是要抓住反映研究对象本质的现象。所谓全面性，就是观察事物整体的各个组成部分，记录事物发展的全过程，从而获得十分丰富的合乎实际的观察材料。

观察要排除个人的感官所产生的错觉。为了避免这种错觉，可运用科学仪器，或重复进行观察。除此之外，还要借助于理性思维，以弥补感官的缺陷。观察要做记录。记录要做到：准确无误，周密完整，详细有序；不能加进猜想，不能有主观随意性，不能颠倒客观顺序。

（二）实（试）验法

所谓实（试）验法是指在技术开发、设计和实施过程中，为了实现和提高技术成果的功能效用及技术经济水平，人们利用科学仪器、设备人为地控制条件，变革对策，进而在有利的条件下考察研究对象的实践方式和研究方法。

随着科学技术的迅猛发展，实验的种类日益增多，内容十分广泛，最常用的实验方法有以下几种。

（1）对比实（试）验法。是为确定两种或多种研究对象的优劣、异同所安排的实验。通过比较找出长处和短处，相同点和不同点，作为决策的依据。

（2）析因实（试）验法。就是由已知的结果去寻找原因的实验方法。

（3）中间实（试）验法。是为了把实验室取得的研究成果推广到工业生产中，解决在批量生产时可能出现的各种问题而进行的试验。中间试验是以接近或相当于生产规模进行的，一般安排在工厂进行。

（4）性能实（试）验法。是为了定性或定量地认识对象的各种性能所安排的实验。许多产品按生产标准进行的性能指标检验或出厂检验都是性能实验，工程技术研究的成果是否实现了预定的目标一般都需进行性能实验。

（5）模型实（试）验。又称模拟实验。模型是模仿被研究的对象而设计出来的某种物理装置、电路或电子模拟计算机，原型是现实存在的或预期制造出来的工程技术产物或工程样机，是被研究的对象。现在许多高精尖技术装备因价值高昂，不可能直接进行试制，而必须将其简化成物理模型或电模型进行实验。所以掌握建立科学合理的模型的方法是参与工程技术研究活动的基本条件。

二、比较法与分类法

（一）比较法

比较法是确定研究对象之间的共同点和差异点的一种逻辑方法。它在科学抽象中有着重要作用。首先，比较法可以对事物进行定性鉴别和定量分析。一切事物的质，只有通过比较才能显示出来。在科学研究中，通过比较进行定性分析和定量分析，例如光谱分析方法就是一个典型。用光谱分析，可以把某天体光谱与已有化学元素的标准谱线进行比较，确定这个天体的化学成分；其次，比较法可以揭示事物的运动及其发展的历史顺序。例如把感性材料和科学史材料进行比较，可以从历史的发展中得到启发，便于用历史的观点对感性材料进行加工，得出正确的结论；再次，比较法可以把理论同实践进行比较，鉴别理论同实践是否符合，从而判明理论的真伪。

比较的方法一般是在相似对象之间寻找共同点，在不相似对象之间寻找差异点，在相似的对象之间寻找差异点，以及在不相似的对象之间寻找共同点。

比较法是一种广泛应用的对经验事实进行整理概括的逻辑方法，在进行观察和实验以及整理通过观察和实验获得资料时，在理论研究中都常要用到比较法。比较法还是对事实进行分类分析的基础，在简单归纳中也要用到比较，因此掌握比较的研究方法是开展科研活动的基本手段。在运用比较法时，应当在同一关系下尽可能地按照全面的标准进行，及针对对象的实质方面进行，而不应因表面的相同和差异而忽略实质的差异和相同。

（二）分类法

由于在实际生产过程中影响事物变动的因素很多，如果不把这些因素区别开来就难以得出变化的规律。分类法是根据对象的共同点和差别点，把对象区分开来的逻辑方法。也就是把性质相同的问题点，在同一条件下收集的数据归纳在一起，以便进行比较分析。分类法是在比较法的基础上进行的，通过比较搞清研究对象的异同点。可见，分类法就是把研究对象的异同点区别开。在进行分类时要遵守如下几点原则：

（1）要根据同一标准，也就是说要根据对象本身的某种属性或关系进行。否则，会出现分类重复或分类过宽。

（2）必须是按照事物的本来面貌、层次进行，否则会出现超级划分的错误。

（3）科学研究过程中的分类，必须从现象分类进入到本质分类，从而体现出事物的内在联系，而不是只停留在表面。

三、分析法与综合法

（一）分析法

所谓分析法就是将被研究对象的整体分为几部分，并分别观察其属性的逻辑方法，是一种普遍应用的基本的科学认识方法。

通过分析可以把人们对自然界的认识引向深入，从结果寻找原因，并且还能够分别考察分析对象的个别部分和特殊因素。通过这种精细的研究分析，揭示对象各个部分和因素之间的联系，同时还是认识和把握对象整体的前提。在运用分析法开展科研活动时，一定要从全局出发，避免产生一叶障目的局限性。

（二）综合法

所谓综合法就是将已有的关于研究对象各个部分、各个方面和各种因素联系起来，从总体上认识和把握研究对象的逻辑方法。综合法的过程同分析法相反，它是把对象的各个部分、各个方面和各种因素结合起来加以考察。

在科学研究中利用综合法时，通常是先假定原因已经找到，并且已把它们定为原理，再用这些原理去解释由它们发生的现象，并证明这些解释的正确性，以达到对对象本质的理解。

分析法和综合法是对感性材料进行抽象思维的基本方法。恩格斯说：“分析与综合一样，是必然相互联系着的。我们不应当在两者之间牺牲一个而把另一个捧到天上去。”这说明分析与综合是互相联系，互相依赖而不可分割的，也就是说分析法和综合法是相互依存和相互转化的，并可用分析法和综合法来相互检验彼此取得的结果，因此，在实际工作中可将分析法和综合法同时应用。

四、抽象法与概括法

（一）抽象法

所谓抽象法是在对信息资料进行科学分析的基础上，在思维中抽取对象的本质属性，撇开非本质属性的方法。也就是透过现象深入里层，抽取事物本质的研究方法。

通过分析法，可以把对象分解成各种属性、各个方面进行考察。由于任何对象都有很多属性，如果不分主次，依据一些非本质的属性去比较、分类、归纳，并不能推动科学认识的深入与进步。只有研究有实践意义和科学意义本质方面的属性，才能得出重要的科学结论。抽象法的基本要求是：必须以实践为前提，以大量占有材料为基础，通过实践，在实践中获取大量有关的经验和材料，然后通过去粗取精，去伪存真，由此及彼，由表及里的过程，撇开事物的假象，撇开与考察目的无关的内容，撇开那些次要的、非本质的因素，深入事物内部，把事物的本质完整地抽取出来。

（二）概括法

所谓概括法是在科研思维中将关于个别对象的本质、规律性的认识推广到同类的其他对象上去的逻辑方法。概括法通常是由较小范围的认识上升到较大范围的认识，由某一领域的认识推广到另一领域的认识。

概括法所形成的认识，可以是关于事物性质的，也可以是关于事物之间关系的。概括时需注意如下三点：①尽可能充分占有材料，做到“胸中有数”。概括的目的在于形成普遍性的认识，占有的材料越充分，所形成的普遍性认识越可能具有正确性；②概括必须有正确理论指导，概括过程中必须借助归纳法，从个别事物的认识扩展到一般性认识，所形成的结论带有一定的或然性。要做出正确的概括，必须以理论演绎为指导；③概括是为了形成普遍性的认识，但是要尽量防止所形成的认识笼统浮泛。既要注意抓住事物的特殊性，又要注意将结论加以必要的限制。

抽象法和概括法是紧密相关的，先抽象、后概括，概括是抽象的发展，是思维的更进一步。在构成科学概念的认识活动中，抽象主要解决内涵方面的问题，概括则是在此基础上进一步解决外延的问题。科学的抽象和概括，不能是任意的取舍和推广，它们必须以实践作为前提和基础，从事实的全部总和出发，充分地占有材料，对作为必然性的补充和表现形式的偶然性进行认真地研究和大量概括，才能揭示事物的本质和规律。

五、调查法与文献法

（一）调查法

调查法是有目的、有计划的和系统地搜集有关研究对象现实状况或历史状况的材料，并对这些材料进行分析研究的方法。它是科学研究中常用的基本研究方法，可以不受时间和空间的限制，在描述性、解释性和探索性的研究中都可以运用。调查法综合运用历史法、观察法等方法，以及谈话、问卷、个案研究、测验等科学方式，对调查对象进行有计划的、周密的和系统的了解，并对调查搜集到的大量资料进行分析、综合、比较、归纳，从而为人们提供规律性的知识。有时我们也可以利用他人收集的调查数据进行分析，即所谓的二手资料分析的方法。

调查法中最常用的是问卷调查法，它是以书面方式提出问题并搜集资料的一种研究方法，即调查者以调查项目编制成表格形式，分发或邮寄给有关人员，请其填写答案，然后回收整理、统计和研究。

（二）文献法

文献法即文献研究法，它是根据一定的研究目的或课题，通过阅读、分析、整理有关文献材料，全面、正确地研究某一问题的方法。文献研究法广泛用于各种学科研究中。其作用是能了解有关问题的历史和现状，帮助确定研究课题，可以形成关于研究对象的一般印象，有助于观察和访问，有助于了解事物的全貌。

文献法的优点是研究者可以选择他们不能亲自接触研究对象的课题进行研究，不会引起研究对象的情绪反应，抽样容量大、费用低。其缺点常来自文献本身的一些缺陷，如许多文献的作者往往带有一定的思想倾向性，保留下来的文献大多已经超过某种选择或不够完整。

但目前也有一种观点认为文献法不属于研究方法，尽管如此，在一定情况下文献法仍然不失为一种有效的研究方法。

六、预测法与总结法

（一）预测法

预测法是指通过对现有资料的研究和分析来计算或推测未来的某些事件或情况。预测法一般包括如下几种类型：

（1）直观型预测方法。指主要靠经验、知识、直觉和综合分析能力进行预测的方法，适用于不确定因素较多、历史数据不便利用的复杂情况。

（2）探索型预测方法。假定未来仍按照过去的趋向发展，可由现在推定未来的方法。

（3）规范型预测方法。根据未来需要，从未来回溯到现在，用以获得新信息模拟各级目标和估计事件实现的时间、条件、途径的方法，多数基于运筹学和系统分析。

（4）反馈型预测方法。是将多类型预测方法的要素结合起来，形成包含许多不同类型方法、不断反馈修正结果的方法。

每一种类型中包含有许多不同的预测方法，在开展工程技术研究时应根据课题的性质选择一种或几种来实施预测。

（二）总结法

总结法即经验总结法，它是通过对实践活动中的具体情况，进行归纳与分析，使之系统化、理论化，上升为经验的一种方法。

总结推广先进经验是人类历史上长期运用的较为行之有效的研究方法之一。所谓经验，是指由于这种知识或技能往往凭借个人或团体的特定条件与机遇而获得的，带有偶然性和特殊性，因此，经验并非一定是科学的。它需要理论研究者和实践者进行一番总结、验证、提炼加工等工作。总结经验一般在实践中取得良好效果后进行的。在总结经验时，一定要树立正确的指导思想，用正确的立场和观点进行分析判断，分清正确与错误、现象与本质、必然与偶然。经验一定要观点鲜明、正确，既有先进性、科学性，又有代表性和普遍性。

七、创造性思维法

创造性思维也叫创新思维，是思维的一种智力品质，是在解决问题的过程中通过选择、突破和重新建构已有的知识、经验和新获取的信息，以新的认知模式把握事物发展的内在本质及规律，并进一步提出具有独特见解的符合人文精神的具有主动性和独特性的复杂的思维过程。只有具备创造性思维，才能产生创造性设想，进行创造性活动，做出创造性的成果。比较常用的创造性思维形式有发散思维、收敛思维、侧向思维、反向思维、直觉和想象等。

创造性思维的本质就是改变、求新，用自身的悟性将感受用某种方法表现出来。创造性思维的内涵就是创造，对以往经验和知识的弃故出新。创造性集中体现在一个“新”字上。

简而言之，创造性思维，是在前人研究成果的基础上，有所发现、有所发明、有所前进的思维活动。只有具备创造性思维，才能产生创造性设想，进行创造性活动，做出创造性的成果。

八、系统科学法

系统科学法是指用系统科学的理论和观点，把研究对象放在系统的形式中，从整体和全局出发，从系统与要素、要素与要素、结构与功能以及系统与环境的对立统一关系中，对研究对象进行考察、分析和研究，以得到最优化的处理与解决问题的一种科学的研究方法。它是研究系统的结构与功能关系、演化和调控规律的科学，是一门新兴的综合性、交叉性学科。它以不同领域的复杂系统为研究对象，从系统和整体的角度，探讨复杂系统的性质和演化规律，目的是揭示各种系统的共性以及演化过程中所遵循的共同规律，发展优化和调控系统的方法，并进而为系统科学在科学技术、社会、经济、军事、生物等领域的应用提供理论依据。

系统科学研究主要采用系统论的原理和方法，并紧密结合近现代数学物理方法与信息科学技术等现代研究工具（科学计算、模拟、仿真等）。

第三章　科技论文的写作步骤与规范

科技论文是科学研究的结晶，是反映科研成果的一种载体，是进行科学研究和表达科研成果的一种手段。可见，写好科技论文非常重要。要写好科技论文，必须首先掌握论文的基本写作步骤和有关的规范要求。通常从一项科学研究的开题到最终科技论文的发表，大致要经过科研选题、论题确定、资料收集、资料分析、论点、论据和论证的确立以及论文撰写和修改等过程，其中的每一个环节都有相应方法和要求。

本章结合实际重点围绕科技论文写作步骤和规范写作的要求等方面进行介绍。

第一节　科技论文写作步骤

关于科技论文写作，一般分为准备、研究分析和撰写三个阶段。其中，准备阶段是论文写作打基础的阶段，主要工作是准备资料，即在选题确定后，要围绕自己的命题广泛地搜集、阅读材料。研究分析阶段是在准备阶段掌握了大量资料以后，对资料进行归类、分析、综合、研究的过程。这一阶段要在认真研读文献的基础上，通过反复思考、深思熟虑后开展谋篇布局、确定论点、论据、论证，以形成正确的观点。撰写阶段则是在前面的工作做完后而开始进行论文撰写的阶段。首先要列出提纲，然后按照提纲开始进行撰写，待论文初稿完成后，经过反复阅读，不断修改，最终定稿。本节围绕论文撰写的三个阶段，从四个方面进行介绍。

一、选定论题与搜集材料

（一）选定论题

选定论题也就是在科技论文写作前确定一个合适的论文题目。一般来讲，论文题目与科研选题即科研课题在指向上是一致的，但二者又有所区别。即科研课题可以分解为若干个论文题目，也就是一个科研课题往往可以用两篇或多篇论文完成。通常情况下，一个科研项目或科研课题的完成，常包括数篇科技论文，在数篇科技论文作为前期成果的基础上，综合起来就可以形成一篇完整的科研报告。也就是说，当一个科研选题的内容比较深刻，用单一的一篇科技论文的主题是无法深入揭示其内在规律性，需用多篇系列论文来逐步阐述。因此，科研选题或科研课题常常包括数篇科技论文的论题。当然，无论一项科研项目产生多少篇论文，其题目的内涵和外延都不会超出科研项目本身的范围。

科研题目一旦选定，就标志着一项科研工作的开始，而在科研过程中产生科技论文，也标志着一项研究工作的基本结束或告一段落。可见，有了好的论题才有可能产出优秀的科技论文，即一篇富有创造性的科技论文，它的论题必定是科学准确、紧密切合实际、符合客观事实，否则将失去意义。

1. 论题确定的重要性

由于确定论题是科技论文写作的第一步，既是选定方向，又是在提出问题，故这第一步至关重要，爱因斯坦说："提出一个问题往往比解决一个问题更重要。"因此，才有了"论题选好了，科研论文的写作就成功了一半"的说法。一个人的研究水平再高，如果所选论题不合适，也就很难写出高水平的论文。因此，论文题目的确定绝不能草率行事，应当花大力气、下大工夫，力求所选论题不仅质量高，而且能实施。

2. 论题确定的基本要求

论题的确定应当在科学选题的范围内进行，要准确选择科研课题方向上的一个问题作为科技论文的题目，并且做到目的明确。同时，要能够在文献资料和个人工作经验的基础上，经过类比、分析和推理等科学思维程序而提出科学假说，以及掌握证实这一假说的有效方法和实验手段。简而言之，对论题确定的最基本要求是，一个有待解决的问题、一个对问题的理论解释即解说，一个证实理论的切实手段即方法。具体而言论题确定的基本要求主要包括社会性、先进性、假说性和可行性。

（1）社会性。研究者所选择的论题，最终目的是有助于人类的生存和发展，所以，首先应从生产建设的实际出发，选择有利于促进科技发展，能够产生社会效益，有利于提高本行业技术或生产水平，能够改善工作环境，提高劳动生产率，降低生产成本的论题。

（2）先进性。研究者必须站在科学技术的前沿，把握科技发展的新趋势，提出先进的和前瞻性的研究内容。要做到这一点就必须不断努力学习先进科学知识，关注科技进步和社会发展的新动向，提出推动科技发展、社会生产力进步和提高竞争力的创新型论题。

（3）假说性。假说是对未知的客观现象规律性的一种推测。研究者可以根据其假说确定的研究方向进行主动的、有计划的观察和实验，避免盲目性，发挥主观能动性。一个论题提出的假说是否严密，决定论题能否获得成功，是否有生命力。因此，在选定论题的过程中，首先要在假说上下工夫，避免不切实际的假说。

（4）可行性。选定论题时，要充分考虑研究者的知识结构、技术水平、工作经历及专业特长，同时也要考虑自己的工作岗位、试验条件及人力、财力等保障条件，不能脱离实际，使论题无法完成。如果没有一定的工作经历和知识积累，选题也很难被专家认可或评审通过，有思路有新意的选题也许会获得通过或资助，但如果脱离现实，则由于在仪器、设备等方面难以得到保障，也是难以完成的。故应当考虑充分利用现有的人力和设备来开展研究工作。

3. 论题确定的程序

论题的确定一般要经过初步构想、调查研究和最终立题三步。

（1）初步构想。在确定题目之前，首先要有一个初步构想，这种构想也可称之为“假说”或“初始意念或想法”。尽管这种构想是初步、肤浅且不完善的，但却是非常重要的。它不仅是科研的起点，也是发展科学理论的桥梁。初始意念并非凭空想象的，它是作者根据科研或生产第一线的知识或信息，通过深入分析、广泛联想、认真思考和充分酝酿而形成。有时，作者的一些构想也可以是听取学术报告或学术研讨或阅读文献而受到启发所产生的。

（2）调查研究。有了初步构想，就应当着手开展广泛的调查研究，依据选题的相关原则检查和论证选题的内容。这一步主要是查阅相关文献，分析文献的原理、方法、成果或不足等，找到问题或研究的切入点，以此为参考来修正或完善选题。

（3）最终立题。在确认论题的充分必要性之后，就可以将最终论题确定下来。确定论题既是一项艰苦的脑力劳动，也是一个充满想象、酝酿、思维和反复论证的过程。一个好题目的确立，既是作者或研究者的一项劳动成果，同时也是其智慧、知识和毅力的体现与反映。它将奠定论文写作的基础。

4. 论题确定的途径

论题确定的途径大致包括如下四个方面：

（1）在前人研究成果的基础上确定论题。任何创造性的思维都不是凭空臆想的，它必须有坚实的理论和实践基础。昨天的研究奠定了今天的工作基础，任何成就的取得都是基于前人研究成果的继承与发展。对前人成果的继承，就是在对前人知识与研究成果深刻了解与熟练掌握的前提下，选取前沿性的课题，从前人的思想与研究中获得启迪，形成论题选定的依据。

（2）从他人忽略的地方确定论题。人类对自然及自身的认识并不是一次完成的，而是处在一个不断深入与发展的过程中。前人的认识自然有其不足之处，而同代人也会由于所占的角度不同以及其他因素的影响而出现一些偏差。因此，选题时不要轻易放过任何被别人忽略的地方，要在这些地方寻找到矛盾，发现问题，深入下去，找到突破口。任何时候、任何情况下被别人忽视的地方都是大量存在的，这些被忽视的地方往往会蕴藏着众多课题，而要从这些地方发现课题，不仅需要胆略、学识，还需要认真与细心，更要有锲而不舍、深入探索的钻研精神。

（3）在新的科研领域或生产实践中确定论题。一部科学发展史就是一部不断开拓新领域、不断产生新学科的历史。当前，一些人们认为多么不相干的事物，以及一些多么难以理解的问题，也许不久的将来科学家们就能够揭示它们之间重要的内在关系，给出明确的解释。要敢于从自己熟知的学科跨入生疏的学科，特别是一些边缘学科或跨学科，以揭示自然界物质和运动形式的新的规律性。要敢于在实践中去探索解决问题的方法，找到解决问题的新措施或手段，敢于打破传统的工艺、思路和约定俗成的做法，因为这些都是论题确定的基础。

（4）在意外或偶然中确定论题。确切的目标和周密的计划在研究过程中经常会因为受某种偶然的启迪而发生偏离或改变。当这种偏离或改变发生时，不要急于纠正或排斥，如果它确实能够给我们新的启发和新的想法时，大胆的追踪下去，往往就会获得意外的有价值的课题。对于一些偶然的现象，也不要轻易放过，这也许就是有价值的课题所在。

（二）搜集材料

全面搜集材料是论文写作过程中继选题之后的又一重要环节。虽然在实际的写作中，经常会出现先搜集一定的材料，然后确定论题，最后再围绕论题搜集和整理材料。但是，对于任何一种方法来说搜集材料、积累材料、整理材料都是必不可少的，这是因为要写好一篇科技论文最关键的是材料。材料主要包括实验数据和文献资料。

写论文总是不外乎摆事实讲道理，事实是客观存在，把客观存在的东西，经过实验、观察、分析、综合，从中找出规律形成理论观点。所以理论观点和材料是构成论文的两个基本要素。如果一篇论文没有事实（材料）作为论据，就不会有价值。同样，只有材料没有理论观点，也构不成论文。从理论观点和材料的关系来说，材料是基础。没有材料，不仅无法着手研究，而且也无法形成理论观点。可见，搜集材料、占有材料是科学研究的基础，也是论文写作前的一项重要准备工作。

无论对于研究还是论文写作，文献资料都是最重要的材料。一般来讲，文献资料搜集的过程往往是伴随着科研选题同时进行的，有时还先于选题。对于论文写作的素材，即所搜集的文献资料又分为背景陈述和创新成果两方面。任何科技论文和研究成果都是在前人研究的基础上进行并完成的。因此，作者如果不了解该选题的研究历史和现状，只顾自己关起门来苦思冥想，很可能会把前人早已论述过的内容误认为是自己的新创见、新发现，或者把前人早已批驳否定的错误论点当作正确的结论加以利用，盲目重复前人已证明的工作，是徒劳无功的。

在搜集文献时，一般需要注意如下几点：充分利用好文献数据库和专业数据库，以及相关专业最新的资讯；了解与自己研究方向有关的机构，密切关注在该研究领域和方向的顶尖团队所发表的论文；关注所从事专业及相关核心的期刊论文（包括自己专业的核心期刊的专辑、增刊论文），以及所从事领域的重点期刊刊登的综述性论文，特别要注意中文综述性论文后的英文参考文献，可以用回顾性的方法查找该问题的最初起源及奠基性文章。

一般情况下，一个科技工作者用于搜集资料和阅读文献的时间大约占整个科研工作的1/3。可见，在科研和论文写作中搜集资料的作用和意义非常大。俗话说，“巧妇难为无米之炊”，同样的道理，没有丰富适宜的材料，再好的论题也会失去利用价值。因此，在写作之前，必须搜集大量的材料，并详尽地占有材料。归纳、搜集材料的意义体现在以下几方面。

（1）搜集材料与选题是相互联系、相互影响的。一方面，在选题过程中，总是要参考大量的材料，从材料中提取较有价值的论题，然后再利用相关的材料进行论证、分析和研究，考察其是否有写作价值，在大量材料的辅助下，经过逐级筛选，最终才确定论题。另一方面，一旦明确了写作的论题，那么，就要有意识地围绕论题搜集和选择材料，而排除掉那些与论题无关的材料。

（2）占有了材料，就掌握了论文写作的主动权。科技论文写作与发表的主旨是争取作者在学术上的发言权，也就是要在综合借鉴他人科研成果的基础上，从一定的理论高度上去观察、分析和研究有学术价值的问题，总结规律，推陈出新，形成自己的看法和认识。学术发言权，从一定意义上讲取决于材料的充分占有，科学研究的基础在于材料的占有。只有占有了材料，才能在选题时做到心中有数，有针对性地选出恰当，而又具有先进性和科学性的论文题目。

就占有材料而言，要尽可能做到多和精。所谓多，就是占有材料要达到足够的数量。材料越多，越丰富，选择的范围就越广，取舍的余地就越大，对分析、研究和认识问题也就越有利。所谓精，就是根据选题需要选择最具代表性、最高水平和最能反映学术或技术前沿的材料。如果说占有充分的材料是论文写作必要的准备，那么，按照选题的方向筛选材料就是论文写作的重要步骤。一旦确定了选题方向，就应当由一般目的的材料积累，转入有具体目的的材料积累。这就需要对选题方向范围内的和一定外围方面的材料进行深入细致的研究，分类排队，有取有舍，才不至于使自己陷入浩如烟海的材料中，而忘记自己的主攻方向。显然，掌握的相关材料越多写作论文的主动性就越大，也就获得了学术上的发言权。

（3）材料是论文论点形成的基础。一篇科技论文必须有正确的、鲜明的论点。论点既不是自然产生的，也不是头脑中所固有的，它是通过对材料反复、深入、细致的分析研究而得来。只有善于从实践上和理论上分析已有材料的价值，区分优劣，判别正误，找出缺陷，深入思考，才能最终形成自己的独到见解和看法。研究分析材料的目的是在综合他人见解的基础上提出自己的见解，而研究对象不是自己的片段感受，也不是零星的材料，而是依据课题的需要占有丰富的材料，再经过思考与提炼，才形成了论文的主题，也就是平常所说的中心论点。如果没有足量的、内容丰富的材料，研究就无从着手，论点也就无法形成，可见，论文主题的产生离不开材料。同样在一篇论文里，主题的表现也离不开材料。材料是表现主题的基础，论文主题的表现是否准确、妥当，是由内容决定的，同时也和论文的结构、语言、表达方式都有着密切的关系。

（4）材料是科技论文论证的支撑。科技论文大多是在已有事实的基础上而获得的创造性研究成果。材料不仅是论点形成的基础，而且也是论证和论据产生的源泉。凡是引入论文中的材料，已不再是属于他人了，它便与作者的思想相融合，形成了一种新的思想，即作者的思想，也就成为论文中不可或缺的内容，成为论文的支撑。正确、准确的运用所掌握的材料，可以使科技论文有理有据，有更强的说服力和学术价值。同时，通过材料可以了解到论文的一些基本事实和思想，以及其他研究者在本问题上的研究思路和研究方法，或者是借鉴别人的方法，或者是从别人的研究思路和研究方法中获得启示，发展、形成自己的新的研究思路和方法。

对于搜集材料而言，并不是一个很难的事情，也不属于专业性和技术性很强的工作，它所需要的更多的是恒心和毅力、时间和精力。

总而言之，在选题过程中，已阅读的大量资料中有与课题有直接关系的、有间接关系的、有重要的、也有次要的资料。课题的研究方向确定之后，就要以课题为中心，进行周密地调查研究，从众多的材料中，选择那些最主要、最典型、最可靠、最直接的材料，同时补充那些撰写论文必须引用但平时没有准备的材料。为此，在围绕课题搜集材料之前，要做出周祥的计划，制定准备查阅的资料目录，以便顺利地、有效地进行材料搜集，并将材料整合归类，使其系统化、条理化；必要时，还应根据使用的顺序将材料编序，以供写作中随时选用。

二、研读文献与谋篇布局

（一）研读文献

1. 研读文献的重要性

研读文献是论文写作的重要而关键的内容。论题选定、文献收集完成后，接下来的工作就是对该论题进行攻关研究，而研究开始时的主要工作是浏览、阅读、整理和研究与本论题相关的文献资料，以便为动笔写作做好论点、论据、论证以及材料等方面的准备，这是论文写作必不可缺的重要步骤之一。当前常常见到一些内容空泛、质量低下的论文，其主要原因就是由于在动笔之前没有花费足够的时间和精力进行文献研读和攻关研究，由此可见研读文献的重要性。

开始研究时，如果能够仔细研读文献，就会发现不同的文献之间往往存在着同意、继承、反对和并列等各种不同的关系。其中，同意关系，也就是这些文献的研究结论一致，或者殊途同归；继承关系，即一篇文献是在另一篇文献的基础之上进行的；反对关系，即文献之间的观点或认识或结论完全相反或对立；并列关系，即两篇文献各自在自己的问题上做出了回答，它们合起来就可以构成更大一类问题的答案。厘清了不同文献之间的关系，既可以按照对课题研究影响或相关性强弱选择文献，也可以对文献的思想归纳整理，保留有用的，丢弃无用的，对于一些观点相矛盾的文献，恰恰可以从不同角度作为论述的支撑。

2. 研读文献的主要方法

（1）收集资料要尽可能齐全。文献检索是文献研读和分析的基础，在动笔写作之前，一定先要多花些时间，尽可能多地收集与论题相关的文献资料，并分门别类地存放或保存。当今信息化时代收集信息资料的渠道广阔，除了传统的图书馆和资料室，计算机网络已成为收集资料的重要渠道。为了提高文献检索的效率和全面性，应利用各种途径进行文献检索，以有效的检索和筛选文献。检索之后，按照题目和关键词判断文献与自己研究旨趣的符合程度，并按一定的主题对收集的文献进行分类，找出对课题研究有价值的文献，这是文献分析的第一步，即对文献进行初步筛选。同时，要注意文献的时间和权威性，避免浪费时间和走弯路。

如果要提升初筛的效率，降低随后进行精读时的工作量，则必须在初筛时多花一些时间把文献的摘要和结论看完。千万不要检索完文献后，不管是否有用而都不顾一切地下载保存，由于文献量太多，在需要阅读时不知如何下手了。

（2）浏览、研读资料要抓住重点。在收集好有关的文献资料后，应根据资料作用的大小或重要程度，分别采用通读、选读和研读等不同的方式进行浏览阅读。通读，即阅读全文，了解文章全貌；选读，即选读有用部分，把握文献的核心或关键；研读，即认真、仔细、深入、反复阅读和研究与论题相关的内容，明确文献写作背景及采用方法的原因和先进性，找出论文的创新程度、学术贡献、对将来的影响，以及存在的问题等。

这里需要强调的是，在浏览文献时要把握略览文献抓关键、精读文献看重点。略览的意义是判断这篇文献有没有支撑自己研究的核心观点，是不是值得精读，因此要抓关键。最有效的办法就是直接看文献的图表。高质量的文献必定有高质量的图表。看完图表后，可以再回头看看图表的支撑策略与结论梗概，进一步了解文献的内容和目标，最终确定该文献是不是符合自己的研究思路，是不是值得精读。精读文献并不是意味着每个字都要嚼透，而要抓住重点。比如，文献的引言部分在你决定精读这篇文献时就已经认同了，再看就是浪费时间。所以，精读时要深挖文献的结论与讨论部分，关注文献的实验（论证）设计与过程操作，这些都是可以参考、借鉴，给自己研究提供支撑的关键部分。

（3）阅读整理文献要做好标记和记录。阅读文献，光看不记，等于白看。俗话说：好记性不如烂笔头。因为，当读文献时会思如泉涌，过后就可能会什么也不记得了，需要及时记录。所以，阅读文献时要随时标记出文献中对自己有启发的核心信息，便于后续的研究中快速精准定位所需的文献。在浏览阅读资料的过程中，应该重点探讨和了解与论题研究相关的历史与现状，即前人已经做了哪些研究，取得了哪些成果，获得了哪些共识和见解等。特别应该侧重探讨的是目前还有哪些说法存在争议，哪些说法需要纠正，哪些理论需要补充，哪些短板或空白需要补齐或填补等，从而为自己的研究定向和定位。

3. 认真进行文献分析

文献分析的起点是发现问题、研究问题，而文献分析的终点则是论文的研究问题。也就是说，要通过文献分析来提出问题，而文献分析的过程本身也就是一个与研究问题进行交互促动的过程。所以，分析文献才是研读的根本目标。进行文献分析首先要对文献进行评述，要在某一领域对文献进行准确描述，客观分析，只有这样，才能实事求是地、确切地评价文献，为取舍和研读提供参考。

归根结底，文献分析是为了发现问题、寻找空白、总结经验、开拓思路、选定论题。为了保证文献整理、分析、归纳的效果，在文献分析中应关注以下几方面：

（1）发现文献中存在的矛盾点。对不同的观点和方法进行分析比较有利于找到研究中存在的矛盾。在阅读文献时，经常会发现不同的研究者对同一问题的分析有不同的观点，甚至是彼此矛盾和互不相容的。发现现有研究的矛盾是文献分析的一个重要方面，关注矛盾、思考矛盾，往往会给我们带来一次好的研究机遇，有利于寻找研究的突破口。

（2）分析现有研究的局限性。找到现有研究的局限性，就容易找到课题的突破口，现有研究的局限性可能是方法论或研究方法的局限性，也可能是理论观点不成熟。局限性的存在必然会影响研究结果的正确性和普遍性。找到现有研究的局限性，将可以使我们在研究的一开始就有一个高的起点。

（3）寻找课题研究的空白点。每一领域在还未得到充分研究之前，总会存在一些空白点的，若能抓住空白点进行研究，不仅可以避免重复，而且从选题上还能保证研究的创新性。寻找课题研究的空白点，可重点关注原来的研究者忽视的问题，原来研究者已经注意但限于理论或技术而没能解决的问题，以及原来的研究者由于知识结构不全面而未能解决的问题。

（4）发现课题新的生长点。分析课题研究的发展方向有利于寻找或发现课题新的生长点。在查阅、研究文献时，要注意课题研究中出现的新方向、新思路、新领域，对深入该课题研究和拓展研究领域、追踪研究方向与提高研究水平都是很有意义的。

同时，还要加强文献的理论批判与整合，要在钻研文献的基础上，保持思维的自主性和独立性，选择合适的角度，突破思维定势，扩大思维空间，引进新的理论模型。若要想从研究策略上突破研究者的思维定势，在我们着手某一研究课题时，可以先不要去看这一课题的直接文献，而是去看一些与课题似乎有些关系而关系又不密切的文献，在阅读中对拟开展的课题进行思考，等形成了一些初步的观点之后，再去看那些直接的文献，以求在两者的比较分析中获得新的收获、认识或突破。

4. 拟定引用文献

在阅读文献时要仔细梳理所阅读的这些文献之间的关系，找出其内在的联系，然后用一个有逻辑的线索把它们串起来，这样，经过穿针引线之后，整个文献回顾便成为一个系统的整体。在文献取舍时，对于那些与研究问题密切相关的文献一定要回顾，尤其是在所研究的领域中做得比较出色的、前沿的和有突出贡献的文献，一定要作为重点引用对象。

如果遗漏了密切相关或重要的文献，论文的价值就会降低，而如果遗漏了经典文献，则说明作者对所进行的研究认识不深、理解不透，一般研究水平也不会太高。有时候无论是否必要，有很多作者都喜欢把所有相关或稍有相关的文献都在论文中引用，这种方式显然是不可取的。因为，引用的文献越多，给读者造成的阅读负担就越重，读者就越有可能对你的研究难以充分理解。对于一些研究水平很差的论文，就应该尽可能少引或不引，而应该引用那些研究做得扎实的论文。

拟定引用文献时一般应按照先热点后一般，先国际后国内，先国内后行业，先核心后一般，先期刊后会议，先学位再专利，先在线后纸质，先近期再远期等原则进行。

（二）谋篇布局

一篇文章总是要有一个总体性格局的，文章的各个组成要素，既有自己的特征和功能，彼此之间又要有着有机的联系。不谋全局者，不足谋一域。任何文章的写作都必须有一个谋篇布局的意识，任何类型文章整体上都是有一套稳定的框架结构的，必须意识到这个写作结构，并且有意识地进行布局。因此，对于科技论文写作首先要有一个整体的谋篇布局意识，对于如何谋划文章的整体布局和行文轻重要做到心中有数。

1. 要有明确的写作线索

写作线索即思路，任何形式的写作都要有写作线索，而且写作线索不能随意更换，否则就会偏离主线、没有统一的主题了。写作线索必须从文首贯彻到文末，通过写作线索来贯穿全文。写作线索是论文的基础和骨干，如果写作线索不能一以贯之，这篇文章就不能算作一篇完整的文章了。

为了顺利地将读者带到终点，写作线索必须清楚、明确。就科技论文而言，由于人类的线性思维，加上论文本身要将复杂的学术机理揭示出来，所以，科技论文的写作线索最好是有一个简洁明确的主线，所有的内容都围绕主线来写。

一篇论文只讲一个问题，全部精力都集中论述这个问题，然后一气呵成，完整地呈现一个论点，这样的论文才会更具有逻辑性，更能表达主题。

2. 要用好起承转合

写文章如同串珠子，写作线索是线，文章素材就是珠子。在科技论文写作中不仅写作线索，即主线要明确，而且这些珠子，即素材之间也要有机地联系起来，保持强的逻辑关系，即起、承、转、合之间的联系。

古人写文章讲究起、承、转、合，而这在写科技论文时也同样适用。尽管我们所说的起承转合可能和古人的意思有所差异，但它对于我们理解如何写好科技论文还是具有很大的指导意义。起承转合，其中，起：就是这个课题研究的大背景是什么，生活或生产中面临的问题是什么，学科中某个未解决的问题又是什么；承：就是为了解决这个问题，其他人已经做了什么工作，包括自己的团队前期已经做了什么工作，取得了什么成效，如果还没人做过，可能的原因是什么；转：就是目前的这些工作还有什么缺陷或不足需要进一步完善的，针对这个问题提出了新的思路或做法，有望解决这些问题或进行完善。从多角度提供充分的数据和推理过程，证明这个问题已经被解决了或者完善了；合：就是把所有的结果合在一起，给一个统一的结论。让读者进一步明确你研究工作的价值和创新之处。如果目前的工作还不太顺利，那么就要说我们虽然做了一些工作，已经取得了一些进展，或者看到了一些线索，但还有一些工作需要继续去做。关键是如何能够自圆其说，把这些东西都能合起来。有时候还要把目前有些不够完美的地方适当的回避或淡化，以保证工作得到大家阶段性认可，为后续的继续完善争取时间和经费的支持。

总而言之，基本上所有论文都离不开起承转合，有时可能只是侧重点不同而已。起承转合是整篇文章的间架结构，也就是论证问题的一般步骤，包含了整篇论文的线索和布局。在起承转合的不同部分之间，“承”是对“起”的延展，“转”又是对“承”的深化，而“合”则是对“转”的概括定论。这四个部分有机地组合在一起，一脉相承，它们共同构成了整篇文章的行文脉络。起承转合得当就可以使论文脉络清晰，行文流畅。

3. 科技论文的一般结构

一般来说，论文写作是有一个相对固定的间架结构的，其正文通常包括引言、文献回顾、方法、测量、数据、分析、结论、讨论。根据上面的起承转合的文章脉络，论文中至少有四个部分是必须有的：引言（作为起）、文献回顾（作为承，一般归纳在引言里）、分析（作为转）、结论（作为合）。其他部分可以视实际情况进行取舍。

谋篇布局的关键是全文一盘棋，即正文的每一部分都要起到它应有的作用，而且将这些部分统筹在整个学术表达的框架下。具体来说，谋篇布局必须重视两个问题：一是如何让每个部分起到各自的作用，二是如何让这些部分有机地联系起来。做到了这两点，论文就会具有流畅的起承转合的行文脉络。

1）每个部分都要起到各自的作用

由于科技论文的形式有很多种，尽管不同学科的要求又有所不同，但一般正文可分为四个部分。

（1）引言：提出研究问题，让读者进入你的研究视野，明白文章的最终研究目标是什么。引言首先要阐述为什么开展研究、研究什么、什么目标。

（2）文献回顾：文献回顾的作用在于在研究问题的基础上，系统而完整地回顾以往研究中在这个研究问题上都有什么贡献，还存在哪些问题或不足，以此来佐证开展研究的意义和必要性，一般情况下文献回顾常合并在引言中。

（3）分析论证：这一部分主要是为了说明在前人研究的基础上，你做了什么创新性的工作，采用了哪些新方法，有哪些新认识等。在这一部分，要把研究的具体部分都呈现出来。

（4）结论与讨论：这一部分的功能在于回顾所有的论点，对所做的研究有一个概括性的结论，同时还要对所做的研究进行总结、提炼和升华。

2）每部分要有机联系在一起

（1）从引言过渡到文献回顾。这一部分主要是提出一个目标，划定一个研究范围，提出研究的必要性，阐明论文写作的意义、必要性和价值所在。该部分要把某一专业领域的大部分研究内容呈现出来，让读者知道你研究的范围或立足点。如果文献回顾包含在引言里，则就综合表述，应从背景和需求出发，通过背景介绍引向主题，接着介绍相关文献的进展以及尚有哪些空白，从而引出还有什么需要进一步研究的，由此引出工作的必要性和问题的来源；然后介绍你做了哪些工作及其重要性；最后介绍论文思路与目标，指出论文中的各部分将如何安排，必要时交代各部分有什么具体目标和有什么依存关系，能让读者看出问题的来龙去脉与重要性。

（2）从文献回顾或引言过渡到分析论证。这一部分的关键在于如何开展的研究与已有的研究联系起来，在研究方向上的贡献是什么，研究内容与其他的研究有何差异，还有哪些创新的思路。

（3）从分析论证过渡到结论。这是从分到合的过渡。最终要把整篇文章的主旨在结论中体现出来，概括性地把通篇意思写出来，但又不能纯粹地进行简单的摘写，必须进行高度提炼升华，才能将创新、独到的地方展现出来。

4. 科技论文的层次结构

科技论文由大到小有三个层次结构，即功能结构、大纲结构、段落与句子结构。掌握三个层次结构的要领，就可以自如地安排写作。提高写作效率和论文质量，首先专注于按大纲填写内容，才有助于写出一篇好论文。下面从大到小依次介绍。

1）科技论文的最高层次——功能结构

科技论文的功能结构可以分为三个模块，分别是引导模块、核心模块和总结模块。通过三个模块的划分，明确每个模块的作用，有助于对论文进行整体设计，顺利完成一篇论文的撰写。

引导模块是论文的标题、摘要和引言；核心模块是论文中对方法和结果的介绍与讨论；总结模块是论文最后归纳的要点与结论。不同模块的内容和作用如下：

（1）引导模块。通过让标题、摘要和引言满足规范，起到将读者引入核心模块的作用。标题应能吸引读者有阅读的兴趣，摘要应能让读者获取全文的概要，引言应能进一步让读者有阅读全文欲望。

（2）核心模块。通过有效组织和讨论论文的方法，从而获得的结果及形成的结论，让读者觉得问题一步步得到了解决，阅读此论文归纳、推理的结果和结论，使读者认为是可以借鉴和参考使用。

（3）总结模块。通过归纳论文的要点，让读者明确核心部分的细节，并掌握要领，从而记住一些重要结论。

如果按照三大模块应起的作用统筹规划论文的大纲结构，以及段落、句子等微观结构，那么就可以写出与大纲相符的论文，从而提高论文写作效率。

2）论文的中间层次——大纲结构

摘要、引言和结论是论文中常见的标题明晰的大纲结构。此外，还有一些标题比较自由的大纲结构，用以介绍论文的核心内容，包括方法和结果等内容。

（1）论文摘要。是对论文内容不加注释和评论的简短陈述。摘要连同标题在检索时，读者据此决定是否获取全文。

（2）引言。突出问题的来龙去脉与问题的重要性。引言应包含背景与需求、研究现状、研究内容、研究思路、研究目标和本文安排等内容，让读者看出问题的来龙去脉与重要性。

（3）论文核心部分。论文的核心部分用以交代论文的方法、结果和讨论，通过讨论来解释结果，并给出一些有意义的结论，核心部分（一级大纲）有两种结构，即规范结构和自由结构：

①规范结构。核心部分（一级大纲）以方法、结果和讨论为标题。一般将总结放在讨论部分的最后一个二级大纲结构之中。而有时，也可以将方法至于结果介绍的第一部分中，或将结果与讨论合并阐述，这些也属于规范结构。

②自由结构。除最前面的引言和最后的结论外，自由结构的论文的中间部分即核心内容部分以解决的问题作为划分依据。自由结构又分为并联型、串联型和

混合型三种类型。并联型是指每一级大纲内容相互独立；串联型是每一级大纲内容相互依存；混合型是指既有并联型也有串联型。

大纲结构中还有二级大纲和三级大纲等。一级大纲主要用于问题的分类，二级和三级大纲用于导读。可以把一级大纲的内容也当作一篇论文，先在起始位置给出简介，接着按规范结构或自由结构划分二级大纲并填写内容。如果一个二级大纲内容太多，还应划分三级大纲，以便导读。与一级大纲指出该节的主题不同，三级大纲可使用声明型标题，即指出结论的标题。对于二级和三级大纲，相邻的子标题应具有相同的类型、相同的语法和相同的句型。

（4）方法。一些论文包含明显的方法部分。对于自由结构的论文，一般不会出现以“方法”为标题的一级大纲。然而，无论方法部分的介绍放在什么独立的或者分散的位置，都需要包含研究思路、手段、使用手段的方式与步骤、结果的处理方法、合理性讨论等。

（5）结果。先筛选、再凝练、后组织。实验或研究的结果可以是发现了什么现象、得到了什么规律、验证了什么设想、纠正了什么认识、给出了什么知识等。对于大多数科技论文而言，由于所得到的结果是原始结果，甚至是大量的结果，因此需要对结果进行筛选、凝练和组织。

（6）讨论。对结果进行分析，从结果形成结论。对规范结构的论文，结果和讨论被分割在前后相邻的两节。对于自由结构的论文，一般紧接着每一项结果进行讨论。如果一些结果有共同点，或者关联起来后能给出新的结论时，还需要介绍完这些结果和单一结果的讨论后，对这些结果之间的共同点与关系进行综合讨论。

（7）结论或总结。让读者走出细节，记住要点。在结论或总结部分，需要对论文工作进行概括、归纳重要结论，并且指出未来还有什么工作要做。对于规范结构的论文，可以在讨论的末尾给出一个以结论为标题的子节。对于自由结构的论文，可以把结论或总结作为最后的一个一级大纲内容。

3）论文的最小层次——段落与句子结构

段落、句子、图形和表格等非文字类元素可以看作论文的微观元素。段落是论文的基石，各级大纲的内容均由段落组成。为了合理构建段落，首先需要掌握与段落分类有关的知识满足规范的写作要求。

（1）正式与非正式段落。段落一般分为正式段落和非正式段落。正式段落是指与研究密切相关的专业级别的内容，而非正式段落是指用于对全文进行组织、完成不同内容过渡的一些铺垫性内容。

按段落的作用正式段落可以分成导航段落、主题段落、数学段落和图表段落：①导航段落。即用于顺利完成一些不同主题或论点的重要段落之间的过渡与衔接的段落；②主题段落。指组成一个单元且以某个主题或论点为中心的段落，包括指出主题和论点的主题内容、支持论点的内容以及结论；③数学段落。常见的数学段落是定义、假设、引理、定理、推论和证明。无论引理、定理还是推论，它们的证明则是一个可长可短的段落或段落群，证明过程可能包含大量的数学符号与公式，交叉引用前面的引理或定理；④图形段落。图形以及图形的题注（也称为图注）是一种特有的段落，以浮动方式出现在正文中。

（2）构成段落的句子和过渡词的使用。段落由一组句子构成。构成一个特定段落的句子所包含的信息只与本段落的主题与论点有关；句子之间有意思转折时，必须采用过渡语气词来提示；如果一个句子夹带符号与数学公式，那么需要满足可读性原则，即符号与公式虽然夹在文字中，也要把符号与公式当作术语，整个句子读起来应是语法正确、标点符号正确。

（3）构成句子的词汇要清晰明了。

为了清晰地表达句子的意思和避免误解，需要注意：对专业术语进行解释，减少缩写语的使用，按约定使用数学符号并进行说明，谨慎使用代词，术语不要轻易变化。

（4）非文字类元素。

非文字类元素包括图形、表格、数学公式、符号、数据等。这些非文字类元素的要求可能更偏专业，超出了写作所能够覆盖的范围。其基本要求在后面有关章节将详细介绍。

三、确立“三论”与选取论据

（一）确立“三论”

“三论”即论点、论据和论证。如前所述，研读文献阶段的主要任务是为即将撰写的论文定向和定位。具体来说，是进一步确立论文的总论点；以及几个层次的分论点；同时还应初步确定主要的论据和论证的主要步骤。为此，在研读文献过程中，还应侧重分析这些文献中关于论点的确立、论据的选取和论证的实施，以及研究的方式和方法等问题，并结合自己在科研和工作实践中积累的经验，进行广泛的、开放式的积极思考，从而激发自己的想象力、创造力和灵感思维。在思考过程中，应注意随时做好记录，并把遇到的与本论题相关的精辟论述和语段抄录下来。在思考过程中产生的一些想法和念头，特别是突发奇想、转瞬即逝的灵感和闪光点，更应及时记录下来。通过归纳与演绎、分析与综合、正向与反向、分类与整合，以及由表及里、去粗取精、去伪存真、从具体到抽象、从感性到理性等思维方法达到确立“三论”的目的。

论点、论据和论证是科技论文的逻辑结构必须具备的三要素，这三个要素决定了科技论文必然的、内在的、本质的且相对稳定性的内容。论点是作者提出的观点和论证的对象。下面分析一下论点、论据和论证的内容及其之间的关系。

1. 论点

论点又称主题，论点也即答案。论文中需要确定其真实性的判断，即需要证实的观点。一篇好的科技论文，首先起源于一个好的研究问题。而论文是否有价值，主要看论文是否能够成功有效地回答研究问题，也就是说，论文是否具有一个完整、有效的结论，论点是至关重要的，它就像整篇文章的心脏或核心，文章的布局、谋划和行文都要以服务中心论点作为其存在的基础。可以说，没有论点，就没有论文。有的论点比较简洁，有的则比较长，有的论点在题目中，有的在篇首，有的在篇末。无论任何位置论点都要突出明确。

论文论点通常是指总论点或中心论点，论文的总论点包括若干分论点，所谓分论点，就是在论证某一观点时，从不同角度、不同侧面、不同层次展开的分层论点。它是对总论点的展开与说明，是总论点的具体化。它可以是总论点的一个属性、一个方面、一个关系、一个层次或一个过程等。

确定科技论文论点，要从对材料的分析、研究中产生，不能先设定论点，后找适合证明论点的材料。作为一篇科技论文，其论点应当在一定程度上反映某种事物的规律性，而这种规律性的认识一定是在对大量材料的分析过程中形成。因此，确立论文的论点必须从分析材料入手，去粗取精，去伪存真，由此及彼，由表及里，对所掌握的材料加以鉴别，弄清它所反映的是真相还是假象，是个别现象还是普遍现象，是事物的主流还是支流。只有经过这样仔细的鉴别，弄清事物的本来面目，才会有真实可靠的论据，从而分析出正确的结论，形成正确的观点。然后，对掌握的材料进行分析判断、推理，找到事物的内部联系或规律性，形成文章的论点和逻辑体系。对于分论点可以从“是什么、为什么、怎么做”等角度展开思考。

一般情况下，掌握的材料越全面，从中概括出的论点就越具有普遍意义。但是，对具体的材料进行理论概括，并不能仅仅停留在简单的罗列现象。在整理归类具体材料时，还必须深入分析、判断，找出这些现象的本质，从中得出规律性的认识。只有这样，文章的论点才能确立起来。因此，文章论点的确立实际上是调查研究的过程，是感性认识上升为理性认识的过程。

2. 论据

论据是用来确定论点的真实性的根据，即用来证明论点的依据。论点必须用论据加以证明，如果没有论据加以证明，论点就没有说服力，所以论文的论证必须有论据。论据是为论点提供支撑，为论证提供材料的。论据越翔实，论证越有力。只有旁征博引，多方佐证，论文才能确凿可靠，增强可信度。因此，论据是论文的关键要素，是核心。论据有实验数据、调查结果、文献分析等，具体而言有对比数据、表格图表、典型事例、个案分析、现场（问卷）调查、文献分析、会议访谈、媒体报道、社会反响、经典引语等。

论据作为用来说明论点的材料，通常包括事实论据和理论论据。事实论据可以是观察的现象、计算的数据或实验的结果，理论论据可以是一个观点、一个方法、一个原理等，因此，论据可以是自然语言，也可以是符号、图表和数据等。

3. 论证

论证即用于证明论点和论据之间的逻辑关系。也就是有了论点、论据之后，如何证明论点是正确的，这就是论证，是论文的主体，是决定论文质量高低的核心部分。

论证受论点和论据的制约，反过来又制约论点的展开和论据的内容；当论点明确、论据充分时，论证还应当满足一定的逻辑要求，如对于一些专门性的科技论文往往采用逻辑演绎法，根据基本的科学定理、定律，对新研究的问题通过严密的逻辑推演得出新的结论。反之，即使论点正确，论据充分，其论证也不能充分有力地证明论点。如有些论文虽然论点明确，论据也要充分，但是由于论证过程不严密，致使论文缺乏整体性，且主题不突出。还有一些论文由于论证不充分，而达不到应有的理论水平，使其学术价值降低。

论证的方式一般有正面阐述、反驳和正面阐述与反驳兼而有之的三种方式。论证的方法，说到底就是按照什么样的顺序将论点、论据通过论证组织起来。材料组织时最好按自然顺序组织，不能够按自然顺序组织时，可按照逻辑顺序组织。

论证是运用材料（论据）证明论点的方法和过程，体现论据与论点或论题之间的逻辑关系。论证不仅反映一篇文章的谋篇布局，还应体现出论点和论据之间的内在联系是否符合客观事物的发展规律，使论点具有无懈可击、不容置辩的说服力。在科技论文写作中，掌握论证方法和要求是写好科技论文至关重要的基本功。

4. “三论”之间的关系

科技论文作为记录、传播和交流科技信息和新知识的手段，首先应明确新信息和新知识所蕴含的概念，将其构成论点，然后围绕论题选择真实可靠的论据，最后用最有力的论证方式来论证论点，得出令人信服的结论。

论证是由论据推出结论的过程。论证的目的就是使论点得以成立，尽管科技论文中论证的方式多种多样，但都可以是归纳与演绎相统一、分析与综合相统一、抽象与具体相统一、逻辑与历史相统一，且这四种论证方式以及它们之间可以相互渗透。

写论文讲究立意、选材、结构、语言，科技论文写作的思维活动正是围绕这几方面展开的。科技论文作为反映科技信息的有机整体，其“三论”之间是互相制约、相互联系，且具有紧密的逻辑关系。首先论点是中心要素，它支配和决定了科技论文的性质和功能，当论点明确时，根据论点才能有效地选择论据并组织论证，达到科技成果发表和交流的目的；反之，即使论据再多，论证再复杂也达不到其应有的传播与交流功能。

（二）选取论据

论据既受论点的支配，又与论证一起反作用于论点。只有论点明确了，才能有目的地去选择论据。当所选取的论据真实、可靠且充分时，论点才能令人信服。因此，在科技论文写作时，要广泛收集和精心选择能论证论点的理论和事实。同时，在论文修改和完善过程中，尽可能针对需要增加与论点、论证有关的材料，删掉与论点、论证无关的内容，只有这样才能写出高质量的论文。

1. 论据的选用原则

（1）论据与论点之间必须存在必然的内在联系，对于那些只为装点门面，而与论点毫不相干的材料，无论多么的高大上，都是不可选用的。

（2）论据应该与所论证的论点在同一个层面上，不能以小的论据支撑大的论点，但大的论据可以支撑小的论点。

（3）论据举出后，应该立即加以解释说明，将论据融合在论证的过程之中，不可顾左右而言他，游移于论文的主题之外。

（4）论据要可靠、适用。对数据的可靠性而言，首先要做到真实。真实可靠是选取论据的前提，适用与否是选取论据的落脚点。

2. 主要论据的选用

1）对比数据

在所有的论据中，对比数据是最强有力的客观论据，作为直接论据，它能使论证过程数字化。尤其是撰写实验研究论文，对比数据是不可或缺的论据。

对比数据主要有两种。一是优化实验与普通实验的数据对比；二是实验得到样品与对比样品的测试结果对比。选取数字作论据，必须做到真实确凿、准确无误，不可弄虚作假，并注明获取数据的来源。

2）表格和插图

表格和插图是一种形象生动、简洁明了的论据。把线性的、平面的文字材料可以多维的、立体的形象表达，实现文字材料图表化，省去了许多文字阐述。

表格的应用范围非常广泛，对比实验数据可以用表格，有些说明性文字也可以用表格。图和表都可以用在实验测试数据分析之中，如为直观表达合成条件或配方对合成产物收率的影响。实验数据既可以用表格表示，也可以用曲线图表示。

3）典型事例和个案分析

选用典型事例和个案分析作论据时，必须保证它们的典型性和代表性，不能以偏概全，以点代面，把个别的、孤立的现象当作具有普遍意义的论据，从而导出错误的结论。

4）经典引语

经典引语引用著名专家、学者或权威人士的经典语录和精彩论断，本学科公认的科学公理和学科定论，以及相关格言、名言、谚语、警句等。但在选取和引用时应该注意：引语与所论证的论点必须具有相通性，才能具有可参考性；引语必须忠于作者原意，不可根据自己论证的需要而断章取义，摘取对自己观点有利的只言片语来达到自己的目的；引语只作为论证的辅助手段，无论如何不能替代引用者所要表达的思想。因此，引语必须简洁精确，短小精悍，适可而止，不可大段引用；引语应该前后加上引号，以示区别。引语应该注明出处。

四、论文的撰写与修改定稿

（一）拟定提纲

科技论文的选题确定以后，首先要做的是着手拟订论文提纲或大纲，所拟定的提纲将是未来论文的大致结构形式，也是论文写作的依据。由于科技论文一般篇幅较长，少则数千字，多则数万字，这就需要作者根据自己的研究所得，提炼出论文标题及中心论点，然后大致勾勒出围绕中心论点而进行论证的不同层次的纲目，以及各个层次对材料的运用和编排，这项工作就是拟订写作提纲。

提纲在论文写作及研究计划中具有非常重要的作用。按照提纲进行写作往往是最有效的写作方法。提纲作为一篇论文的行文计划，应该包括论文所依靠的数据。事实上，拟定提纲不仅仅是列出各段的内容，而是按照目的、假说、结论来精心组织数据的过程。

1. 提纲的作用与意义

提纲是论文的前期形态和简化形式。编写提纲的主要作用是帮助作者从全局着眼，确立全篇论文的基本构架，是作者借助文字符号使思路系统化、定型化的过程，从而形成一个中心突出、层次分明、疏密适宜、结构严谨的论文框架体系。提纲也将为论文的写作和修改提供依据与参照，可以使我们更清楚地意识到行文中存在的不足与缺陷，找到修改的恰当方法。因此，提纲的编写或拟定必须在分析研究材料、认真构思的基础上进行。

犹如盖楼首先要设计工程蓝图，然后按图施工一样，撰写论文首先要拟订写作提纲，然后按纲行文。简单地说，写作提纲就是整篇文章的总体思路、逻辑图表和结构框架。在动笔撰写论文之前，必须花足够多的时间和精力来理清这个思路、绘制逻辑图表、构建结构框架，以确保整篇文章思路清晰、逻辑严谨、结构完整、首尾贯一。

有人认为，拟订提纲费时费力，不如直接写论文来得快，而事实上，在撰写一篇比较长的论文时，如果没有提纲可遵循，单凭摸着石头过河，结果只能是事倍功半，不仅达不到预期效果，甚至半途而废。一般掌握写作技能的作者在撰写论文之前总应认真拟订写作提纲。

2. 提纲的类型

常见的提纲一般有两种类型，即项目式提纲和结构式提纲。项目式提纲包括题目、文章的宗旨、目的、中心论点及所隶属的各个分论点、各分论点所隶属的小论点、各小论点所属的论据材料、各个层次拟采用的论证方法；结构式提纲包括题目、论题的提出、论据的展开、结论等。结构式提纲可以用标题写法，即以一级、二级、三级标题的形式把论文的主要框架设计出来。也可以用句子写法，即以一个能表达完整意思的句子形式把该部分的内容概括出来。

从提纲的内容要求出发，论文提纲可分为简单提纲和详细提纲两种。两种提纲形式，既和论文内容的范围、复杂程度和篇幅长短有关，也和作者的喜好、习惯相关，作者可以根据实际需要选择。简单提纲主要是高度概括论文的要点，而不涉及如何展开。这种提纲虽然简单，但由于它是经过深思熟虑编写出来的，能有助于作者在写作时保持思路清晰，顺利完成写作任务；详细提纲，是把论文的主要论点和展开部分较为详细地列出来。如果在写作之前准备了详细提纲，那么，执笔时就能更顺利。如果写作前没有编写提纲，而是边想边写，想到哪写到哪，很难保证思路的前后贯通，还有可能偏离主题。一般说来，为了保证论文写作效率和质量，论文的提纲宜详不宜简。

3. 提纲的编写

提纲的主题和材料是论文的内容，结构和语言是论文的形式。为了表现主题，展示思想，必须合理安排内容结构。提纲要根据主题需要勾勒出文章结构的大致层次，并把材料分配到文章的各层次结构中。拟写提纲要项目齐全，初步构成文章的轮廓，尽量写得详细一些。一般情况下，提纲拟订的步骤与方法如下：

（1）明确文章的大小题目。在研究文献和确立“三论”阶段，已经确立了文章的总论点，以及若干不同层次的分论点。从文章的形式上看，这些分论点便是不同层次的大小标题。一般来说，一篇文章至少应设立 3 个层次的大小标题。文章的总题目加上这些大小标题，便是文章的基本框架，也是写作提纲的主要内容。

（2）为大小标题排序。根据总论点的论证需要，以及大小标题之间存在的逻辑关系，将这些标题排序，并标注序码。

（3）材料对号入座。将选定的、将要写进文章中的材料根据论证的需要分组，并编注序号。然后，分别以序号的形式对号入座，安插在各个大小标题之下。这样，写作提纲便基本完成。

提纲完成之后，还必须进行仔细推敲、反复调整、及时修改。随时有针对性地调整与修改提纲，要比全文写完之后再推倒重来更节省时间和精力。因此，对提纲的修改应在动笔撰写初稿之前，集中时间和精力进行，以便确立论文的基本框架结构。

编写提纲时，还要注意以下三个方面：一是思考论文的写作意图，包括选题的理由、价值、中心思想、总论点等；二是围绕中心思想、总论点确定分论点，考虑论文的层次、结构、逻辑联系等；三是将上述思考写成内容提要，不仅是提纲的主要内容，也是论文结构的骨架。拟写时先要考虑从哪些方面、以什么顺序论述展开总论点。论点安排妥当之后，再逐个考虑每个层次下的分论点。当每个分论点确定后，再考虑如何论证分论点，然后再安排材料论证分论点。

常见的论文提纲结构如图 3-1 所示。还要注意的是，提纲写好后并不是一成不变的，在撰写初稿的过程中，还可以根据中心论点或主要议题对提纲进行局部的、细节性的调整与修改。有时写作提纲不必设计得过于正规和详细，一个非正规的、粗放式的提纲就可以有助于理清思路，明确如何把材料整合组织起来，了解哪些地方需要补充新的论据支持，直至草拟一份具有创造性的论文初稿。

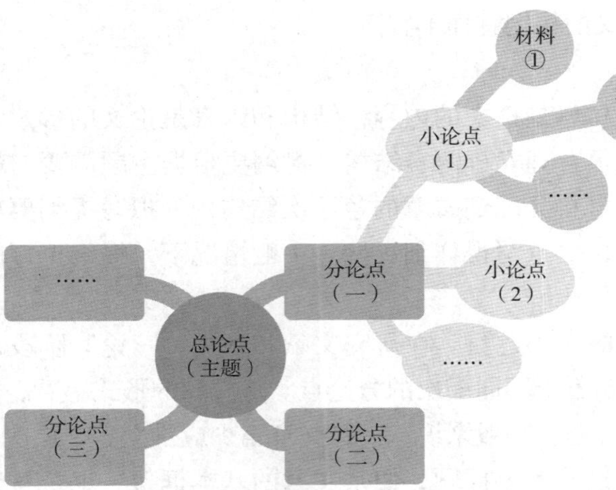

图 3-1　常见论文提纲结构

（二）初稿写作

论文初稿的写作是论文写作的核心环节，它要求作者在技能训练与日常实践经验积累中从对某一观点、某一现象产生浓厚的兴趣，进而能够独立地思考或探讨。这一过程也是对自己的观察领悟能力、分析思维能力、综合概括能力和文字表述能力等方面的实际检验。初稿的整个形成过程包括：根据提纲写出初稿→反复阅读→推敲修改→虚心求教→反复补充完善等。

1. 初稿写作的意义

初稿的写作是论文形成过程中最艰苦的阶段，它既是对论文内容精雕细琢的过程，又是作者思想认识不断深化的过程。初稿的目的是要把所有想写的内容全部表达出来，对全部实验数据和资料进行详细的分析和归类。从初稿的写作过程中还能够及时发现前期研究工作中的不足或错误。可见，初稿写作是研究工作和论文写作的重要部分，有利于保证论文的顺利完成。

2. 初稿写作的方法

论文的初稿通常可以采用严格顺序法、分段写作法和重点写作法等方法。

（1）严格顺序法。此法是论文一般的和最常用的写作方法，即作者按照研究课题的内容结构，根据一定的顺序，如论文的结构顺序或研究内容顺序等逐一展开论述。

（2）分段写作法。指作者从最先考虑成熟的内容开始动笔，先完成此段内容的写作，而其余内容在考虑成熟或进一步研究后再行写作。全文写完后，再进行前后对照检查，使前后文风格保持一致。

（3）重点写作法。指先从论文的核心章节开始写作。如果作者对论文的主要论点及论据已经明确，但一气呵成的条件还不十分成熟，则可采用重点写作法。

以上关于初稿写作的方法，并不是对任何作者都适用，也不是一成不变的，因为每个人的思维方法和方式不同，论文构思、写作习惯、风格等也自然不同，因此，不可能用几个简单的模式作为初稿写作遵循的原则。一般的论文写作方式往往需要通过作者的具体实践，并与作者自身思维方式相结合才能产生较好的写作效果，形成适用的写作思路和方法。以实验研究论文为例，在提纲确定后，初稿写作步骤一般包含：准备图表数据，撰写实验部分，讨论部分，结论，摘要，引言（有时是文献回顾和引言），关键词等。

3. 初稿写作的注意事项

在初稿写作时，要注意如下事项。

（1）内容要尽量充分。初稿篇幅一般应长于成稿。通常当初稿内容丰富时，不仅有利于修改与取舍，而且删改也较容易，而如果初稿内容不全面，当需要对漏项补遗或再进一步深入时就相对比较困难了，所以在写作初稿时应包括尽可能多的材料或信息。

（2）行文要符合论文规范。论点、论据、论证等内容应项目齐全、纲目分明、逻辑清楚、详略得当。初稿中的符号、单位、图、表、公式的书写符合规范要求。

（3）抓大放小突出重点。撰写初稿中发现论点上的问题要及时改动，而其他小地方只要不是原则性错误则先不必花精力去修改，留待修改定稿时再统一处理和规范。

（4）脚注、参考文献等不仅要标引规范，信息齐全，写作中最好能够采用插入脚注、尾注等格式，以便于修改中位置变化时能够自动变换顺序。

（5）手写稿书面应写得干净清楚，不可粗制滥造、马虎从事。无论手写稿还是打印稿，观点、语法、文字、层次标题等均应严细认真，尽可能防止差错的发生，以减少随后修改的工作量。

（三）推敲修改

尽管初稿写作前已经对写作提纲进行了反复推敲、修改，还应对论文的初稿进行从宏观到微观、从整体到局部、从内容到形式的全面审视、核查、推敲和修改，只有经过了千锤百炼才能出精品。

修改是对论文初稿内容不断加深认识，对论文表达形式不断优化，图表等进一步规范直至定稿的过程。一篇论文的修改，不仅仅是在语言修辞等枝节上自找毛病，更重要的是对全文的论点及论据进行再次锤炼和推敲，使论文臻于完美。

论文的修改是论文写作的最后阶段，也是论文写作中一个非常重要的环节，修改功夫的锤炼是写作能力的一个重要组成要素。常言道“不改不成文”，一篇好的论文往往不是“写”出来的，而是对论文初稿经过反复推敲修改出来的。一般来说，论文的修改应从全局着眼，大处入手，要先审视观点及所用的材料，理清论证的逻辑思路，然后再注意局部的调整、语言的锤炼和技术细节等方面的处理。

1.修改的范围

对于掌握了一定写作技能的作者，在修改中修改和审视的重点是：在思路发展和文章中心等方面做出有效的改动，对词汇、句子和篇章等方面做出修改，在修改过程中，注意添加、删略、充实和排序。既然修改的目的是为了使文章能够更准确、更鲜明地表述研究成果。那么，对于修改的范围而言，就是发现什么问题就修改什么问题，哪里需要完善就完善哪里。结合实践，初稿修改的具体范围可以归纳如下：

（1）选题和观点的修改。观点是科技论文的灵魂，是论文科学价值和学术价值的体现。选题是否得当将直接影响论文的质量，关系论文的成败，观点正确与否，则表现在对选题主题的提炼以及标题的准确与否上。因此，论文的修改首先要从审查修正选题、标题和观点入手，而论点的修改就是对文章中杂乱的观点和思想加以整合，提炼出一个更具概括性的总论点。同时，对各个分论点、小论点进行调整疏通与修改，以求论点严谨、明晰和统一。

（2）材料的增删。论文的材料是论点的来源，也是论点成立的基础，材料充分有力，观点才能鲜明突出。材料选用的基本要求是必要、真实、恰当和典型四方面。故取舍时应基于这四方面要求，对材料进行适当的增加、删减和调整，力求达到论点与材料的和谐统一，保证论文科学精练。

（3）结构的调整。论文既要有正确的立意，还要有严密的逻辑性。即不仅要做到“言之有理”“言之有物”，还要做到“言之有序”。结构的调整，就是要理顺作者的思路，检查正文各层次、各段落是否围绕中心论点进行严密的逻辑论证，中心论点放射出的若干分论点是否符合事理，论证层次之间的关系是否严谨清晰，详略是否得当，各部分的过渡、照应、衔接是否自然，全文是否构成一个完整的、有机的整体。调整结构的原则和要求主要是看是否有利于突出中心论点，服务于中心论点。

（4）语言的锤炼。这是论文修改的一个重要方面，它将直接影响到论文内容和观点的表达。科技论文要求用词十分精确，句法完整严密。要使论文写得准确、流畅，精当，就必须对语句进行字斟句酌，千锤百炼。论文语言修改的主要内容包括：①字词的选择应准确、鲜明和生动。切忌生造杜撰词语，拆用成语，要杜绝错别字和不规范的简化字，专业术语与概念要准确；②对于句和段，在应用长句时切忌出现语法错误，对结构残缺、混乱或搭配不当的句子，要注意改正，使之符合语言规范。严禁造句或滥用修辞。同时注意句子简明、精炼，句式富于变化，长短相间，上下贯通，使文章读起来通顺流畅；③标点符号应真正标出语句、段落、层次、篇章的脉络和逻辑，做到准确无误。论文的书写还有一些约定俗成的格式和规范，例如标题的书写、空格、小标题及序号的使用等，在论文修改时也应注意。其他的如数字、图表、符号和公式的书写等也要符合规范标准；④认真核对引文和参考文献，对照原文逐字校对，检查引用是否有误，注释是否清楚规范，参考文献的列举是否确凿，有无遗漏等。总之，修改语言的目的是使文章的观点得到准确、鲜明、简练、生动的表达。

（5）斟酌文献引用。在修改时要对文献引用情况进一步核实，一般应注意：①引用文献的数量。如果引文数目太多时，可以通过引用综述性论文或者引用含有文献综述的论文来减少参考文献数目，一些常识和通用知识可以不引用。如果引用文献过少时，可以进一步查阅主题相关文献，并进行适当补充；②陈旧文献的使用。一般不宜有太多的陈旧文献，除非陈旧文献是开创性文献、重要节点文献或者使用了其结果的文献；③如何引用自己的文献。在一般情况下，除非需要尽可能减少自引，也不要只引用一组学者的文献；④引用文献是否是原始文献。尽可能引用一手文献（原始文献），即引用谁工作时的就引用谁的文献。如果找不到一手文献而需要引用二手文献时，需要采用“见文献（二手文献的编码或作者出版年）”的方式引用；⑤引用的文献是否是自己亲自阅读过。没有亲自阅读过的应毫不犹豫地删除；⑥是否存在漏引，同时也不能漏掉交往中得到的信息，如果使用了他人的尚未公开发表的研究结果，也需要以适当方式引用。

2. 修改的方法

由于每个人的思维方式、写作习惯不同，修改的方法自然不同，所以就论文修改而言很难有一个固定的方法。根据科技论文的特点，比较有效的修改方法一般包括：整体着眼，通篇考虑；逐步推敲，精细雕琢；虚心求教，请人帮助；暂时搁置，日后再改。多数情况下可先把原稿搁置起来，让紧张的头脑暂时轻松一下，过一段时间后再进行修改。下面给出了几种典型的修改方法，可以在科技论文修改时参考。

1）自改法和求教法

自改法，就是作者对自己的论文做全面检查，逐句阅读，找出毛病，加以改正，直到最后定稿，这是最常用的方法。通常情况下自己修改自己的文章往往是很难的，所以在修改中要格外认真才行。

求教法，这是一种虚心求教集思广益的修改方法。即作者在对论文初稿做一定的修改之后，将文稿交给他人，请别人帮助修改，提出意见和建议，集多家之言后，再对论文进行修改，这样往往会收到意想不到的效果。为了便于交流，修改纸质文稿时应采用标准校对符号。

2）热加工法和冷处理法

热加工法，就是在论文初稿完成后，趁热打铁，及时修改。这时作者对刚完成的论文内容相当熟悉，此时做修改，保持了思维活动的一致性和连贯性，对先前写作时无暇顾及的缺漏或错误，做及时补充和修改。但热加工法也存在比较明显的缺陷，由于作者的思路尚处于初稿写作的逻辑框架之中，不能跳出原来思维圈子对论文进行冷静的观察，所以很难有新的突破，往往是对论文修改多遍，问题仍然存在。

冷处理法，是指作者在完成论文初稿之后，有意识地先放一段时间，如三五天，一两个星期，甚至更长时间，等自己经过一番冷静沉思，或遇到新的启发之后，再动笔修改。这种方法可以避免热加工法不够冷静、清醒的缺点，作者比较容易跳出初稿思路的封闭式圈子，它的缺陷是很容易忽略在初稿写作过程中偶然闪现的想法，而有时因时间限制，不具备放几天的条件，也就无法实现冷处理了。

3）静观法和朗读法

静观法，就是修改时把论文草稿或打印稿从头到尾看几遍，冷静地做一些分析。几经反复修改，也可以把论文修改引向深入，达到好的修改效果。

朗读法，就是把论文初稿诵读几遍，发现问题，然后修改。这种方法，对论文中存在的一些问题，如语句不通、衔接不紧、缺词漏字、情感不符等语言表达方面的问题，仅靠看不容易发现，而一旦朗读出来，就可以很容易发现不妥之处了。

以上几种论文修改方法并不是彼此孤立的，而是相互交叉、相互关联的，在实际修改中可以综合运用多种方法反复修改，直到取得比较理想的修改效果。需要强调的是，对电子稿修改时最好打印成纸稿，这样有利于在发现问题时做标记，以及多次修改结果的比较、斟酌。

总而言之，至于如何修改，可根据自己的具体情况而定。一般来说，文章至少要进行四遍修改：第一遍，看文章的阐述是否完整，也就是说，是不是把需要讲述的论点、需要引用的材料、需要使用的图表等论述过程都写完整了；第二遍，看文章的表述是否清楚，也就是说，在完整表述的基础上，查看这些表述是否清楚、明了，是否符合事实，有没有做到实事求是；第三遍，看文章的表达是否到位，也就是说，在表述清楚的前提下，看文章的段落、句子是否把原本希望表达的意思都表达到位了，有没有说得过分或不足的地方，是否足够精准、恰当；第四遍看文章的格式、注释是否规范，是否符合相关期刊的要求。

当然，每个人每篇文章的修改不一定机械地严格按照上面的四遍修改步骤来进行，但是至少要达到这四遍修改目标。只有修改做到位了，才能拿出高质量的论文，才能最终顺利发表。

需要强调的是，修改文章最好进行整体性修改，即进行的“一遍一遍”的修改，对文章自始至终、笼而统之地进行整体性修改，而不要只是进行局部性修改。只进行局部性的小修小补看似省了时间，但由于思路不连贯，常常出现顾此失彼，一般很难达到修改的目的，甚至会出现上下文冲突的情况，不得不重新修改，反而更费时、费力。

（四）论文定稿

1. 定稿的要求

简单地说，对于论文修改效果的衡量，首先是让自己满意，其次是让读者满意，若要发表还需要达到编辑和审稿人的要求。科技论文的初稿完成以后，必须经过反复修改，才能最后定稿。反复修改的过程，其实是科学研究的继续和深入，是提高论文质量的有效措施，也是科学研究者严谨的科学态度和对读者与社会高度负责的体现。因此，在科技论文的写作过程中，绝不能轻视修改这一重要环节。初稿往往需要达到：观点正确，富有新意；论据充分可靠，论述层次清楚；逻辑性强，语言准确、生动，具有感染力，能为读者所接受，能够达到出版要求等方可定稿。

2. 初稿的压缩

期刊对科技论文一般有字数规定，不是越长越好，所以常常要针对拟投稿期刊的要求对初稿进行压缩，即对论文进行进一步提炼、精简。一般来说，压缩包括：压缩引言、图表、论证过程、参考文献和正文。总之，压缩的目的是使论文变得更加简练、明了，能够达到期刊要求。围绕这个目的，作者可针对论文的性质和实际采取多种方法进行压缩，根据具体情况合理取舍。当然，在做初稿压缩的同时，也会对某些地方进行适当的内容补充、字数的适当扩展等。

3. 定稿的形成

定稿是科技论文写作的最后程序。稿件经过反复修改后，若作者感到各方面均已符合有关要求，便可以定稿了。目前，无论是期刊论文还是学术论文一般都要求提交打印稿，因此，定稿的科技论文要严格按照有关的规范清稿、打印，并复制电子文件留存。

对于定稿的科技论文而言，要有独到的见解或发现，有比较精确的论据来支撑理论分析。在论文的结构层次中，开始是属于比较低级的层次，一般是陈述性、介绍性和发展性的内容，应该言简意赅表明问题、概念、实验数据和图表，接下来是找出规律，比如统计、归纳确定各个因子之间的关系等。分析和认识要详细缜密，对前面的内容做出概括、解释，提出见解，解决问题或找出新问题，得出有意义的结论。论文的长短要结合实际情况，按论述问题的具体情况而定，量体裁衣，宜短则短，应长则长。在修改定稿中要服从于论述问题的客观需要，依据具体情况采取拖长或压短措施，以尽可能地确保定稿完美无缺。

4. 规范性要求

为了达到论文的结构、语言和符号的规范化，论文定稿需要按照《期刊编排格式》(GB/T 3179—2009)、《汉语拼音正词法基本规则》(GB/T 16159—2012)、《文摘编写规则》(GB 6447—1986)、《科学技术报告、学位论文和学术论文的编写格式》(GB 7713.1—2006)、《国际单位制及其应用》(GB 3100—1993)、《有关量、单位和符号的一般原则》(GB 3101—1993)、《文后参考文献著录规则》(GB 7714—2015)、《标点符号用法》(GB/T 15834—2011)、《校对符号及其用法》(GB/T 14706—1993)等有关标准和规范或期刊的特殊要求进行规范。一些相关规范和标准方面的内容后面将进行介绍。

第二节　科技论文写作规范

一、科技论文写作的叙述与逻辑要求

(一)科技论文的叙述

1. 语言

与文学作品的语言相比，科技论文的语言有着显著的特点。一是大量使用专门术语，避免概念上的混乱和论证上的差错。科技论文所运用的每个科学术语在本学科内都有明确、严格的内涵，要求单义，排斥多义；二是科技论文的词汇多

数为抽象性的名词和名词性的词组，而且相对稳定，不带感情色彩，很少使用语助词或方言俗语；三是在句法方面，科技论文用词造句严密规范，行文方式比较单一，形成了一些相对固定的句型格式，并大量使用复句特别是偏正复句。

科技论文的语言特点决定了其写作语言的特殊性，科技论文的写作语言除了用词准确、语句通顺的一般语言特点外，还应具有言简意赅、朴素自然及专业规范等特点。

2. 表述

一篇论文的作者是有限的，而读者却是无限的。既然写作的目的是为了让作者与读者达成共识，那么作者就应该尽可能地使表述符合规范，尽量使用准确、明晰和符合逻辑的文字来组织论文，以避免歧义，获得与读者共识的最大公约数。一般来说，写作规范至少包括如下三个方面：

（1）文字规范。撰写论文中要避免用一些新颖的辞藻，甚至发明一些新词。每个词语，尤其是专业词语，实际上都有它的固定用法，以及它的传统与范畴。因此，在写作中最好不要一意孤行，不要掺杂太多个人的臆断，不要自己造句（词）。

（2）格式规范。有些作者可能对于写作格式不太在乎，觉得只要内容好，格式无所谓，其实则不然。比如说，有的论文只有两个关键词，有的论文整篇不分节，有的论文的前半段使用“21 世纪”，后面则使用“二十一世纪”，前面使用“三个方面”，后面使用“3 个方面”等。单看其中一点，好像都是一些小问题、小毛病，但是它们却综合地反映了作者的治学态度和文字水平。可见，写作中要重视格式规范，保持前后统一。

（3）注释规范。注释既包括对于论文某些内容的注解，也包括参考文献等信息。注释的目的在于让读者更准确地了解其辅助信息、参考信息，便于读者进一步索引、阅读和使用，必须要规范化，各种语言的信息标识都要完整，使读者需要时可以方便地查到，并便于准确的理解论文的内容，否则将会影响读者对文章的好感。

为了让读者能够与作者信息同步、互相理解，在写作过程中，最好是“先实后虚”，即先摆事实，再讲道理，先把核心的、实实在在的材料和背景等信息交代清楚，让读者先有一个面上的把握，然后再由面入点，在前面信息铺垫的基础之上深入地进行理论阐述。此时，由于作者和读者共享一套基础信息，读者比较容易理解论文的主题，并与作者达成共识、互相理解。如果一上来就抛出自己的研究结论，不仅会造成阅读和理解负担，让读者一时摸不着头脑，而且也可能会破坏表述线索。

3. 修辞

研究是写作是基础，写作是研究的体现与延续。可以说，如果没有好的研究，也就不会有好的论文。但是，写作又是相对独立的，它并不是研究过程简单的呈现。研究是从未知到已知的探索过程，而写作则是以如何更好、更准确地传递研究结论为目的。有时论文写作不一定要按照研究顺序来组织，甚至不一定按照事物发展的顺序来阐释，而是以观点阐述为原则来组织。

就科技论文而言，任何人在写论文时都会使用修辞。修辞过程是为了呈现已经明确的研究论点，而不是为了发现论点而进行钻研，其目的是如何更好地表述，以便让读者清楚论文的论点。修辞在科技论文中至少要做到有逻辑性的准确和到位。即：

（1）遣词造句一定要准确。必须明确清醒地认识所写的和所想写的是不是一致，这两者能否重合，表述是否符合初衷和目标，要还切记所写的每一句话一定要有所指，要实而不要空。同时，要统一全文的表达术语，尽量避免同义词的歧义。

（2）文字表述要准确、到位。“过”与“不及”都不是理想状态，要恰当的把握表述的分寸。谈一个概念或者一个框架，不仅要把事情阐明清楚，有条理，云繁为简，保持整篇文章内容简洁、干净利落。还要经常检视对材料的解读和分析是否恰当，有没有过于简单，或者过度赘述，论文内容有没有重复等。

（3）写作一定要有逻辑。论文从研究问题出发，最终达到研究结论的这个过程中，要有一条固定的表述逻辑。逻辑就是上一节与下一节、上一段与下一段、上一句与下一句都有机地串联在一起，像是一条串珠一样。写作一定要清晰地表述全文的逻辑性是否严谨周密，上下文之间是否连贯、恰当。

4. 保密

在撰写基于研究成果公开发表的科技论文时，还要注意保密。根据有关规定，凡属生产建设、科学技术研究方面的先进发明创造、核心技术或配方等均属于保密范围，不得涉及它的具体技术过程和数据资料，不得将保密的科技成果和技术公开报道，做到既不妨碍技术交流，又不泄密。同时，为了便于交流，在进行保密处理的时候还应注意科技论文的可读性和学术性，一篇好的经过保密处理的论文一定要保持内容新颖、科学可靠和学术性，而且提供的信息足以让同行能够依据结果得以应用。

（二）科技论文写作的逻辑

科技论文在总结、记录、存储、传播人类的各种科技研究成果、交流科技信息和学术思想等方面有着久远而无可替代的作用，它们的产生和交流贯穿在人类科技的活动。然而，在科技论文的写作中经常会出现内容与主题无紧密联系，思路不清，语言模糊，且达不到准确，无法高效地记录、传播和交流科技信息的作用。这是由于除因选题上的问题外，内容也违背了科技论文必要的逻辑关系。逻辑是研究思维活动和思维形式的规律，逻辑要求说话要符合事理，它是语言的思维准则，一篇优秀的科技论文必须有着严密的逻辑关系。

1. 语言逻辑

科技论文的语言必须具有严密的逻辑性，要严格符合逻辑思维的基本规律和基本形式。科学本身具有因果关系，及具有严密的逻辑性。要用准确的语言表达完整的内容，条件、过程、结论等。反之，如果在逻辑上出现了问题，文章写得似通非通，或者庞杂冗赘，晦涩难懂，甚至本末倒置，必然导致谬误流传。因此，首先要概念准确，其次要正确判断，最后是推理。概念准确是基础也是前提，只有概念运用准确，才能产生出合理的判断和推理，从而写出逻辑性强的科技论文。

2. 结构逻辑

科技论文写作的逻辑构成，是写好论文不可或缺的，在整个论文写作中它就像一条看不见的线，把全篇紧紧地串连在了一起。在科技论文写作中不仅要注意逻辑关系还要注意提炼，切勿认为只要做了实验，进行了计算分析，有了结果就能写出一篇好论文，而是要在结构布局、材料选择、语言运用等方面经过反复提炼，才能写出结构合理、语言规范、逻辑严密、内容富有创新的高水平的论文。

3. 论证逻辑

科技论文的写作是建立在研究的基础之上，而研究是一个论证的过程，论证是一个严密的逻辑思维过程。然而，当前众多的科技论文由于缺乏逻辑思维，因而就缺乏深度。论证的逻辑性一般体现在：①层次感。好的论证逻辑一定是立体的、有层次感的，而不是平面性的；②缜密性。论证的缜密性体现的是作者的思维能力和对专业知识掌握的程度。如果没有扎实的专业根基，那么其论证肯定是碎片化的。因为碎片化的专业知识导致碎片化的论证逻辑；③科学性。科学研究无疑是一个求真的过程，这一过程需要通过大量的事实或史料经过逻辑论证而得出结论。正是这样，研究才具有真理性和科学性；④学术性。即对于学术性很强的科技论文。它必须要超越日常生活的口语化表达，口语代表达是能让大众听得懂，且具有随意性。而科技论文并不是要大众听得懂，而是要有专业人士听得懂；⑤严谨性。科学研究是一个求真的过程，因而研究者必须在论文写作中有严谨科学的态度。

从逻辑性来讲，科技论文必须围绕核心问题展开论证。科技论文肯定有一个核心观点，因而在论证过程中就必须是围绕这个核心观点展开，所有材料的目标也都是指向这个核心观点的，而不是从核心观点延伸出去。一旦延伸出去就有可能偏离主题，因此，在写作中要特别注意。

二、科技论文中的插图

科技论文写作中基本上都离不开插图，它是一种重要的形象语言。对于科技论文的插图，其所表达的内容要做到准确、明确和简明，插图形式要层次分明、主次有别、反差适中、背景清洁、图像结构清晰。同时还要考虑所要表达内容的主题，用图、表和文字哪个更有效，要检验插图是否真实有效地展示了数据，是否表达了文章的观点，是否体现数据的本质和规律。

（一）插图的作用

1. 适应和满足文字表述的需要

插图是一种形象语言，与文字一样被作为表述作者意图的有效工具，是表达科技知识所必需的手段。科技论文中的科学概念、事实或数据等有时需要用文字来表达，有时需要用插图表达，有时则需要以文字辅以图的方式表达，具体表达方式则取决于表达的实际需要。在单纯依靠文字无法清楚表达的时候，用插图来表达不仅容易，而且一目了然。

2. 表征和佐证材料的真实性

在科技论文表述中，经常会遇到需要表述真实性、客观性、原发性、原始状态的情况，用相应的插图可以更好地起到表征和佐证材料真实性。

尤其是以插图的方式表征仪器仪表、设备结构、产品外貌、原始记录、现场照片、软件界面、运行结果输出、测试结果分析等，能给人以直观的感性认识，不仅起到表征作用，而且起着记载和佐证作用，最终增强表述的说服力和表征力度。

3. 美化版面和提高论文的可读性

插图既有内容表征的作用，又有提高可读性、追求美感的效果。插图在调节表述氛围、美化语言环境、加深阅读印象、增强表达力度等方面有着重要的作用，是促进论文内容与形式的完美结合与和谐统一。

插图与文字被安排在同一视面上进行写作、编排，既能方便阅读，又能使版面错落有致、起伏多变，再加上表格和数学式等的穿插、标题的列示、字体字号的变换，最终使版面醒目、美观、活跃、清新，大大提高论文的可读性。

（二）插图的类型

科技论文的插图多种多样，按照其表达功能和印刷工艺可以分为线条图和照片图两大类。

1. 线条图

线条图又称墨线图，它具有描绘方便、快捷，线条清晰、简洁和印制费用低廉的特点，适用于表达说理和假设性强的内容。科技论文中绝大部分插图采用线条图的形式。

线条图有多种，如流程图、管理系统图、电子线路图、简易函数图、地层剖面图、地层柱状图、构造示意图、光谱图、计算机绘制的开发图、各种示意图等。目前大多数插图都可以采用计算机软件绘制，并保存为可编辑的文件格式。

2. 照片图

照片图又分为黑白照片图和彩色照片图，具有墨色深浅变化、层次丰富、立体感强、形象逼真的特点，能够清晰且不失真地反映表达对象或事物的特征，适用于表述外观形态要求高的原始性资料，如地质构造图。

（三）插图的构成与规范

科技论文的插图一般由图序、图题、图例、图注、主图等构成，线形图的主图通常包括坐标轴、标目、标值线、标值等。

1. 图序和图题

（1）图序。即图号，指插图的序号。根据插图在论文中被提及的顺序，用阿拉伯数字对插图排序，如“图 1”“图 2”等，并尽量把插图安排在第一次提及它的段落的后面。

当一篇论文中只有一幅插图时，图序可用“图 1”或“图”字样。论文中提及插图时，要写成“见图 ×”或“如图 ×”，不要写成“见（上）（下）图”或“见第 × 页的图”等形式。

（2）图题。指插图的名称（或标题）。图题应简洁和明确，不需要标点。常使用以名词或名词性词组为中心词的偏正词组，并要求有较好的说明性和专指性。避免使用泛指性的词语作图题，如“结构示意图”“框图”“原理图”等，应在其前加上相应的限定词。不要凡是图题都用“图”字结尾。

当几幅插图共用一个图序和图题，即同一图序的图中有几个分图时，每幅分图都应有相应的分图序，按（a），（b）等编分图序，有时还需要在分图序后加分图题。在正文中提及某分图时，应当提及分图序而不是整个插图的图序。例如提及图 3 中的（d）图时应写成“图 3d”或“图 3（d）”的形式。

2. 图例

图例往往是多种类型的图中不可缺少的重要组成部分，当图中需要用不同的符号来代表不同的变量、曲线或其他类别时，就应该使用图例的形式来说明符号的意义。

图例通常放置于图内并成为图的一部分，坐标图中的图例最好放置于坐标轴的区域之内。

3. 图注

图注是简洁地表达插图中所标注的符号、标记、代码及所需说明的事项的一种简短文字。图中未能表达又需要表达的信息（如需要解释的量符号、单位符号及缩略语等）均应在图注中加以说明。

在线形图中，图注往往不可缺少，常用图注给出实验条件，如参变量的符号、数值、单位，多条曲线中各曲线的代号或名称、注释，以及所必需的其他说明语句等。统计图中要标注标准差或标准误差以及显著性差异。图例对插图进行简明扼要的说明，插图中出现非法定单位或缩写，必须在图注中予以说明。

4. 标目

标目用来说明坐标轴的含义，通常由量名称、量符号及单位符号组成，量符号与单位符号间用“/”分隔，如“液体密度 ρ/（kg/m^3）”“临界压力 P_c/MPa”等。

标目是百分率时，可将“%”看作单位，如“生产效率 η/%”中的“%”不是单位符号，其前面用“/”是暂时将其与单位作同样处理。

在不致引起混淆的情况下，标目中除单位符号外可以只标识量名称或只标识量符号，而无须同时标识量名称和量符号，但应该优先标识量符号。

对于非定量的、只有量符号的简单标目用 x，y，z 等表示。

5. 标值线和标值

标值线即坐标轴的刻度线，是长的坐标标值线经简化后标在坐标轴上的线段。标值为标值线对应的数值，是定量表达的尺度。

设计坐标图时应避免标值线和标值过度密集，否则就容易出现数字前后相连、辨识不清的现象。标值的数字应尽量不超过 3 位数。

标值的数字一般应尽可能处在 0.1 到 1000 之间，这可以通过将标目中的单位改用词头形式或在量符号前增加非“1”的因数来实现。例如：某坐标轴的标值是“1000，1200，1400……”，标目为“F/N”，则可以将标目改为“F/kN”。

6. 坐标轴

平面直角坐标图的横纵坐标轴是相互垂直的直线，相交于坐标原点。若坐标轴表达的是定性的变量，即未给出标值线和标值，则在坐标轴的尾端画出箭头，表示标值的变化趋势。并标注变量如 x，y 及原点 0；若坐标轴上已给出标值线和标值，在坐标轴上标清楚变量即可，则不再画箭头。

（四）插图选用原则及要求

插图一般应具有自明性、示意性、简洁性、科学性、创新性、代表性、技术性和规范性。科技论文插图的规范使用体现在选用的插图、插图类型是否合适、内容表达是否贴切、布局结构是否合理、设计制作是否规范、幅面尺寸是否恰当等多个方面。选用的插图以及插图的类型需要依据论文内容和读者对象的需求，其他方面则要服从其他有关标准及规范。

科技论文插图的内容应具有科学性、创新性、代表性和实用性，应具有规范、灵活、示意的特点，它要能够完整清晰地表述作者所研究成果的有关组成的形态及其相对位置或相互关系，为读者提供更多、更直观、更形象的信息。

目前，对科技论文的插图，不同的专业对绘图方法都是有自己的规定或是专业标准要求的。插图除在格式上按规定做之外，还应考虑本专业的标准或规范要求。不同专业的图，由于研究的主要对象不同，符号系列是不同的，如机械类和建筑类的图，电路类和地质类的图。这些不同，毫无疑问也应在插图中反映出来。科技论文的作者，需要结合自己的专业认真学习和掌握相关专业的绘图标准和规范，并应用到科技论文的插图制作中。

（五）插图的制作

插图制作是论文写作的重要部分，其制作好坏直接影响论文的质量和水平，因此要高度重视并精心制作。插图可以手绘制作，也可以采用 Excel 和 Origin 绘图软件制作。

1. 一般要求

（1）插图的设计制作要符合国家、行业及其他有关标准、规定。

（2）插图中的文字多采用 6 号或小 5 号字，在特殊情况下可以改变字体、字号。

（3）插图中指引线的长短和方向要适当，线条要干净利落，排列整齐、均匀、有序，不可互相交叉，而且不要从图中的细微结构中穿过。

（4）插图中箭头的类型要统一，箭头的大小及其尖端和燕尾宽窄应适当，同一图中的箭头的类型、大小等要一致。

（5）插图中线条的粗细要分明，同类线型粗细应一致，曲线过渡要光滑，圆弧连接要准确。

（6）插图中用于放置图注的地方若放不下图注内容，可考虑减少图注内容中的文字数量，或将图注放于图题的下面。

（7）要善于利用不同的图案来区分插图中性质不同的部分。

（8）条形图、构成比圆形图的构成部分的数量不宜太多，如果构成部分数量很多，则可以考虑使用表格。

（9）对于线形图，同一幅图内放置曲线的数量，应以可辨性作为原则，曲线的数量不宜太多，曲线布置也不宜太密。

（10）尽量采用如用“○”“●”“△”“□”或“◇”等清楚、简单的几何图形来表示不同的数据类型。

（11）纵坐标轴长度一般设计为横坐标轴长度的2/3到3/4（特殊情况除外）。

2. 插图中线型的选取

线型指插图中线条的粗细，应根据图的幅面、使用场合和图面内线条的疏密程度来确定。

粗线一般用于函数图中的曲线、工程图中的各种实线（主线）粗细通常为1磅；其他地方均用细线（辅线）如坐标轴线，示意图中的线条，工程图中的点画线、虚线以及各种插图的指引线等，粗细一般为0.5磅。

选取时须考虑用线条的粗细和线条间的密度来突出重要要素。例如：线形图上的曲线和条形图上的条的轮廓都要比坐标轴的刻度更清楚，而坐标轴的刻度又要比坐标轴更清楚。线型选取可参照有关制图的国家标准以及出版物对制图的要求。

3. 插图中图形符号的使用

图形符号是把具体事物经过简化但又能保持其特点，从而简明、直观、形象地表现事物特征的一种图形语言，其基本构成是符号的名称、形态、含义及画法。图形符号的使用不仅给科技论文的插图设计制作带来极大方便，也使插图的可读性大大提高。

各学科领域中用的图形符号在相应国家、行业标准中均作了规定，对于某些尚未列入标准，但有行业或系统内的一些习惯或约定俗成的规范画法，在具体使用时可查阅有关资料。

4. 插图中图形布局的设计

1）图间布局

图间布局是指在设计多个具有某些共性的插图时通过调整其共性部分、要素的内容、幅面及其排列顺序等而进行的布局设计。

对于两幅或两幅以上横纵坐标的内容和标值相同的坐标图，可考虑将其组合在一起共用一个图名。对标值相同的一组坐标图，若每幅图的线条都比较单一时，也可将这一组图合并为一幅图。

若横纵坐标中一个相同而另一个不同时，则可用双坐标轴表示。当曲线图中的曲线过多、过密而难以区分时，可以将插图分解成两幅或两幅以上的分图。

2）图内布局

图内布局是指在设计某一插图时通过调整其各组成部分、要素的内容、幅面及其排列顺序等而进行的布局设计。

为使插图布局合理均衡，有稳定的视觉效果，往往需要对插图的各个组成部分进行合理布局，可采取并排、叠排、交叉排、三角形排等多种排版形式，既要考虑论文段落、插图形态、幅面大小，又要考虑排版要求、美观协调、节约版面等因素。

对布局不合理或存在较大空白的插图，在不影响插图内容表达的情况下，要对其进行适当调整，以达到布局合理、大小合适。

5. 插图幅面的确定

1）论文版心尺寸

插图幅面不宜超过版心，双栏排版时不宜超过栏宽。以采用大 16 开本（即 A4 纸幅面）的打印纸为例，其幅面为 210mm × 297mm，版心约为 154mm × 262mm，期刊论文正文多为双栏排版，栏宽一般为 80~85mm；因此，双栏排时论文幅面宽度的最大值通常为 80~85mm；通栏排时通常不应超过版心宽度。

2）缩尺比例

科技论文插图的幅面通常较小。小尺寸插图的制作较为困难，有时为了掩饰制图造成的不可避免的瑕疵，通常将幅面稍大的原图作为制图的底图，而在插入时再把制好的图（简称制图）按相应的缩尺比例缩小。

3）插图自身情况

在确定插图幅面时还应考虑插图自身情况，如插图的复杂程度，是否由多幅分图组成等。当插图特别简单时，其幅面就不宜太大，较为复杂且（或）包含较多的文字、符号时，其幅面就不宜太小。

对于单幅图，当图形较为简单，图线较为稀疏，图内文字较少时，图面宽度可小些，排版后若图旁还有足够的空间，还可考虑在其旁边串排文字。相反，当图形较为复杂，图线较为密集，图内文字较多时，图面宽度应大一些，半栏排不下时可改为通栏排，排版后若图旁还有足够的空间，也可考虑在其旁边串排文字。对于同一图题下由多个分图组成的组图，可根据空间富余情况在同一行排列若干个分图。

三、科技论文中的表格

表格是试验和统计结果的有效表达形式之一，具有简洁、清晰、准确的特点，同时表的逻辑性和对比性强，因此，在科技论文中是一种重要的表达形式。

科技论文中之所以常常用表，是因为表可以准确、简明、清晰、形象、直观地叙述和表达科学思想、技术方法、论证命题，并直观的进行科学观测和实验数据、定量化信息的计算分析和比较等。同时还能够省略文字，压缩篇幅，节约版面，活跃和美化版面等。

在科技论文撰写过程中，通过正确使用统计表格，对获取到的资料数据进行归纳、整理、统计处理及比较分析，探寻事物的内在规律性和关联性，有助于清晰论据，明确论证方向，从而得出正确的论点。

表格一般由表题、主项与宾项、线条、数字与单位、标注等组成。

（一）科技论文中表格的作用

在科技论文中使用表格可以起到如下作用：①简化文字。制作规范的表格可避免冗长、繁杂的文字叙述，节省版面；②表达直观。利用表格纵横交叉特定位置的描述，把大量的资料分类，并按一定规律排序，使之系列化、系统化，利用事物内在的联系和本质，发现规律，引出结论，揭示趋势；③美化版面。使用设计合理、安排得当的表格，能调节版面款式，使整体美化。

（二）对表格的基本要求

一般情况下，对表格的基本要求是：①表中的内容与图所表示的内容以及文字部分无重复；②表中的数字与文字内的叙述无矛盾；③表的格式应统一，符合规范化；④表中的数字要经过统一检查，核对；⑤表内数据组合排列合理，易于比较，做到一目了然；⑥表中使用的单位名称、法定计量单位应符合国家标准；⑦表题与表的内容相符。

（三）表格的制作

表格制作就是按所需的内容项目画成格子，分别填写文字或数字的书面材料。一般表格的规范格式包括表头、行指标、列指标、行列对应的正表内容和表脚注释。

1. 表的设计

使用表格时必须使表格科学、明确、简洁、自明，因此在设计表格时应注意：①重点突出，即对一般性的内容不作说明，不列入表内，力求简洁，表格除列出重要的现象、参数、算式和结论外，要删除分析或运算过程中的步骤或环节；②内容清晰，逻辑性强，即表格的设计应有明确的目的性，对背景条件、比较前提、使用方法、实测或计算数据、最后结果等应分列清楚，不能混乱无序，应有较强的对比性；③归纳整理，即能合并成一个表的要进行合并，这样既有利于进行几个因素之间的比较，又可避免表格太多。但两种性质不同的内容是不能合并；④不能重复，即如数据已绘成曲线图，不可再列表。

2. 三线表

目前国际上和国内都推荐使用“三线表”，三线表保留了传统卡线表的几乎所有全部功能，而且最大限度地减少了传统卡线表编排上的某些缺点，由于三线表形式简洁、功能分明、阅读方便，而在科技论文中广泛使用。三线表的基本形式如表 3–1 所示。三线表中必要时可加辅助线，但无论加多少条辅助线，仍将其称作三线表。

表 3-1　聚乙二醇对钻井液性能的影响

加量 /%	*PV*/mPa · s	*YP*/Pa	初切 /Pa	终切 /Pa	滤失量 /mL
0	3.0	2.5	1.8	1.8	23.5
1.0	4.0	2.3	1.5	1.8	16.0
2.0	4.0	3.0	1.6	1.8	12.5
3.0	4.5	3.0	1.6	1.8	10.5
4.0	5.0	3.0	1.6	1.8	9.2

3. 表的编排

以三线表为例，它的编排一般是内容和测试项目排列有序，并应有自明性。三线表的组成要素包括：表序、表题、项目栏、表体、表注。

（1）表序。表序即表格先后顺序的序号。

（2）表题。表题指表格的名称，要能确切地反映出该表的特定内容，具有自明性，使读者能通过表题迅速理解表格传递的信息。

（3）项目栏。项目栏是指表格顶线与栏目线之间的部分。项目栏中一般要放置多个栏目，每个栏目包含该栏的名称、符号及单位等。

（4）表身。三线表内底线以上，栏目线以下的部分叫作表身或表体，它是表的主体。

对于某些比较复杂的表格，可以在项目栏或表身添加横向的辅助线。项目栏的辅助线可以解决栏目多层次的问题。

（5）表注。当某些信息不便于在表身中列出项目来进行表现，但又必须告诉读者时，可以在需要说明处予以说明。

文中表格的位置应与论文所叙述的内容相呼应，正文中应标示其所在位置。

4. 表的特殊处理

1）竖表转栏排

当表格竖向项目过多，横向项目过少，表格成长条形，若互换表头横栏又超过版面时，可以把表格从长度方向切断，然后平行地转排成 2 幅或 3 幅，幅与幅之间用双细正线分隔开，每幅的横向栏目，应当重复排出，如表 3-2 所示。

表 3-2　正电胶钻井液性能

项目	要求	项目	要求
密度 /（g/cm^3）	依地层压力系数而定	*YP*/Pa	6~20
FV/s	35~85	pH 值	8.0~9.5
PV/mPa · s	20~40	*FLHTHP*/mL	≤ 15
FLAPI/mL	≤ 5	膨润土含量 /（g/L）	≤ 45
Gel/Pa/Pa	0~5/5~15	低密度固相含量 /%	≤ 10

2）横表分段排

遇到横宽竖短的表，宽度超过切口，可把表格从宽度方向切成均匀的两段。然后排成上下叠置的 2 段或 3 段，段与段之间用双细正线分隔开，每段的竖向栏应当重复排出，从而使横宽竖短的表变得美观而又节省版面。如表 3–3 所示。

表 3-3　国内某油田历年钻井液用 CMC 消耗量

年份	1991	1992	1993	1994	1995	1996	1997	1998
消耗量 /t	×××	×××	×××	×××	×××	×××	×××	×××
年份	1999	2000	2001	2002	2003	2004	2005	2006
消耗量 /t	×××	×××	×××	×××	×××	×××	×××	×××

3）其他排法

当遇到表面积大，须跨两页面时，常采用“直排和合表”的排法。如果一个表格的宽度、长度都超过版心，上述几种办法都不能直接解决时，则可以考虑采用插页表。若横排项目多，且竖排项目少，采取竖表转栏排也将要超过版心，也可采取直排接表排的方法。

四、量、单位和数字

在科技论文写作中，由于涉及大量的量和单位、数字，常常出现量和单位、数字标准不统一、书写不规范等问题，特别是量和单位的使用。为便于规范科技论文写作，下面将量和单位、数字的规范表达进行简要介绍。

（一）量及其符号

1. 量名称

把现象、物体或物质的可以定性区别和定量确定的一种属性称为量，有时也称为物质量。量的名称一律采用 SI 规定的标准名称。国家标准《量和单位》（GB 3100~3102—1993）共规定了 614 个物理量，并对这些物理量启用了专门名称。因此，在科技论文中应正确使用国家标准规定的量名称，特别应当注意通用的量名称，要按国家标准规定选用，切勿使用已废弃的量名称。同一个量名称不应有多种写法，并优先采用标准化的新名称，学科或专业的量的名称，应采用全国科学技术名词审定委员会审定公布的。目前全国名词委已公布出版了 40 多个学科的名词术语，在论文写作中注意选用。

2. 量的符号及其使用规范和要求

在国家标准中，每个量都给出了 1 或 2 个以上符号，这些符号即标准化符号，如 l（长度）、d（直径、m（质量）、t（时间）、I（电流）、v（速度）、T（热力学温度）、n（物质的量）、Iv（发光强度）等。国家标准规定，非普及性科学书刊，尤其是在数理公式中，必须使用量符号。量符号的使用规则如下：

（1）应采用国家标准中规定的量符号。若作者用到的量符号在国家标准中没有出现，可以参照标准自己拟定量符号。自拟时要注意：量符号一般是由单个拉丁字母或希腊字母表示的，25 个特征数符号例外，它们由 2 个字母构成，如雷诺数 Re、普朗特数 Pr 等，另一个例外是 pH 值；不能用多个字母做量符号，如把“临界高温”的量符号写作 CHT（critical high temperature）是错误的，正确表达应为 Tc，h。当然，在文字叙述中而不是作为量符号用在公式或图表中，也可以使用类似 CHT 这样的英文缩词。

（2）科技论文中除 pH 外，量符号均采用斜体字母。

（3）矢量、张量和矩阵符号一律使用黑斜体。

（4）同一量应恰当选用量符号。如果1个量同时有2个或2个以上的符号而未加区别时，它们都处于同等的地位，则可根据情况选择1个符号使用。当量的主符号与其他量的符号发生冲突或按需要使用时，可使用备用符号。

（5）根据实际需要，量符号可以附加其他标记用以对量符号加以某些限制或说明，所加的附加标记有下角标字母、上角标星号“*”、侧标等，用以表示某些特定的状态、条件、位置或测量方法等。

（6）量符号的上下标、正斜体与大小写的写作规则是：使用量符号及具有代表性的字母作下标时，一律用斜体表示（如 Cp，p 表示压力），其他均使用正体（如 Cw，w 表示水）；使用阿拉伯数字作下标时均采用正体；使用来源于人名的缩写作下标时采用大写字母，其他通常用小写字母；使用量符号和单位符号作下标时，其字母的大小写应与原符号相同；尽可能不用或少用复合下标，即下标的下标；当一个量的符号要指明其是对于某一种物质、状态、条件等时，一般将物质名称或化学式、状态、条件等置于符号后的括号中。例如：“盐酸的摩尔质量”符号是“M（HCl）”。当一个量的函数是另一个量的函数时，应把另一个量的符号置于这个量后面的括号中。例如，光谱发射率符号 $\varepsilon(\lambda)$、光谱吸收比符号 $\alpha(\lambda)$，表示这些量是波长 λ 的函数。

（7）不能将化学式作为量符号使用。例如：盐酸的质量不可以写成 HCl=5kg，而应写成 m（HCl）=5kg；铁的质量分数不可以写成 Fe%= 67.89%，而应写成 w（Fe）=67.89%。

（8）不能把化学元素符号作为量符号使用。例如“H_2:O_2=2:1”，这不仅不规范，且含义也不清楚。正确的表达方式：若指质量比，应为 $m(H_2):m(O_2)=2:1$；若指体积比，应为 $V(H_2):V(O_2)=2:1$；若指物质的量的比，应为 $n(H_2):n(O_2)=2:1$。

（二）单位及符号

在国家标准中为每个量专门给出了单位，这些单位均为我国的法定计量单位。我国的法定计量单位由 SI 单位、SI 导出单位及非 SI 法定单位组成。正确使用法定单位是“量和单位”标准化的重要方面。

1. 国家法定计量单位

按规定，科技论文一律采用中华人民共和国法定计量单位。我国法定计量单位是以国际单位制（SI）单位为基础，根据我国情况加选的一些非 SI 单位构成的，包括 SI 基本单位、具有专门名称的 SI 导出单位、我国选定的非 SI 的单位、由以上单位构成的组合单位、由 SI 词头与以上单位构成的倍数单位。

2. 单位名称

一般单位名称有全称和简称 2 种。组合单位的名称按其单位符号的乘除、乘方等组合形式命名，顺序与其符号的表示一致，乘号无名称，除号的名称为“每”，且“每”只能出现 1 次。乘方形式的单位名称，其顺序为指数名称在前，单位名称在后，指数名称由相应的数字加“次方”构成。单位分子为 1 、分母有单位时，按“每单位名称”或“负几次方单位名称”命名。当长度的二次和三次幂分别用于表示面积和体积时，“二次方”改为“平方”，“三次方”改为“立方”，其他量仍用“二次方”和“三次方”表示。

书写组合单位名称时，每个单位用全称或简称，不得加任何符号。

3. 单位的符号

单位符号包括中文符号和国际符号。

单个单位名称的简称，就是该单位的中文符号。组合单位的中文符号，由每个单位的简称组合而成。相乘组合单位的中文符号只有加中圆点“·”1 种形式，相除组合单位的中文符号有加“/”，“·”和水平线 3 种形式。单位的中文符号在科技论文中一般不用。

单位的国际符号是指全世界通用的用拉丁字母或希腊字母表示的单位符号，也称为标准化符号。国际符号使用规则如下：

（1）单位符号全部采用正体。

（2）通常单位符号字体为小写，若其源于人名，则首字母大写。“升”的符号“L”可以大写。

（3）单位符号没有复数形式，符号上不得附加任何其他标记或符号。例如土壤中氮的质量分数单位“g/kg”不得写为“gN/kg 土”。

（4）相乘的组合单位符号有 2 种表示方式，即 N·m 或 Nm，建议采用 X·Y（N·m）形式表示。

（5）相除的组合单位符号有 3 种表示方式，即 X/Y(m/s)、$X\cdot Y^{-1}$($m\cdot s^{-1}$)、$\frac{X}{Y}$，一般采用前 2 种形式表示。当相除的组合单位分母由 2 个以上单位组合构成时，分母中的单位间要加间隔号，所有单位用括号括起，单位符号间的比线（/）不能多于 1 条，如 mol/（mL·min）。分母中单位采用负指数形式表示时，每个单位之间也应加间隔号，如 $mol\cdot mL\cdot min^{-1}$。分子为 1 的组合单位符号，通常采用负数幂的形式，例如 m^{-1}。

（6）一般在公式、曲线图、数据表等需要一目了然的地方使用单位和词头的符号，叙述性文字中也可使用。

（7）一般单位的中文符号和国际符号不得同时混用在组合单位中，如“千克 /m^3”；若某些单位没有国际符号时，可用汉字与国际符号构成组合单位，如“元 /t”“m^2/ 人”。

（8）单位符号必须作为一个整体，使用时不得拆开。单位置于数值之后，二者之间应空 1 / 4 个字空。

（9）平面角的度、分、秒的符号单独使用时，要用圆括号括起，如（°）（′）（″）；与数值合用时，排在数字的右上角，如“48° 37′50″”。

（10）过去习惯称的“无量纲”已更名为“量纲一”。任何量纲一的量的 SI 一贯单位都是“一”，符号是“1”；在表示量值时，“1”一般不明确写出，而且不能与词头结合以构成其十进倍数或分数单位，其十进倍数或分数以 10 的幂表示。非法定计量单位应换算为法定计量单位。由于百分是纯数字，因此常见的把“质量分数”或“体积分数”说成“质量百分（数）”或“体积百分（数）”在原则上是无意义的，写成“%（*m*/*m*）”或“%（*V*/*V*）”是错误的。

（11）对一些非法定计量单位，若换算为法定计量单位困难很大，且换算后会给读者带来不便，或必要时仍允许继续使用时，可在其后括注法定计量单位或在其第一次出现时加脚注注明其与法定计量单位的换算关系。

（12）在非图表的叙述文字中，某些单位是使用单位名称还是单位符号，应根据这个单位的具体情况而定。例如“年”，符号“a”，行文中写“3a6 个月”不得体，应写“3 年 6 个月”。符号“a”一般用于图表、公式、组合单位以及和词头组合成的单位中。例如：图坐标“t/a”；单位面积年产量的单位“t/（m^2 · a）”和与词头组合，如“500Ma”（500 兆年）等。

（13）高分子化合物的当量浓度 N 换算为法定计量单位困难时，可以保留使用。但是，应避免使用当量浓度的称谓。

（14）应避免使用“ppm”“ppb”等一类单位符号。不得已使用这些单位时，应指明其与法定单位或与 10 的幂的关系。例如可将 200ppm 改为 200×10^{-6}，或者改为 200mg/kg。

4. 词头

词头是用来构成十进倍数或分数单位的因数符号，它只有与单位结合才有意义。加词头后，一般使数值在 0.1~1000 范围内。

1）词头的符号

词头中文名称的简称可以作为词头的中文符号使用。词头符号一律采用正体书写，并注意区分词头符号的大小写，对于因数 ≥ 10^6 的词头用大写字母表示，因数 ≤ 10^3 的词头用小写字母表示。词头符号与单位之间不留空隙，也不加任何符号。

2）词头的使用规则

词头不能独立使用，不能重叠使用，摄氏度、平面角和时间单位（s 除外）以及 kg 等不能使用词头构成倍数单位，乘方形式的倍数单位的指数属于包括词头在内的整个单位。

组合单位的倍数单位一般只用 1 个词头，并尽可能用于组合单位中的第 1 个单位。对通过单位相乘构成的单位，词头通常加在第 1 个单位前。对通过单位相除或乘除构成的组合单位，词头一般应加在分子的第 1 个单位前，分母一般不加词头。当组合单位的分母为长度、面积、体积单位或分子为 1 时，分母可以按习惯与方便选用某些词头。一般不在分子分母同时加词头。而质量单位 kg 例外。

（三）数字

1. 汉字数字与阿拉伯数字

凡是可以使用阿拉伯数字而且又很得体的地方，均应使用阿拉伯数字。

1）使用阿拉伯数字的场合

（1）公元世纪、年代、年、月、日、时刻。

（2）计量单位和计数单位前的数字。

（3）纯数字，包括整数、小数、分数、百分数、比例，以及一部分概数。

（4）产品型号、样品编号，以及各种代号或序号。

（5）文后参考文献著录中的数字（古籍除外）。

2）使用汉字数字的场合

（1）定型的词、词组、成语、惯用语、缩略语，以及具有修辞色彩的词语中作为语素的数字，必须用汉字数字。

（2）相邻 2 个数字连用表示的概数。

（3）带有“几”字的数字表示的概数。

（4）各国、各民族的非公历纪年及月日。

（5）含有月日简称表示事件、节日和其他特定含义的词组中的数字。

2. 数字的书写规则

（1）小数点前用来定位的“0”不能省略。如 0.85 不能写作 .85。

（2）阿拉伯数字不能与除“万”“亿”外的汉字数词连用。

（3）数值的有效位数必须全部写出。

（4）表示数值范围和公差时应注意：表示数值范围采用浪纹号（~），不是表示数值范围，就不要用浪纹号；表示百分数范围时，前一个百分号不能省略；

用“万”或“亿”表示的数值范围，每个数值中的“万”或“亿”不能省略；单位不完全相同的量值范围，每个量值的单位应全部写出，但单位相同的量值范围，前一个量值的单位可以省略；量值与其公差的单位相同、上下公差也相等，单位可只写 1 次；量值的上下公差不相同时，公差应分别写在量值的右上、右下角，量值与公差的单位不相同时，单位应分别写出；表示带百分数公差的中心值时，百分号（%）只需写1次，同时“%”前的中心值与公差应当用括号括起来。

（5）用量值相乘表示面积或体积时，每个数值的单位都应写出。

（6）一组量值的单位相同时，可以只在最末一个量值后写出单位，其余量值的单位可以省略。各量值后的点号可以用“，”，也可以用“、”，但全文应统一。

五、方程式、公式与化学结构式

（一）方程式与公式

方程式要用正确的数学形式来表示，其中，用字母符号代表不同的量值，其意义解释写在方程式的下面，说明性的词语或量的名称不应写成方程式的形式。

公式应另行写在版心左右居中的位置。公式下面的“式中”二字另行左起顶格书写，所要注释的符号按先左后右，先上后下顺序用双连线与注释连接，双连线上下取齐，注释回行时与双连线后面的文字取齐。

应注意，当在文中叙述没有数值的单位名称时，要写中文全称。公式中量的符号应尽可能从相应的国家标准中选用，数学记号和符号应按照相应的国家标准的规定书写。应尽可能避免符号的下脚注本身带有下脚注，这样可以避免任何符号及方程式需要额外增加书写行数及排版的麻烦。

文章中重要的或后文将要重新提及的数学式、反应式等可另行起排，并用阿拉伯数字连续编号（式码），此时，式码前不写“式”字，例如:（1），（2–2），公式与式码间不用点线连接，但在引用该公式序号时，其前应加“式”字，例如：式（1），式（2–2）等。公式、反应式的编号与章、表和图的编号无关。

式码用圆括号与式同行，当公式有续行时，式码应注在最后一行的最右边，右顶格书写。当 2 个以上公式并排且使用同一个式码时，式的左端排齐，右端加写一大括号，式码对准大括号的顶尖写在右顶格处。也可不加大括号，但式码一定要写在几个并排式上下对称线的右顶格处。

数学式和反应式用数字、字母和符号组合来表达科学的内容，与文字叙述具有同样的功能，是科技论文的有机组成部分。因此，在公式与公式之间，文字与公式之间，要按习惯和需要正确地添加标点符号。公式末端常用的标点符号有逗号“,”、句号“。”或“.”。为避免与下标符号相混，标点符号应与公式空 1 /2 汉字字长。

居中排或书写公式前的简短说明文字，如“若”“令”“故”“因为”“其中”“由式（7）得”“解方程（5)”等，顶格且与公式排在同一行上；公式占 2 行以上时，这类说明文字宜骑缝书写或另行书写。当说明文字确有需要与叠排式同行书写时，说明文字应与公式的主体对齐。

属于公式主体的关系符号“=”“>”“≤”等；运算符号“Σ”“∫”等；缩写词“lim”“max”“sup”等，以及分式主线，这些符号出现在一个式子中时，一定要排在同一水平线上。

长数理公式超过 1 行进行转行时应遵循的一般原则是：优先在“=”“≈”“>”“<”等关系符号处转行，关系符号留在行末，转行后的行首不必重复书写出关系符号；其次可在“+”“-”“±”“×”“÷”或“·”“/”符号处转行，这些符号留在行末，转行后的行首不必重复书写出符号；不得已时，可考虑在“Σ”“Π”“∫”“$\frac{\mathrm{d}x}{\mathrm{d}t}$”等运算符号和“lim”“exp”等缩写字之前转行，但绝不能在这类符号之后立即转行。如果“∫”“Σ”等运算符号后面的式子一行仍无法书写完，则可在其中的“+”“-”号或适当的相乘因子处转行。

对于长分式，若分子、分母均为多项式，则可在“+”“-”号处各自转行，并在转行处上行行末和下行行首分别加“→”和“←”符号；若分子、分母均为非多项式，则可在某些适当的因子间各自转行。

为节省版面，在不引起误解的前提下，叠排分式（$\frac{1}{\mathrm{A}}$）应尽量改写成卧式（1 /A）或负数幂（A^{-1}）的形式。

公式在书写中应注意区别各种字符，如：拉丁文、希腊文、俄文、法文花体、草体；罗马数字和阿拉伯数字；字符的正斜体、黑白体、大小写、上下角标（特别是多层次）、上下偏差等。如：I，1，i，l，C，c；K，k，*k*；O，o，0，（°）；S，s，5，Z，z，2；B，β，W，w，ω；△，Δ，⊿，ъ，b 等。

化学反应方程式一般均另行居中写。式中反应号、加号要对准分子式、结构式的主要部分，且要上、下对齐。反应条件如温度、压力、催化剂、介质等，可写在反应号的上面或下面。当化学反应方程式较长需转行时，应尽可能在反应号“→”、“⇌”或加号“+”处断开。转行后，一般采用阶梯式排列。

化学反应方程式需要用系数配平，不可逆反应的反应符号用等号“=”表示，可逆反应的反应符号用“⇌”表示。如果只是为了说明主要产物和主要副产物，反应式可以不配平，这时反应符号必须使用箭头“→”表示。

（二）化学结构式

化学结构式中的化学键与原子的连接位置必须对准。基团数量应准确无误。遇有多原子基因时，化学键应对准直接连接的原子。环状化合物中原子是否嵌入环内应明确表示。有机化合物或聚合物若存在季胺基等阳离子基团时，要标注正确。

第四章　科技论文的基本结构与写作要点

一篇好的科技论文，不但要有独到的学术见解、科学的分析论证，还应有严谨的结构、清晰的段落层次，同时还应语言通顺、用词准确。因此，科技人员要写好论文，不仅需要具备一定的专业知识和科学研究能力，而且还应充分了解科技论文的结构、内容和格式，掌握遣词、造句、立意、谋篇、表达、逻辑、语法、修辞等各种基础写作修养和技能，这样才能更好地对所从事的工作进行总结、深化、交流和提高。

本章从文前、主文和文尾三部分重点阐述科技论文的基本格式与写作要点。

第一节　文前部分

科技论文的文前部分是论文的主纲，通常包括论文的标题、作者署名与单位、摘要、关键词等。如图4–1所示（见《断块油气田》2020年第2期第213页）。

断　块　油　气　田

第27卷第2期　　FAULT-BLOCK OIL & GAS FIELD　　2020年3月

doi:10.6056/dkyqt202002015

油水二次富集影响因素分析与预测模型

马康[1,2],张荣达[1,2],唐力辉[1,2],王浩[1,2],李俊键[1,2],姜汉桥[1,2]

(1.中国石油大学(北京)油气资源与探测国家重点实验室,北京 102249;2.中国石油大学(北京)石油工程学院,北京 102249)

基金项目:国家科技重大专项专题“气驱辅助水驱机理及技术政策界限研究”(2016ZX05011-002-002)

摘　要　我国东部的断块油藏部分已经达到极限含水率的生产井,由于失去开采价值,可以采用长时间关井的方法使油水二次富集,一段时间后再开井生产,使含水率降低并在一定程度上恢复油井产能,但针对不同的储层条件,油水二次富集的效果还需要进一步分析。文中利用数值模拟的方法建立符合断块油藏特征的地质模型,对关井时间、地层倾角、原油黏度、渗透率及毛细管压力对油水二次富集的影响效果进行了模拟,并利用多元回归的方法对模拟结果进行了分析。利用回归公式得出不同储层油水二次富集后的含水率变化情况,可以以此为基础对油水二次富集效果进行预测。

关键词　油水二次富集;单因素分析;多元回归;数值模拟;效果预测

中图分类号:TE347　　文献标志码:A

图4–1　科技论文的文前部分组成

一、标题

（一）标题的概念

科技论文的标题又叫题目、篇名或文题，是论文的总纲，是能反映论文最重要的特定内容，以最恰当、最简明的词语反映报告或论文中最重要的特定内容的逻辑组合。有的标题还包括副标题或引题。一篇论文一般还有若干段落标题，也称层次标题或小标题。

标题有三种类型：①陈述型标题，标题中指出结果或结论，适合研究型论文；②描述型标题，不指出具体结果，只指出研究了什么问题；③提问型标题：适合文献评论。

题名所用每一词语必须考虑到有助于选定关键词和编制题录、索引等二次文献，可以提供检索的特定实用信息。题名应该避免使用不常用的缩略词、首词字母缩写、字符、代号和公式等。报告、论文用作国外交流，应有外文（多用英文）题名。 无论是哪种类型标题，都要求满足三原则，即用词具体、句型简洁和定位明确。

无论读者是从检索工具，还是期刊目录等地方接触某篇论文，论文标题都是读者先接触的。判断一篇论文是否值得一读，也是从标题开始的。如标题不当，需要的读者也可能不会去阅读它，因而失去其应有的作用。此外，索引和文摘都依赖论文标题的正确性，如标题不当，读者可能检索不到。在互联网或其他计算机检索系统中，读者一般通过论文标题浏览来取舍论文，可见科技论文的标题的重要性。

（二）标题的一般要求

从满足用词具体、句型简洁和定位明确三原则出发，科技论文的标题的基本要求是贴切、醒目、简洁、规范。

1. 贴切

贴切就是阐述具体、用语简洁。即论文标题能确切地反映论文的主题或内容，反映论文的精神实质，直接体现文章的宗旨。论文的标题不仅要简短明了、概括全文，而且要准确、鲜明、生动、富有吸引力，从而引起读者的注意和兴趣，进而阅读全文。在拟定科技论文的标题时需要精心琢磨，使其能确切表达中心内容，同时标题要避免空洞、笼统、冗长、模棱两可、夸张、华而不实以及与同类论文雷同的字眼。

2. 醒目

醒目就是重点突出、主题明确。即论文的标题必须突出主题，要高度概括，简明扼要，引人注目，使人一目了然。当然，也要完整地反映出每篇文章应有的特色。

论点是论文的核心，标题必须反映论文的论点。但标题与论点不同，论点必须在写论文之前明确，而标题则既可以在写论文之前确定，也可在写作之后确定。一篇论文可以先设想几个标题，然后再根据论文的内容进行比较和选择。既简明扼要、具体确切，又能反映论点、概括全文。

3. 简洁

简洁即文字简练，含义确切。要用最恰当、最简明的词语组合概括全篇内容。要尽可能地把全篇文章的内容、研究目的与某些因素之间的关系，确切而生动地表现出来。

4. 规范

规范即层次分明，体例规范。一般来说论文的标题可以作为论点，当一个短标题不足以概括论文的内容时，可以加副标题进行补充说明，使标题更为准确、具体、完善。副标题一般在主标题不能完全表达论文主题时采用，以补充论文的下层次内容。主标题和副标题往往是一虚一实，相互补充。主标题重在提示意蕴，副标题重在概括事实，虚实相得益彰。

标题所用词语必须有助于选定关键词和编制题录、索引等二次文献，标题中反映文章内容的关键词，以便为检索提供特定的实用信息。标题中应当避免使用缩略词、首字母缩写字、字符、代号等。

（三）英文标题

标题最好不要超过 10 个实词，且除通用的缩写词和特殊符号外，标题内不使用缩写词、特殊符号、化学式、上下角标等。标题通常由名词短语构成，一般出现名词、形容词、介词、冠词和连接词，若出现动词，一般是分词、过去分词或动名词形式。英文题名开头第一个词尽量不用冠词。

（四）标题拟定常见问题

标题拟定中经常会出现如下问题：

（1）大题小做。题名反映的面大，而实际内容包括的面窄。如有些论文标题很泛，内文却仅论及某一领域、某一方面，或者仅以不足万字的篇幅空洞地阐述一个大话题。

（2）词不达意。语句欠简练，语法结构不合理，不足以反映文章内容的特点。出现词序颠倒，标题的意思含糊不清。各种文章有相应的约定俗成的规范，或有特定的辨体词，从标题上即可辨别是研究论文还是综述性论文。如果写得过于抽象，就会使读者在决定取舍时不得要领。

（3）随意拔高。有些作者不注意分寸，随意拔高，其课题的研究深度并不大，却常常把“……的机理”“……的规律”一类词语用在题名上。较客观的做法是，除确实弄清了“机理”、掌握了“规律”外，取名为“……现象的（一种）解释”“……的一种机制”等比较恰当，既慎重，也留有余地。

（4）专业术语不规范。在论文标题拟定中，使用特殊的专业词语或缩略语做标题，标题中的专业术语不规范，出现与关键词不一致的现象。

（5）滥用副标题。在一般情况下，最好不要加副标题。在正题名不能完全表达的意思时，可以加设副标题。

（6）标题用词的不合理使用。大标题常出现多余的“研究”、累赘的“关于……的研究、关于……的调查、关于……的探讨、关于……的报告”、不当的“……论”“……系统”“……规律”“……机理”“关于……的思考”“……之我见”等字样，滥用虚词或虚词位置不当或堆砌实词或漏掉实词。以及小标题（层次标题）重复大标题或上级层次标题字面内容。

基于上述常见问题，在科技论文大标题拟定中应着眼于简洁、流畅、准确，小标题应着眼于简洁、工整、对仗、形似或形近。不必用或重复的语词，坚决不用；可用可不用的语词，最好不用；能不用的语词，尽量不用。

二、署名

（一）署名的意义

作者在所撰写的论文中署名有以下 4 个方面的意义。

1. 署名作为拥有著作权的声明

《中华人民共和国著作权法》中规定：“著作权属于作者”；著作权包括“署名权，即表明作者身份，在作品上署名的权利”。在发表的论文中署名，是国家赋予作者的一种权利，受到国家法律的保护。

2. 署名表示文责自负的承诺

所谓文责自负，就是论文一经发表，署名者即应对论文负的责任。如果论文中存在剽窃、抄袭的内容，或者政治上、科学上或技术上存在错误，那么署名者就应完全负责，署名即表示作者愿意承担这些责任。

3. 署名便于读者同作者联系

署名也是为了建立作者与读者的联系。读者阅读论文后，若需要同作者商榷，或者要询问、质疑或请教，以及求取帮助，可以直接与作者联系。

4. 文献检索的需要

一篇科技论文完成后，便成为科技文献。为了读者查询方便，大量散乱的文献资料必须有序化，形成检索体系。为此，文献必须具备索引项。索引项包括著者、篇名、类目、主题词等，故署名除供读者直接查询外，也是文献检索的需要。在引用文献时，第一项内容就是著者姓名。因此，署名是科技论文本身必不可少的一项内容。

（二）署名对象

署名者只限于那些参与选定研究课题和制定研究方案、直接参加全部或主要部分研究工作并做出主要贡献，以及参加论文撰写并能对内容负责，同时对论文具有答辩能力的人员；仅参加部分工作的合作者、按研究计划分工负责具体小项的工作者、某一项测试任务的承担者，以及接受委托进行分析检验和观察的辅助人员等，均不应署名，但署名者可以感谢他们为此项工作做出的贡献。凡是署名的作者或致谢者均应征得本人同意。

（三）署名的方式

科技论文署名不能使用笔名、化名，要承担接受同行读者的质询、研讨和进行学术交流的义务。除署名外还要注明工作单位要署全称，单位所在的城市名称和邮政编码，送往国外期刊发表的论文还要增加国名。国外杂志一般还要求署上作者的现在和永久通信地址。

论文的署名还有一个内涵，就是与同行、读者的研讨与联系，因此作者的工作单位和通信地址，尤其是电子信箱地址，是论文构成的必要项目之一。

（四）中国作者外文稿件的正确署名方法

国内作者向外文期刊投稿署名或有必要附注汉语拼音时，必须遵照国家规定，即姓在名前，与名连成一词，不加连字符，不缩写。

三、摘要

摘要位于论文正文之前，需要作者精雕细琢、反复研究、精心提炼。

（一）摘要的概念与作用

摘要又称概要，是以摘录要点及内容梗概为目的，不加评论和补充解释，简明扼要地记述重要内容的短文。摘要是论文的重要组成部分，是科技论文的必要附加部分，通常位于文献的署名和前言之间，只有字数极少的文章才能省略。

摘要具有简练性、独立性和自明性，它是科技论文的"缩影"，要求文字精炼、论点明确、结论具体、内容概括，且拥有与文献同等量的作用，从中可获得必要的信息。论文摘要的作用可以归纳为：

（1）让读者尽快了解论文的主要内容。由于科技文献量大，读者主要是根据摘要来决定是否有意愿云阅读，所以，摘要担负着吸引读者和介绍文章主要内容的任务。

（2）为科技情报人员和计算机检索提供方便。在论文发表后，文摘杂志对摘要可以不作修改或稍作修改而直接利用，为科技文献的检索和利用提供了极大的方便。

（二）摘要的类型

根据功能可将摘要分为报道性摘要、指示性摘要和报道 / 指示性摘要。

1. 报道性摘要

报道性摘要也称资料性摘要或情报性摘要，是指一次文献的主题范围及内容梗概，也称简介。它要求概括地、不加注释地陈述论文研究的目的、方法、结果及得出的结论等主要信息。向读者提供论文中全部创新内容和尽可能多的定量或定性信息。一般科技论文，尤其试验研究和专题研究类论文，都应尽量写成报道性摘要，篇幅以 200~300 字为宜。多为学术性期刊所采用。

2. 指示性摘要

指示性摘要也称概述性摘要或简介性摘要。是指一次文献的论题及取得的成果的性质和水平的摘要，目的是使读者对该研究的主要内容有一个轮廓性的了解。创新内容少的论文，其摘要可写成指示性摘要。例如：综述性、资料性或评论性的论文，一般适用于学术性期刊的简报、问题讨论等栏目以及技术性期刊等。篇幅以 50~200 字左右为宜。

3. 报道/指示性摘要

报道/指示性摘要介于上述两者之间，以报道性摘要的形式表述一次文献中信息价值较高的部分，且以指示性摘要的形式表达其余部分。篇幅以150~250字为宜。

目前国外一些期刊增加了图文摘要（Graphical abstract），即用一张图来清晰简洁地展示研究工作最主要的创新点或工作结果。通过图文摘要，作者可以高度概括论文中的研究内容和主要创新点，吸引读者眼球并能快速了解文章。由于它比文字更加直观，值得在科技论文写作中借鉴。

（三）摘要的要素

GB 6447—1986《文摘编写规则》指出："摘要的基本要素应包括论文研究的目的、主要方法、结果及结论"，即摘要的四个要素：

1. 研究目的

研究目的即目标，准确描述该研究的目的，说明提出问题的缘由，表明研究的范围和重要性。研究、研制、调查等的前提、目的和任务，所涉及的主体范围，即陈述研究的宗旨、研究和解决的问题。

2. 主要方法

研究所使用的方法，简要说明研究课题的基本设计，使用的材料和方法，所用的仪器设备以及分组对照，研究范围和精确程度，数据是如何取得的，经何种统计学方法处理。所用的原理、理论、条件、对象、材料、工艺、结构、手段、装备、程序等，即介绍研究途径、采用的模型、实验范围与手段。

3. 结果

该研究的主要结果及新发现，叙述要具体，准确，并给出结果的置信值及统计学显著性检验的确切值；研究结果即经过试验和研究，得到的新资料、新事实、新数据、新理论、新结果、新实验技术或新实验装置。

4. 结论

研究所得出的结论，经过论证取得的正确观点及理论价值或应用价值，是否还有与此有关的其他问题有待进一步研究，是否可推广应用等。并提出今后有待发展的课题，假设、启发、建议、预测等。

一般而言，报道性摘要应基本具备四要素，且要详细编写方法、结果和结论；指示性摘要则主要着眼于"目的"要素，其余三要素可以摘得比较简单，根据具体情况也可以部分省略。也有的把摘要归纳为五要素，即：

（1）动机：论文工作要解决什么问题。

（2）问题陈述：对要解决的问题进行描述，适当突出问题的重要性和目前存在的不足。

（3）方法：为解决问题论文采用了什么模拟、分析和测量等方式，如果论文目标就是研究一个方法，那么可以介绍得到这个方法的方式。

（4）结果：论文得到了什么数据、规律和发现等。

（5）结论：研究结果有什么含义、影响和意义。

（四）摘要的编写要求

一般采用“动机→问题陈述→方法→结果→结论”这样的前后顺序。对于重要问题、问题陈述可在动机之前。摘要编写要体现独立性和自明性，并采用第三人称。所谓独立性和自明性，即不阅读论文的全文，就能获得必要的信息。因此，摘要是一种可以被引用的完整短文。理想的摘要应该是完整的、准确的、客观的、简短的和明白易懂。作为一种可阅读和检索的独立使用的文体，摘要只能用第三人称来写。应采用“对…进行了研究”“报告了…现状”“进行了…调查”“综述了…水平与发展方向”等记述方法标明一次文献的性质和文献主题，不必使用“本文”“作者”等作为主语，不得写成“我院…”“我厂…”“本文报道了…”“本报告所研究的内容是…”等形式。有的摘要出现了“我们”“作者”“本文”作为摘要陈述的主语，一般讲，这会减弱摘要表述的客观性，有时也会出现逻辑不通。

在摘要写作中一般遵循如下原则：

（1）摘要应客观、如实地反映正文的内容，而不是正文的补充、注释、总结，也不可加进正文内容以外的解释或评论。

（2）摘要应着重反映新内容和特别强调的观点。要排除在本学科领域已成常识或科普知识的内容。介绍方法时，尽量指出其精度和适应的参数范围。尽量指出结果的适应范围，且尽可能给出量化结果。

（3）不得简单地重复题名和引言中已有的信息，不可罗列各个段落的标题来代替摘要。

（4）摘要内容要准确，结构要严谨，表达要简明，语义要合乎语法，一般不分段落。保持上下文的逻辑关系，尽量同正文的文体保持一致。不要用“据估计”“可能”等不确定性语句。

（5）摘要一般不用图表、化学结构式和非公知公用的符号或术语，也不宜引用正文中图、表、公式和参考文献的序号，要采用规范化的名词术语。

（6）商品名需要时应加注学名。众所周知的国家、机构、专用术语等尽量用简称和缩写。缩略语、略称、代号，除了相邻专业的读者也能清楚理解的以外，在首次出现处必须加以说明。

（7）应采用国家颁布的法定计量单位，正确使用标点符号。

（8）不进行自我评价，特别是不对论文进行拔高的评价，如“本研究对…做出了巨大贡献”“本项目达到了国际领先水平”。

（五）英文摘要

英文摘要应用简洁、明确的语言（一般不超过 150 个实词）将论文的目的（Purposes）或要解决的问题（What I want to do？）、主要的确定过程（Procedures）及所用的方法（Methods）、主要结果（Results）和结论（Conclusions）表达清楚，并提出应用范围和应用情况，特别要突出创新、独到之处。

英文摘要应与中文摘要内容上一致，但不应是简单的直译，词语的一一对应。由于科技期刊的专业性和学术性，英文摘要的撰写必然会遇到相当多的专业词汇和专业术语及其英文缩写，甚至会遇上不大符合汉语语法规则的“专业语言”，因此，要求作者借助于正式出版的专业词表、权威的专业词典或国外专业期刊，从词义、语法关系和专业语言的表述上准确理解一次文献的内容，选取地道、准确和规范的科技术语，使英文摘要既符合英文表达的习惯，又能准确反映一次文献的相关内容。

如果需要图文摘要时，它的设计应该凸显该篇论文的主旨，文字部分言简意赅，对文章内容和创新点的高度概括，长度是一般摘要的 1/3 甚至更短，图片部分应形象生动并与文字部分相互呼应，在图片当中可以适当添加醒目的文字说明。一个好的图文摘要会吸引更多的读者，并增加论文成功发表的机会。如图 4–2 所示的是一种典型的图文摘要（见：Yu Cao，et al. Photocatalytic Oxidation and Subsequent Hydrogenolysis of Lignin β–O–4 Models to Aromatics Promoted by In Situ Carbonic Acid.ACS Sustainable Chem. Eng. 2018, 6：15032）。

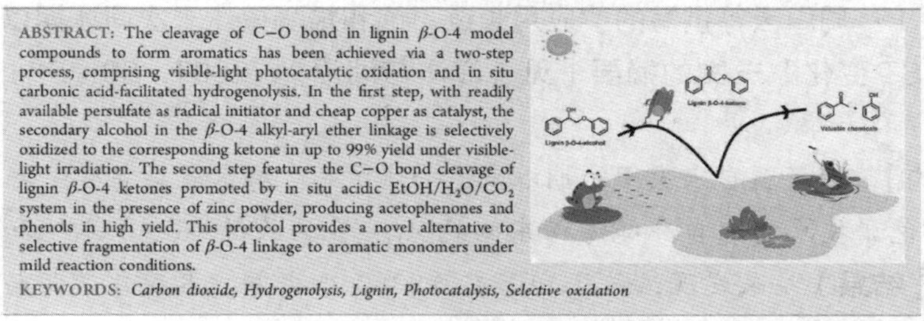
ABSTRACT: The cleavage of C−O bond in lignin *β*-O-4 model compounds to form aromatics has been achieved via a two-step process, comprising visible-light photocatalytic oxidation and in situ carbonic acid-facilitated hydrogenolysis. In the first step, with readily available persulfate as radical initiator and cheap copper as catalyst, the secondary alcohol in the *β*-O-4 alkyl-aryl ether linkage is selectively oxidized to the corresponding ketone in up to 99% yield under visible-light irradiation. The second step features the C−O bond cleavage of lignin *β*-O-4 ketones promoted by in situ acidic $EtOH/H_2O/CO_2$ system in the presence of zinc powder, producing acetophenones and phenols in high yield. This protocol provides a novel alternative to selective fragmentation of *β*-O-4 linkage to aromatic monomers under mild reaction conditions.

KEYWORDS: *Carbon dioxide, Hydrogenolysis, Lignin, Photocatalysis, Selective oxidation*

图 4–2　图文摘要实例

（六）摘要写作常见问题

在摘要撰写中常会出现如下一些问题，在实际编写中应注意。

（1）字数太少。一些科技论文摘字数少，当字数太少时，提供的信息量就会不足，起不到摘要的作用。

（2）不具有独立性和自明性。有一些摘要使用非公知公用的符号和术语，新术语或尚无合适汉文术语的缩略语、代号等，不要出现“参见图、表、参考文献”语句等。

（3）摘要不规范。结构要素不全，不能成一篇独立短文，与国家标准的要求不相符；在归纳论文的创新点时，应写“做了什么”或“研究了什么”，而不要写“做出了什么”“研究出了什么”。

（4）自我评价。采用“本文首先实现了……”“本文填补了国内同行空白”“奠定了……基础”“达……标准”“达……水平”“……的研究是对过去的老工艺的一个极大的改进”这样的句子。

（5）冠以毫无信息价值的主语。许多摘要的开头（或叙述中）都冠以“本文”“本实验”“本研究”“笔者”“作者”等主语，都有画蛇添足之嫌。

（6）内容与标题、引言雷同。一些摘要内容与标题或文中小标题雷同，使信息价值降低、可读性变差。简单重复文章标题已有信息或将小标题堆砌，而丢失了论文研究的目的、方法、结果、结论。有些摘要与正文的引言雷同，偏重于对研究背景及研究过程的介绍，或照搬研究过程中采用的一些与主要结果关系不大的公知公用的公式、定理、定义，可读性差。

（7）分段叙述。科技论文的摘要应该篇幅简短，直接紧扣主题，一气呵成，一般不必再分段叙述。

（七）摘要实例

实例1：周厚云等撰写的“应用长链不饱和烯酮重建末次间冰期以来冲绳海槽中部SST变化”一文的摘要［见《海洋与湖沼》，2007，38（5）：438.］，内容如下：

【目的】[①] 为了解自末次间冰期以来这一地区的古海水表层温度变化，**【方法】**应用气相色谱技术对取自冲绳海槽东侧的 Z_{14-6} 孔的长链（C_{37}）不饱和烯酮进行了分析。**【结果】**结果发现，该孔 U^{k}_{37} 在0.83~0.95之间，其变化趋势与两种浮游

① “【】”中的内容为有关要素的说明。

有孔虫 *N. dutertrei* 和 *G. sacculifer* 的氧同位素组成一致。根据 U^{k}_{37} 重建的 SST 在 24.0~27.5℃之间变化，最高值 27.5℃出现在 MIS−5，最低值 24℃出现在 MIS−2（LGM）。从 LGM 到全新世 SST 增加约 2℃。这与早期在附近地区根据 U^{k}_{37} 重建的 SST 变化趋势一致。根据重建的 SST 自 LGM 以来的变化，**【结论】**作者认为现代黑潮洋流系统最晚在约 10kaB.P. 后已在冲绳海槽重新建立。许多早期研究揭示的黑潮在 7.5~7kaB.P. 的加强可能与全新世大暖期有关。

这是一个标准的包含目的、方法、结果和结论四要素的摘要实例。

实例 2：程佳慧等撰写的“聚酰胺多胺环氧氯丙烷树脂大豆胶黏剂制备及性能研究”一文的摘要［见《林产工业》，2020，57（1）：8.］，内容如下：

【方法】采用己二酸（AA）、二乙烯三胺、环氧氯丙烷（ECH）合成聚酰胺多胺环氧氯丙烷树脂（PAE），将其与大豆蛋白按比例混合制备 PAE 大豆胶黏剂。在合成预聚体（PA）后，通过单因素试验，探究 AA 与 ECH 摩尔比、大豆蛋白添加量对胶合板胶合强度的影响，研究了 PAE 对大豆蛋白的改性作用及胶接机理。**【结果】**结果表明：在胶黏剂合成过程中 AA 与 ECH 摩尔比为 1：1.0，大豆蛋白添加量为 30%，热压温度为 120℃、压力 1.0MPa、热压时间 6min 条件下，PAE 大豆蛋白胶黏剂胶合强度可达 1.02MPa，满足 GB/T 9846—2015 Ⅰ 类板指标要求。

很显然，这是一个比较简洁的摘要，虽然没有完全按照摘要四要素来写，但已全面地概括出了论文的信息。

四、关键词

关键词作为论文的一个组成部分，列于摘要之后，是文献检索最主要的信息源。

关键词是指从论文题名、摘要、层次标题以及论文内容中挑选出来的能反映论文主题观念的词或者词组，是科技论文文献检索的标识，是一种近似于自由词的自然语言。关键词通常是指一篇论文主要涉及的知识点，参照 GB/T 3860 的原则和方法，以及各种词表和工具书选取。关键词必须按其重要性依序排列。

（一）关键词的分类

关键词分为叙词（主题词）和自由词两类。叙词（主题词）是从论文中挑选出来的，收录于《汉语主题词表》和专业性主题词表等中。词表中规范化的词或词组，可通过叙词（主题词）的合理组配，完整、通俗、恰如其分地表达论文的主题内容。自由词是不受主题词表约束的，从论文中挑出的简练、直观、明确、实用的非通俗性的不可或缺的词语，是反映某学科领域中新技术、新方法、新工艺、新产品、新设备、新材料的专指性强的学术词语，还包括叙词表中未收录的地区、人物、文献等名称及重要数据名称等，是对叙词（主题词）的补充，其与叙词（主题词）对文献具有同样重要的标识作用。

（二）关键词选取的原则

关键词选取应遵循专指性、专业性、通用性和全面性原则，应尽量将论文的主题内容表达全面，不要漏选，具体选取原则归纳如下几方面：

（1）首先要选取形成论文中心论点的最主要概念，所选的主要概念对主题中心应有修饰和限定作用。选好主题中心概念后，还应从多方面选择围绕主题中心的关联主题要素，例如表示作用、方法性质、结构、条件、用途、归属、时间、场所、原理、过程、结果的概念。还要注意选择隐含在字里行间的重要概念和对主题背景、动机、经过及对今后课题有信息价值的概念。

（2）关键词不能与主题词表中的副主题词作为关键词使用，它仅对主题词起限定作用。

（3）尽量使用主题词表中的主题词来反映文章的中心内容。这样更适合于编制关键词索引，使计算机检索方便、准确；如在主题词表中确实查不到的词，但该词可以更好地反映文章的中心内容，也可将该词标引为关键词。

（4）选出的中文关键词，应在主题词表中查出相应的英文主题词作为英文关键词。即使某词从主题词表中查不到，也要尊重英文习惯的问题去翻译。

（5）如同时存在多个同级概念，应全部选取，一般不用它的上位概念来代表。

（6）选词不宜过多或过少，过多会造成过量标引，过少会遗漏一些有价值的信息点，容易造成误检或漏检。

（7）关键词应该是部分名词、术语或名词性词组、短语、短句。一般来说，冠词、介词、连词、代词、情态动词等虚词不能作关键词，某些缺乏检索意义的实词，如动词、形容词和副词等也不宜选用。

（8）化学分子式不能作为关键词。

此外，随着科学技术的发展，新的科技名词术语不断出现，许多科技论文选用的关键词都是现有的主题词表中没有列出的新学科或新技术术语。使用这些新的自由词时应看其是否符合具有独立的检索意义，能促进新的学科或技术发展、被国内外科技文献的检索系统接纳、与国际上著名科技刊物特别是著名检索刊物关键词的选用接轨等条件。

（三）关键词的书写格式

一篇论文一般选用 3~8 个关键词。中英文关键词要相对应，分别排在摘要后，另起一段。关键词之间，相互空一格书写，外文字符除专有名词的字首外，其余均小写。

（四）关键词选取步骤

1. 确定主题及主题分割

在论文撰写工作完成之后，要认真阅读论文的题名、摘要、引言、各层次标题、结语与正文，正确判断与理解文章的主要内容与要点，确定主题。

根据论文主题，要抓住文章的创新点与最有价值的结果及方法，将文章分割为目的、方法、结果、结论四要素，按照文章阐述内容的主次，以四要素为范围，详略得当地选取主题概念。各要素的主题概念之间的语义内涵尽量独立，其组合必须能准确、精炼地高度概括各要素的主要内容，抓住本质，舍弃次要内容。特别要正确对待显性主题与隐形主题。显性主题是指能直接用来转换为关键词或叙词的主题，例如，“钻井液处理剂”“油气层保护”等。隐形主题是指不能直接转换为关键词或叙词的主题概念，必须对其分析或分解后才能转化为关键词或叙词，例如：“抗高温抗盐钻井液处理剂”不能直接作为关键词，更不能作为叙词，要拆分为“处理剂”“耐温抗盐”或“抗温抗盐”。“耐温抗盐”是根据“抗高温抗盐钻井液”这一主题概念分析出来的。

2. 确定关键词

根据主题，抽出与主题概念一致的词和词组。对选出的词或词组进行排序，按照以下步骤确定关键词：

（1）选用与主题概念直接对应的专指叙词，即对照叙词表，确定正式叙词。

（2）如果词表中没有与主题概念直接相对应的专指叙词时，通过规范化变为叙词，或选用两个或两个以上的叙词进行组配。

（3）选定无法规范为叙词的、但能够表达主题概念所必需的自由词。

（五）选取关键词应注意的事项

1. 不能随意选词

有些作者对科技论文主题不进行认真分析，且对论文的题目与摘要草草阅读后，随意地给出几个词作为关键词，使关键词不能完整反映论文的主题，出现漏标现象，或选择的关键词词义重复，外延范围太大或太小，或与论文主题内容毫不相关，出现泛标现象。漏标直接影响论文检索的查全率，泛标直接影响论文检索的查准率。

2. 选词要规范

不要过多地选用自由词、未加规范的同义词或词组、无实际内容的附加词、泛意词、俗语，没有检索意义的冠词、介词、连词、代词、形容词、副词、感叹词与动词等，甚至一些非公用的缩略词、短语或较长的句子作为关键词。

3. 要正确排序

关键词的排列有一定的顺序性，要充分反映词与词之间的逻辑关系，使文献检索者能够根据关键词的逻辑顺序去理解论文的主题内容。可以按照技术配套关系，从前到后、由大到小或由小到大顺序排列。

4. 避免常规内容

论文中作为对照的内容、一般性的论点、论据、材料、方法、实验等，均不必选入关键词之列。

5. 精心选取自由词

要从具有专业与权威部门认证的行业性专用名词参考书、工具书中去查寻，从同领域中编排规范、学术影响大的专业性学术期刊中查寻，利用网上各大文献检索系统，检索与所挑选主题概念相关性与检索概率大的关键词。选用的自由词必须达到词形简练、概念明确、实用性强。

第二节　主文部分

主文是科技论文的主体，它包括引言和论证部分。

引言是论文的开场白，即正文主要内容的说明部分。引言作为科技论文的开端，主要是提出或引出问题（即研究主题），说明该问题的来龙去脉并说明问题的重要性（即回答“为什么”），同时引出论文要点和主要研究的问题，向读者介绍全文的目的或结论，引导读者阅读和理解全文的主题和总纲。

论证部分是指论文的材料与方法、结果与讨论和结论等，是科技论文的核心部分。论证部分主要用来回答“怎样研究”这个问题。论文的论点、论据和论证及具体达到预期目标的整个过程都要在这部分论述，是展现研究工作的成果和反映学术水平的主体。它的篇幅最长，要占主要篇幅。除了要有论点、有材料、有概念、有判断、有推理外，还要求合乎逻辑、顺理成章、通顺易读。

论证部分应充分阐明科技论文的观点、原理、方法及具体达到预期目标的整个过程，并且突出一个“新”字，以反映科技论文具有的创新性。根据需要，论文可以分层深入，逐层剖析，按层设分层级标题。科技论文写作不要求文字华丽，但要求思路清晰，合乎逻辑，用语简洁准确、明快流畅，内容务求客观、科学、完备，要尽量用事实和数据说话。凡用简要的文字能够说清楚的，应采用文字陈述，用文字不容易说明白或说起来比较烦琐的，应采用表或图来陈述。物理量和单位应采用法定计量单位。

要保证论证的科学性，必须做到：论题清楚、确切，不应含糊其词，不应有歧义；论题保持同一；论据是真实的判断，它的真实性不应依赖论题的真实性来论证；从论据应能推出论题。

由于不同作者的研究工作涉及的学科、选题、研究对象和研究方法、工作进程、结果表达方式等往往差异很大，所以对论证部分不能作统一规定。一般包括原理（理论分析）、材料、方法、结果与讨论五个部分，在写作中可视具体情况灵活掌握。有时可精简为材料与方法（实验部分）、结果与讨论、结论三部分，有时只有材料与方法（实验部分）、结果与讨论两个部分。不论怎样合并，总的思路和结构安排应当符合“提出论点，通过论据，即事实和（或）数据来对论点加以论证”这一共同的要求。一般来说，正文可分几个段落来写，每个段落需列什么样的标题，没有固定的格式，以实验研究报告类论文为例，大体上可按照理论分析、实验材料与方法（实验部分）、实验结果与讨论和结论等部分来写，除非必要原理（理论分析）一般可以不写。

本节从引言、实验材料和方法、实验结果与讨论、结论等方面对主文部分的写作进行介绍。

一、引言

（一）引言的概念和内容

论文的引言又称前言、序言、概述或导语，有时也叫绪论，向读者提供论文写作的背景知识，写作的动机和目的，使读者了解和评估研究成果。引言中引用的参考文献要仔细加以选择，以便提供更重要的背景材料。

引言（或绪论）简要说明研究工作的目的、范围、相关领域的前人工作和知识空白、理论基础和分析、研究设想、研究方法和实验设计、预期结果和意义等。强调各部分之间的逻辑关联和承上启下的关系，使读者对论文有个总体的了解。

引言应言简意赅，不要与摘要雷同，不要成为摘要的注释。引言的内容大致有如下几项：

（1）研究的理由、目的和背景。研究问题的提出是研究对象的基本特征，前人对这一问题做了哪些工作，存在哪些不足，希望解决什么问题，该问题的解决有什么作用和意义，研究工作的背景是什么。若要回答的问题比较多，只能采取简述的方式，通常用一两句话即把某一个问题交待清楚，无须赘言。

（2）理论依据、实验基础和研究方法。如果是沿用已知的理论、原理和方法，只需提及一笔，或注出有关的文献即可。如果要引出新的概念或术语，则应加以定义或阐明。

（3）预期的结果、意义和前景。引言应全面、系统、准确、简练地回顾前人在该领域、该方向上的相关工作，从侧面反映论文的创新性以及作者的学术素养。

归纳起来，引言应包含背景、需求、任务和论文目标四部分，即：

（1）背景。描述问题，说明问题的重要性以及通过文献调研介绍目前有哪些进展等。

（2）需求。就是还存在哪些问题需要进一步研究，以及为什么要进行进一步研究。

（3）任务。是针对需求指出现有的研究空白或者不足（当然是重要的），需要哪些工作，以及这些工作的意义。

（4）论文的目标。是指本篇论文将要介绍的或者解决的问题，解决到什么程度。一般还需要介绍论文正文部分由哪几节构成（如引言、材料和方法、结果与讨论等）。

此外，还要满足部分特定的要求，并建立上下文关系，有时相邻两部分会作为一个整体考虑。

（二）引言的写作要点

1. 突出重点，生动简明

引言宜开门见山，突出重点，其内容不应与摘要雷同，也不应是摘要的注释。简明扼要地介绍研究工作的来龙去脉、价值和意义，历史背景和国内外现状，研究的目的、范围和主要收获，研究的设想、方法、理论根据、预期结果及意义。研究现状的作用是建立需求与研究内容之间的联系。

以广义背景开始，可以吸引其他专业读者，以狭义背景结束，引出所做工作的需求，即先宽后窄。工作任务或者目标可能涉及一个核心专业问题，不一定为所有读者所熟悉，此时可能需要给出描述、定义或者解释（必要时可以用示意图），对其中的专业术语进行适当解释。

引言是论文的开端，起引导作用，能说清目的、意义及背景，引出下文即可。篇幅不宜过长，应避免长篇大论。一般按“背景→需求→任务→论文目标”这样的顺序交代。既要求把四部分交代清楚，在文字上也要做到简明扼要。

2. 客观评价，少用套话

以一定的高度介绍背景和需求，要突出问题的意义和前人的贡献，尊重前人的研究成果，不要把前文的结论和贡献说成本文的贡献（哪怕是自己做的工作）。

如实评述，防止抬高自己和贬低别人。在引言中谈到自己的工作时，要注意实事求是，切忌妄下断言，如“未见报道”“前人没有研究过”“少有人涉及”“达到国内领先水平”“填补一项国内空白”等主观性判断词句。对于前人在相关领域已做过的工作要客观地介绍，绝不能蓄意贬低，以免引起不必要的争议，同时还应把这期间同行的研究动态反映出来。因此，应注意适当补充一些新的文献，并准确标引，以便读者查阅。

尊重科学，不落俗套。在引言中不要使用“才疏学浅”“水平有限”、“恳乞指教”和“抛砖引玉”，以及“限于时间和水平”或“由于经费有限，时间仓促”“不足或错误之处在所难免，敬请读者批评指正”等客套话。确实需要作说明或表示歉意，可以在文末处写，但要有分寸，实事求是，同时要写具体，不能抽象和笼统。当然，必要时引言中可以交待方法和结果等可以供什么人、干什么事作参考。

3. 勿与摘要和结论雷同

保持与摘要之间的关系。引言与摘要有着很大区别，摘要侧重于摘录和浓缩，其内容重点突出研究的目的、方法、结果和结论，通过摘要可以了解论文的主题和实质。而引言则侧重于说明和介绍，可比作论文的“帽子”，其内容着重于叙述研究背景、相关领域前人的研究历史与现状，对他人已取得的成果评价及与本研究的相互关系，研究的目的与意义，研究范围、理论依据与预期目标，新概念、新术语等。

切忌引言与摘要雷同，或者变成摘要的注释。引言不必涉及本研究的数据或结论，避免与正文重复。一般应与结论相呼应，但也应避免与结论雷同。

4. 系列文章的引言不要重复

通常，一个较大的研究课题，作者可以写出数篇文章，即系列文章。由于它们不在同一期刊上，或者写作的时间间隔较长，所以看上去好像是彼此独立的文章。但这些文章的引言部分常常大量重复，引用的文献也几乎相同，不仅浪费了版面，而且无形地使读者阅读时容易割断与上篇文章的联系。鉴于同一个课题的背景是相同的，作者完全可以用“前文[*]……”这样的语句来简单地概括前文的研究内容，并以引用文献“[*]”的形式来代替重复内容，然后再简单提及这篇文章所要谈及的内容。

总之，引言应按某种逻辑顺序清晰地交代各部分之间必须的上下文关系，遥远的两个部分之间也存在呼应，这样，既能交代清楚问题的重要性，也为阅读全文奠定基础。

（三）引言写作中常见问题

有些作者对论文的引言部分往往不能引起足够的重视，认为是可有可无的部分，以至于在撰写引言时常会出现如下问题：

（1）文不对题，泛泛而谈。有些作者把论文的引言看成一种形式，认为是可有可无的部分，在写作时不够重视，使引言不能紧扣论题，常常是写一些与本主题无关的内容，一般化地论述相关内容，缺少对当前研究状况的概括和归纳，从而使读者无法准确地判断该研究的学术价值，无法了解本研究的创新点。

（2）参考文献罗列，缺少分析和归纳。有些作者在介绍研究背景时往往列出一大堆参考文献，有的甚至将一些与该论文没有直接关系的文献也列在其中，这样不仅对主题起不到支撑作用，反而使该部分内容显得混乱。有的作者对参考文献缺乏分析和归纳，没有概括出前人研究的成果和存在的问题，特别是存在的难点和不足，因而使读者看不出本研究的切入点和创新点，从而失去阅读全文的兴趣。

（3）逻辑结构混乱，缺少章法。在撰写引言时，最重要的是在符合逻辑性的基础上建立层层递进的关系，体现引言的功能。而有的论文引言部分没有按照逻辑顺序展开，或者缺少其中的某些内容，叙述缺乏条理，导致引言的逻辑结构不完整或混乱，使引言不能发挥其应有的作用，致使读者在阅读时思维混乱，失去阅读的兴趣。

（4）与结论重复或二者没有建立关系。不明白引言和结论各自承担的功能，将引言写成结论；或不能兼顾论文结构的整体性，对于引言中提出的问题，在结论中不给予解答，即引言和结论不能照应。例如，引言中讲到了前人的工作，结论却没有说明作者的研究工作有哪些与前人相同，在前人的基础上又通过什么方法对此进行了改进，改进的结果如何，还有哪些方面需要进一步解决等。

（5）和正文内容混淆。引言部分是作者提出问题的部分，而不应包含一些论文内容中比较重要的插图列表、公式的推导证明过程、化学方程式以及分子结构式等。

（6）简繁失当。有些论文的引言过于简单，缺乏一定的信息量，使读者不明白该研究的价值，进而可能对此研究的意义产生怀疑；而没有引言的论文结构残缺，不符合国家标准和规范的要求，论文的展开就显得突然、生硬，不能成为一篇构思严谨的论文。而有些引言则过于冗长烦琐，致使论文的结构变得头重脚轻，比例失调，当读者读完冗长的引言之后，已没有更多的兴趣去阅读剩下的正文了。

（四）引言实例

实例1：张雪等撰写的“不同前驱体制备石墨相氮化碳及其可见光催化重整木质素制氢性能研究”一文的引言［见《林产工业》，2020，57（7）：1.］，内容如下：

【介绍研究对象及研究现状】木质素作为一种重要的芳香族化合物，是存量丰富的陆生可再生生物质资源，约占植物体的15%~30%[1-2]。但大量木质素被用作焚烧产能，利用率低且严重污染环境[3]。而太阳能是一种取之不尽，用之不竭的清洁能源，当前以太阳光为驱动力的光催化重整生物质制氢技术为木质素的高效利用提供一种理想途径[4-8]。**【说明研究对象存在的问题或不足，亦说明本研究的理由、方向】**一方面，木质素作为光催化重整制氢反应的模型底物还未得到广泛研究，这是由于木质素在300~350nm范围内具有很强的紫外光吸收能力，其吸收区域与许多宽带隙半导体（如TiO_2[9]、$SrTiO_3$[10]等）光吸收区重叠且相互竞争[11]。另一方面，太阳光谱中紫外光所占比例很小（约5%），而可见光的比例高达约45%。因此，开发高效、可见光响应的半导体材料是目前光催化重整木质素制氢领域的研究热点。

【作者的研究方法、内容】本试验选取窄带隙的石墨相氮化碳（$g-C_3N_4$）作为一种可见光响应的非金属有机聚合半导体材料[12-17]，通过热聚合不同前驱体（三聚氰胺、双氰胺、硫脲）成功制备$g-C_3N_4$光催化剂，并对其进行一系列物化性质表征；采用控制变量法，分别考察不同量Pt负载及不同木质素浓度条件下，不同前驱体所合成的$g-C_3N_4$在可见光照射下光催化重整木质素制氢性能，**【作者的研究意图】**以期获得能够用于工业化重整生物质制氢的高效、廉价光催化材料。

实例 2：高鹏翔等撰写的“Brønsted-Lewis 双酸性离子液体催化合成乙酸正丁酯”一文的引言［见：《精细化工》，2020，37（10）：2053-2054.］，内容如下：

【在基本情况介绍的基础上，说明开展本研究的意义】乙酸正丁酯是无色透明具有果香气味的液体，是一种优良的有机溶剂，广泛应用于涂料和医药中间体的生产中[1]。目前，乙酸正丁酯的工业生产大多使用浓硫酸作为催化剂，在浓硫酸催化反应过程中，对设备腐蚀严重，反应结束后，浓硫酸回收困难，形成含酸废水，易对环境造成污染。因此，开发环境友好型催化剂具有重要意义。

【结合论文主题，基于文献分析（回顾），指出存在的问题】酸性离子液体是一种具有巨大潜力的酸性催化材料，也是具有广泛应用前景的绿色溶剂及绿色催化剂[2]。其已在多个领域得到广泛应用，如燃料油脱硫[3]、碳四烷基化[4-5]、溶解纤维素[6]、催化酯化反应[7]等。酸性离子液体作为酯化催化剂，具有优异的催化性能、循环利用性和环境友好的特性，受到了研究者的关注[8-14]。Brønsted-Lewis 双酸性离子液体的制备一般是通过将 Lewis 酸性化合物引入 Brønsted 酸性离子液体中，根据 Lewis 酸性化合物添加量的不同，调节离子液体酸性，实现酸性的可调可控。阳离子为磺酸基的 Brønsted-Lewis 双酸性离子液体酸性强，催化性能好。磺酸基的引入大多采用 1，3- 丙磺酸内酯为原料，但 1，3- 丙磺酸内酯在 2A 类致癌物清单中，极大限制了磺酸基 Brønsted-Lewis 双酸性离子液体的发展和应用[15]。

【作者的研究意图、方法】本文以 3- 氨基 -1- 丙磺酸为原料，避免使用有致癌性的 1，3- 丙磺酸内酯。根据氯化锌的添加量不同合成了一系列 Brønsted-Lewis 双酸性离子液体，测定了离子液体的 Brønsted 酸性、Lewis 酸性和腐蚀性，考察了离子液体催化合成乙酸正丁酯的催化活性，使用响应曲面法优化了合成工艺，并对离子液体的稳定性进行了测定。

二、实验材料和方法

许多情况下，对于研究型论文常将实验材料与方法作为实验部分。材料与方法是论文中论据的主要内容，是阐述论点、引出结论的重要步骤。这一部分是论文的核心，作者的创造能力就在这一部分表现出来。这一部分又是论文的基础，既是快速判定研究能否被重复、利用的重要途径，也是为别人对研究结果检测、引用提供的便利条件，是判断论文的科学性、先进性的主要依据。如果这一部分处理不当，结论将失去可靠的依据，论文的质量就会大打折扣。这一部分要阐述的重点是实验对象和实验材料的性质和特性、选取的方法和处理的方法、实验的目的、使用的仪器设备和器材、实验及测定的方法和过程、出现的问题和采取的处理方法等。

（一）材料与方法的主要内容

1. 实验材料与试剂

矿物质或化学物质作为实验材料时，应写明规格、成分、纯度、来源、性能、使用范围、使用方法、用途和储存等，其他一般性材料可以不写。

所用化学试剂应写明名称、规格、成分、纯度、来源（生产厂）、出厂时间、型号、批号、浓度和计量、配制方法和过程、使用剂量和次数、使用方法和途径等。

2. 实验仪器

如果是购买的仪器，需要注明仪器、设备的生产厂家、型号、精度和操作方法或文献出处。如果是对现有仪器做了改进，除需注明出处外，还应指明改进之处。对于自己设计安装的仪器，则应详细说明并且附图片或照片，如果是自行设计仪器或自制药品则更应当详细说明。

3. 实验方法与条件

实验方法和条件一般包括：实验过程、实验与记录的手段、观察步骤、记录指标及注意事项、测量的方法、指标、试剂的名称、剂量、剂型和使用方法等。所用方法如前人用过或公知公认，只写明其方法名称即可；引用他人的方法应注明出处；对已发表但尚未被人们所熟知的方法要提供参考文献，并对其方法原理做简要描述；对新的或有实质性改进的方法，要说明采用这些方法的理由，并详述其改进部分，以便他人日后重复；用不同方法进行对比实验，要写清楚如何对比，怎样计算并列出相应的计算公式。如以数学模型加以研究，应讲明使用何种数学模型，具体运算以及逻辑推理的方法及依据（包括文献依据和理论依据）。

4. 数据处理和统计分析方法

如果使用计算机进行实验数据存储、运算、分析建库研究，应详细说明软件名称、设计及操作方法，包括制图和制表软件甚至试验设计方法。例如，实验对象是否随机抽样分组，是否有足够的例数（或实验次数），对照组和处理组的条件是否相同或相似，实验重复次数等。

（二）材料与方法的写作要点

由于科学技术研究成果必须接受检验，材料和方法是提供方法和技术途径的必备信息，可为他人做重复实验时提供方便。因此，阐述必须具体、真实。材料与方法写作要点可以分别归纳如下。

1. 材料的写作要点

研究中使用的材料要清晰描述，并解释材料的准备过程。制定研究方案，规划各研究子目标及所用材料，对材料进行归类，并明确研究对象材料和非研究对象材料。

（1）对于研究对象材料，如样品、样机、工件、产品、岩心、植物、微生物等，应介绍其数量、来源、特征、选取或制备方法，并给出抽样误差估计值，让读者了解研究内容及结果的使用条件或范围。

（2）对于非研究对象材料，先概述，接着详细描述其结构、主要成分、重要特性及关键功能等，对采用具有商标名的设备、仪器以及化学试剂、药品时，还应对设备、仪器的规格、功能、技术进行详细说明，列出试剂、药品的主要化学、物理性质，以及仪器和样品制造商的名称及所在地。

2. 方法的写作要点

方法的介绍要抓住论文的主要论点和关键问题，按逻辑顺序安排内容。一般来说，对准备、测量和方案的描述应按时间顺序组织。一般在方法部分写作时应注意如下几点。

（1）依据研究方案，每个子研究目标要有相应的方法，包括样品或样本选择标准、分组方法、制备过程，仪器使用方法、步骤、操作技巧，实验环境、条件、设置，各步处理时间、参数设置及注意事项等。

（2）清楚介绍设计方案，凡属于前所未有的技术革新、发明创造、实验设计等，均需详细阐述。如果是自己提出的，则应详细说明，并需将设计原理、实验步骤、操作要点、观察记录方法、仪器安装、药品配制过程以及注意事项等加以说明，以便能重复这些实验，并判断其准确性和精确程度。如实验方法为前人的方法、公认的方法，只需要写出实验方法的要点即可，方法的出处列在参考文献中。如将前人的实验过程或方法加以改进，属于改进的部分要详细阐述，其余部分简要叙述即可。

（3）必要时还要详细描述统计分析方法，对普通的统计方法，一般无须评论或解释，但对先进或不常见的，则应适当引用文献。通常需要简要说明在什么条件下使用何种统计学方法与显著性标准，必要时还应说明所用计算手段和软件名称。

（4）内容较多时，需要对内容进行层次类别规划，为各个层次类别确立子标题，并尽可能与结论中的内容相呼应，以保持论文内部的一致性，这样有助于让读者快速了解某一特定方法及使用该方法而获得的结果。

（5）对于那些对阐述观点作用不大，但对于重复该实验又属于必要的数据和内容，可列入论文的附录，以供读者参考。

（三）材料与方法写作中常见问题

材料与方法写作中常常存在以下主要问题，在写作时应特别注意：

（1）文章格式为技术报告，实验部分缺失。

（2）方法中所描述的实验方案欠合理，实验条件不明确，对实验的具体步骤描述不清，对常规实验的描述过于烦琐。

（3）实验材料不明确，有的只有功能名称而无具体的牌号，有的即使给出牌号，却不准确，缺乏对重要实验材料的充分界定。

（4）实验样品太少，数据离散度较大，未做可靠性分析。

（5）将实验部分分散写入结果与讨论部分，或包含在结果或结论中。

（6）过多地详细叙述他人方法或相关标准，而未引用参考文献。

（四）材料与方法实例

实例 1：张雪等撰写的“不同前驱体制备石墨相氮化碳及其可见光催化重整木质素制氢性能研究”一文的材料与方法［见《林产工业》，2020，57（7）：1-2.］，部分内容如下：

1　材料与方法

1.1　材料

【给出材料的规格、来源等信息】所有试剂均为分析纯，三聚氰胺、双氰胺、硫脲和 H_2PtCl_6（国药集团化学试剂有限公司），木质素（上海麦克林生化科技有限公司），甲醇（天津市大茂化学试剂厂）。试验用水为超纯水。

1.2　设备

【给出仪器的型号、生产商等】电子分析天平（BS 124 S，赛多利斯科学仪器有限公司）、超纯水机（UPT-A，上海申分分析仪器有限公司）、超声波清洗器（DK-1000D，昆山市超声仪器有限公司）、可编程高温炉（SXP-5-12，杭州蓝天化验仪器厂）、X- 射线衍射仪（XRD，X’Pert-Pro MPD，荷兰 PANalytical 公司）、多功能 X- 射线光电子能谱仪（XPS，Thermo ESCALAB 250XI，美国 Thermo Fisher Scientific 公司）、全自动比表面积介孔、微孔分析仪（Autosorb iQ，美国康塔仪器公司）、室温电子顺磁共振波谱仪（EPR，EPR A 320，德国 Bruker 公司）、光催化活性评价全自动在线系统（CEL-SPH2N，北京中教金源科技有限公司）、气相色谱仪（GC−7920，北京中教金源科技有限公司）。

1.3 试验方法

1.3.1 g−C_3N_4 基催化剂制备

【使用前人的方法要引出文献出处并简练、完整地加以叙述】采用直接热聚合不同前驱体制备 g−C_3N_4 催化剂[11]：准确称取 5g 前驱体（三聚氰胺、双氰胺、硫脲）加入 50mL 坩埚中，盖上坩埚盖子，在高温炉内以 2.3℃ /min 的升温速率从室温加热至 550℃，并在该温度下反应 4h。待自然冷却至室温后，将坩埚内生成的黄色样品用玛瑙研钵研磨成粉末，即得到 g−C_3N_4 催化剂。其中，三聚氰胺、双氰胺、硫脲为前驱体合成的 g−C_3N_4 样品分别命名为 CN−M、CN−D、CN−T。

……

1.4 光催化重整木质素制氢试验

【新方法或自己的方法要对其原理、技术和分析步骤做详尽描述】通过光催化活性评价全自动在线系统，考察催化剂在可见光（400nm<λ<780nm）照射下的光催化重整木质素制氢性能。具体如下：准确称取 20mg Pt 负载的 CN−M、CN−D、CN−T 催化剂，加入 100mL 蒸馏水中，然后再加入一定量的木质素，待超声分散均匀后，平稳安装并运行光催化系统。催化反应条件：光照反应 4h，每间隔 1h 在线取一次样，最后使用气相色谱定量分析产生的 H_2 量。每组光催化重整试验结束后，将光催化反应器经超声清洗干净后，再开始下一组试验。

实例 2：高鹏翔等撰写的“以微晶纤维素为助剂制备 Ni/SBA−15 加氢脱芳催化剂”一文的实验部分［见：《精细化工》，2020，37（10）：2042.］，部分内容如下：

1 实验部分

1.1 试剂与仪器

【给出材料的规格、来源等信息】三嵌段共聚物 Pluronic P123，AR，美国 Sigma−Aldrich 公司；正硅酸乙酯（TEOS）、MCC（相对分子质量 162.06）、浓盐酸（质量分数为 37%）、六水合硝酸镍，AR，国药集团化学试剂有限公司；十二烷，工业级，抚顺洗涤化工厂；H_2，体积分数 99.9%，抚顺高纯气体供应站；去离子水为实验室自制。

【给出仪器的型号、生产商等】D/MAX−1AX 型 X 射线衍射仪，日本 Rigaku 公司；ASAP2010 型物理吸附仪，美国 Micromeritics 公司；Spectrum TMGX 型傅里叶变换红外光谱仪，美国 Perkin Elmer 公司；TP−5900 型 TPD/TPR 联合吸附仪，天津先权公司；SU3500 型扫描电子显微镜，日本日立高新公司；SP-1000 型气相色谱分析仪，北京北分瑞利分析仪器（集团）有限责任公司；Escalab 250 型 X 射线光电子能谱仪，美国 Thermo Fisher Scientific 公司。

1.2 催化剂制备

【采用前人的方法要引出文献出处并简练、完整地加以叙述】 采用 ZHAO 等[13]报道的方法合成 SBA-15。以 1.00g P123 为例，原料的配比为 *m*（P123）：*m*（HCl）：*m*（TEOS）：*m*（H_2O）=1.00：6.30：2.12：24.50。SBA-15-MCC 的制备过程与之相似，只是在加入 P123 的同时加入 4.0mL 质量分数 15% 的 MCC 水溶液。采用等体积浸渍法，按质量分数 30% 计算 NiO 的负载量，将六水合硝酸镍分别负载到 SBA-15-MCC 和 SBA-15 载体上，经 550℃焙烧 5h，即得催化剂 Ni/SBA-15-MCC 和 Ni/SBA-15。

……

1.4 催化剂性能评价

【新方法或自己的方法要对其原理、技术和分析步骤做详尽描述】以萘（质量分数 5%）的十二烷溶液为模拟油，在连续加氢微型反应器上对催化剂进行性能评价。反应条件：压力 3MPa，温度 280℃，氢油体积比 360，质量空速 $2.5h^{-1}$。产物采用气相色谱分析仪进行测试，KB-PONA 毛细管色谱柱，FID 检测器。检测温度为 240℃，程序升温速率 2℃ /min，柱箱初始温度为 90℃，维持 1min。升温到 145℃，维持 1min，采用面积归一法计算各组分相对含量。萘的转化率（X）、四氢萘选择性（S_T）及十氢萘选择性（S_D）按下式计算：

$$X=(r_{A0}-r_{A1})/r_{A0}\times 100\% \quad (1)$$

$$S_T=0.97\times r_1/(r_{A0}-r_{A1})\times 100\% \quad (2)$$

$$S_D=0.93\times r_2/(r_{A0}-r_{A1})\times 100\% \quad (3)$$

式中，r_{A0} 为原料中萘的相对含量，%；r_{A1} 为产物中萘的相对含量，%；r_1 为产物中四氢萘的相对含量，%；r_2 为产物中十氢萘的质量分数，%；萘与四氢萘及十氢萘的相对分子质量比分别为 0.97 和 0.93。

三、实验结果与讨论

实验结果与讨论是科技论文最重要的组成部分。结果和讨论相辅相成，结果是讨论的基础，是前提、是根本，讨论是结果的升华，是认识的飞跃。没有结果，就无从讨论，讨论就成了无源之水，讨论就失去了说服力。反之，只有结果而没有讨论，结果就失去了意义，论文就变成了实验报告。

实验结果的分析是科技论文的价值所在，是论文的关键部分。它包括给出结果，并对结果进行定量或定性的分析。

（一）实验结果

结果是论文的依据部分，是科学研究探索的答案，直接决定了研究工作能否成功、研究目标能否实现。全文的一切分析、讨论由结果引发，一切推理、判断由结果导出，一切结论、结语由结果得出。结果的内容及写作要点可以归纳如下。

1. 实验结果的内容

对实验结果的内容来说，首先是介绍结果，主要是在相关文本、插图、表格或照片表述中列出结果，其中：①数据。应如实、具体、准确地写出经科学。分析实验中得到的各种现象和数据，对实验数据进行定性或定量分析，并说明所得结果的必然性；②图表。有时观察结果常用精选过的图、表来表达。由于插图能够显示变化的规律性，也有利于对不同变化进行对比，形象又直观，因此大多采用图来表达。当需要列出的准确数值或数据分析时，也可用表来表达；③照片。从实验结果中得来的照片也是一种插图，它比图片更为形象、客观，使读者能直观地理解研究成果；④结果描述与评论。描述重要的实验或观测结果，对数据、图或表加以如实说明，以说明从结果中得出的结论，解释结果，并与理论计算或模型或前人结果进行比较，以验证理论分析的正确性。

2. 实验结果的写作要点

（1）按实验所得到的事实材料的逻辑顺序进行安排，分成节、段，可加小标题。在每一节、段的开头，先简要说明实验的具体目的、意义以及自己的思路，然后，从结果中选出最能说明问题的数据，列成表格或绘成图，采用图表结合的方式来呈现，写作中应针对数据所反映的问题和表达需要来灵活选用呈现的形式。表格一般呈现大量准确的数据或资料，而图则能够直观、有效地反映不同组数据间的关系。图表应有相应题名、注释和序号，便于表达图、表与内容相呼应。

（2）阐述要实事求是，数据要准确可靠，一切以事实为依据。文字叙述要准确，重点集中在解释图、表和照片，提出图、表和照片所能说明的内容和所能证实的结论，避免出现作者的议论、评价、分析和推理。无论研究结果如何，是成功或是失败，只要是真实的就有价值，不可随意摒弃。如把不符合主观设想的数据或结果随意删除，将失去真实性。需要在文中强调关键性的结果，为未来的研究提出建议。应当针对具有特殊研究目的或者科学意义的数据结果进行精炼且准确的阐述。

（3）为了保证结果部分内容纯属实验的结果，而不是分析和推理，实验结果给出的内容必须是自己的研究结果，不能把前人的工作夹杂进来。结果要进行统计学分析，统计学分析体现了数据结果的科学意义，对论文的可信度至关重要。

（4）若实验所得结果作为论证假说的论据不够充分，或尚无足够的文献资料对假说加以旁证，没有必要对结果进行广泛、详尽地讨论，或是实验结果与讨论的联系非常密切，即在讨论部分有必要重复结果的内容时，论文不必设单独的“讨论”一节，可以把“结果”和“讨论”合并为“结果与讨论”。

（二）结果的讨论

在讨论部分需要表达以下内容：基于实验数据，讲述一套完整的科学理论，回答在论文引言部分提出的问题，分析所用的研究方法；辩证性地分析获得的研究结果，避免夸大研究结果。

结果讨论的目的是解释所取得的研究成果，说明成果的意义，指出自己的成果与已有研究成果或观点的异同，讨论尚未定论之处和相反的结果，提出研究的方向和问题。最主要的是突出新发现、新发明，说明研究结果的必然性或偶然性。

当文中由于数据的缺陷不能圆满解决问题，需要指出分析数据缺陷的原因和今后工作的要点，以及需要指明本研究对相关问题的意义，今后可进一步拓宽的前景及所使用的技术途径时可进行讨论。如果以上两点没有可说明的，则“讨论”部分可略去，直接撰写“结论”或“结语”部分。

1. 讨论的内容

讨论的内容一般包括：

（1）对实验观察过程中各种数据或现象的理论根据或解释。作者用已有的理论（国内外的有关新学说、新观点）对自己的研究结果进行讨论。为了估计实验结果（或调查结果）的正确性和实验条件的可靠性，可与他人的结果比较异同，并解释其因果关系，从理论上对实验结果的各种资料、数据、现象等进行综合分析。应当指出实验中的例外情况，或那些缺乏联系的结果，以及无法解释的异常情况等。

（2）国内外同类研究动态及与本文的关系与国内外同类研究的进展相比较，本研究的独特之处（新、异、优），结果和结论与国内外同类研究之间有何异同及造成异同的原因，实事求是地提出自己的见解。

（3）讨论实验结果的理论根据及其应用价值。指出实验结果的理论意义及对实践的指导作用与应用价值（经济效益、社会效益）等。

（4）研究过程中的实践经验与体会。研究过程中遇到的问题、误差和教训，实验结果同预想不一致的原因，实验过程中产生的误差原因，有何尚待解决的问题及其解决方法。提出今后的研究方向、改进方法的设想和建议，以便读者从中受益。阐述研究的局限性、现有的困难，以及未来仍然面临的问题。

（5）尽可能清晰地陈述研究的结论，探讨作用机理或变化规律。可以引用他人或其他领域的研究成果用以说明或支持自己的观点和结果，对同类研究课题进行展望或建议等，但对于无把握的看法则不能草率做出结论。

（6）每一条结论都要有证据。

2. 讨论的写作要点

在讨论的写作中应注意把握如下几点：

（1）讨论要围绕研究结果展开，且主次分明。讨论不要太笼统，要选择性地详细说明所得到的结果。讨论的内容一定要从实验结果出发，紧紧扣住研究课题的假设，简明扼要，有的放矢。归纳分析问题需以实验材料为依据，要观点明确，摆事实讲道理。实验观察中如有不足之处，需加以说明。在解释因果关系时，应说明偶然性与必然性。应该针对结果的重要程度进行区分，做到主次分明。对于主要问题或者重要发现应给予详细讨论，而次要问题或者一般问题仅需一笔带过即可。讨论的一个重要作用是突出自己的创新性，体现出自己的特点，这里的特点就是创新。

（2）多层次多角度分析，论据要有说服力和逻辑性。讨论应该从多个层次、多个方面来进行，重在分析，用科学的理论阐述自己的观点和分析实验结果或调查资料。在论证自己提出的假说过程中，提倡应用或提出有科学根据的假说，但在陈述中要有一定的把握，切不可将未经实践证明的假说当作已被证明的科学理论。讨论中的逻辑性要强，要有新的或独特的见解。提出新观点、新理论时，不可模棱两可，含糊其词，一定要清楚，以便读者参考和接受。不要重复结果，并通过引用文献来支持自己的结果。对于与别人不同的结果，不要回避，而要深入讨论，分析自己与前人成果出现差异的原因。对前人的工作要集中概括，引证要选近代的主要文献资料。防止将他人的工作与自己的研究结果混为一谈。不要在讨论部分完全重复结果或写成文献综述。在讨论部分应该是对结果的分析和整合。不要以假设证明假设，以未知证明未知，或泛泛而淡、文不对题，或超出事实、扩大结论。引用文献一般不成段、成句引用，而是摘其观点、结论或数据，并准确标注。

（3）保持讨论和结果的一致性。结果与讨论应前呼后应，相互衬托。不能出现按照讨论的内容可以推出与实验结果相反的结论。对所发现的异常现象暂无资料支持或未能解释的，讨论中也应提及，留待今后研究解决。不要回避实验本身的缺点及与已有理论相反的结果。必要时可列出不同的观点和理论，明确肯定什么或反对什么并说明理由。应避免文献堆砌，观点模糊。

（4）讨论要正确评价自己研究中的局限性。在讨论过程中，不要刻意掩盖自己的缺陷，认为是自己正确而别人是错误的，科学的进步就是在不断探讨中实现。单一片面的分析只会使论文的可信度降低。对于研究本身的缺陷，也要客观的剖析，便于读者有客观清晰的解读。

（5）对文章的科学意义和实际应用效果的论述要实事求是。对讨论所得结果进行总结性的陈述，阐述研究发现内容对实际问题、或对科学发展的意义。凡是实验结果中提不出讨论线索和依据的，不可纳入讨论中，以免做出不成熟的论断和结论。切忌未经充分检索就提出“首创”或“首次发现”，或工作尚未完成就提出暗示，要求首创权。

（6）选择使用合适的层次结构。科学研究往往是复杂的，某一研究的总体目的即使只有一个，但研究过程中的目的可能有多个，结果有多个方面也属正常，讨论中要将各方面的结果有效地串接起来，可据实际情况灵活选用论述的层次结构。如讨论的问题有几个方面，可按结果栏目中的顺次并结合文献分段撰写，或列出分标题、标出序号。其次序应从时间、因果、重要性、复杂程度、相似与相反的对比等方面来考虑，使内容有条理、有联系、重点突出。每段应集中围绕一个论点提出论据，加以论证，不可离题太远或过多地重复他人的研究内容和意见。如果结论比较明确，不需要讨论时，则把结论与讨论合为一项，即“结论与讨论”。

（7）讨论部分需要引用图表时要表述规范。描述一组事实或现象，有的需要引用一副或多幅图（或表），有的不需要引用图，使每一个事实或现象对应其相关的图（或表）。

简而言之，“结果与讨论”是论文的依据部分，是科学研究探索的答案。结果是研究的直接目标，没有结果，研究就失去依据；讨论是研究的最终目标，没有讨论，结果就停留在表象，研究就失去意义。通过与已有的研究成果进行对比，说明自己结论的独特性。从实验设计、理论原理、分析方法等角度阐述出现这种结果的原因。讨论过程也是一个学习并完善研究的过程，每一篇论文都是有它的不足，但各自找准立足点来完善即可，也正是由于这些不足，人类才会在科学的探索之路上不断前行。

（三）结果与讨论写作中常见问题

结果与讨论写作常会出现如下一些问题，写作时应注意：

（1）对实验结果所对应的实验体系、实验条件叙述不清，读者无法按照所描述的结果进行重复实验。

（2）可以合并的图或表仍以各自独立的形式展示，缺乏整体划一，且存在用大量表或插图堆砌研究结果的现象。

（3）有一些插图和表中给出未经整理或加工的原始数据，缺乏可比性和说服力。

（4）简单罗列结果，在展示和讨论数据图表时，仅对数据走势作浅显的表面分析，不能透过数据去分析变量之间的关系，或未对研究结果进行深入的理论探讨和分析，或讨论不对应实证研究所得到的资料或数据。

（5）没有找出并讨论本研究结果中与已有研究结果的不同之处，仅停留在“本研究证实了已有的研究结果”，缺乏创新性。

（6）提出的“理论”和设想缺乏调查、实验的实证支持，凭借臆想提出缺乏扎实论证的主观、空洞的观点。在进行统计分析、工作曲线制备和趋势分析时，所用的数据太少，致使准确性令人怀疑。

（7）文字分析与图、表中的数据不符。有时出现对文中未提及的试验，或没有试验结果，或实验过程中未涉及的内容进行讨论。有时在讨论时还会出现一些既无实验数据，又不列参考文献的现象，导致论述的可靠性降低。

（8）缺少将研究成果做概括性的提炼和总结。对相关问题缺乏前后的统一，各部分间的排序缺乏逻辑性，整体结构散乱，无法很好地对主题进行阐述说明，有时甚至在讨论时未加限定条件，缺乏严密性。

（四）结果与讨论实例

实例 1：张雪等撰写的“不同前驱体制备石墨相氮化碳及其可见光催化重整木质素制氢性能研究”一文的结果与分析［见《林产工业》，2020，57（7）：4.］，部分内容如下：

2　结果与分析

2.1　XRD 分析

以三聚氰胺、双氰胺、硫脲为前驱体制备 CN-M、CN-D、CN-T 的 XRD 图**【分析测试结果】**如图 1 所示。**【结合文献对测试结果进行推理分析（讨论）】**三个样品的 XRD 谱图形状基本一致，在 12.81° 和 27.43° 位置均具有两个特征衍射峰，分别对应于石墨相结构 g-C_3N_4 材料的（100）和（002）晶面[20-24]。其中，位于 12.81° 的衍射峰是由三 -s- 三嗪结构引起，而位于 27.43° 的衍射峰是由类石墨层状结构堆积引起。此外，可以明显观察到 CN-T 在 27.43° 的峰强度相比于 CN–M 和 CN–D 更弱，这一结果说明硫脲衍生的 g–C_3N_4 具有较弱的结晶度，容易导致层间晶格畸变的产生[25]。

……

2.5　光催化重整木质素制氢性能

【基于经过整理、统计处理、分析等所获得的数据绘制的曲线图（实验结果）】以三聚氰胺、双氰胺、硫脲为前驱体制备 CN–M、CN–D、CN–T 样品光催化重整木质素制氢平均速率如图 5 所示。由图可知，当 Pt 负载量为 1%（质量分数），木质素浓度为 0.2g/L 时，CN–M 和 CN–D 样品的制氢速率分别为 1.75μmol/（h·g）和 9.98μmol/（h·g）。而 CN–T 催化剂的制氢速率高达 25.80μmol/（h·g），约是 CN–M 和 CN–D 样品的 14.74 倍和 2.59 倍。**【经分析和逻辑推论得出的答案（讨论）】**由此可见，硫脲衍生的 CN–T 样品表现出明显增强的光催化重整木质素制氢活性，这可能是由于其更大的比表面积和更高的未配对电子密度所致。

……

实例 2：曹伟佳等撰写的“无机凝胶在 18m 长岩心内的传输运移能力”一文结果与讨论［见《油田化学》，2020，37（3）：429.］，部分内容如下：

2　结果与讨论

2.1　浓度优选

……

采用软化水配制主剂 Na_2SiO_3 和助剂 $CaCl_2$ 溶液共 50mL，二者浓度分别为 0.61g/L、1.22g/L、2.44g/L、3.7g/L、6.1g/L、12g/L、15g/L 和 20g/L。**【基于经过整理、统计处理得到的实验结果绘制的曲线图（结果）】**不同主剂、助剂浓度条件下所形成无机凝胶的体积见图 2。**【对实验结果的描述】**从图 2 可以看出，随主剂或助剂浓度增加，无机凝胶体积生成量增幅呈现“先升后降”，当二者浓度为 2.44~6.1g/L 时，无机凝胶生成体积快速上升，而当浓度继续增加后，无机凝胶生成体积上升幅度降低。**【经过分析给出的答案】**从技术经济角度建议主剂和助剂浓度为 2.44~6.1g/L。

2.2　压力梯度及压差比

……

2.3　封堵效果

【经过整理、统计处理、分析等所获得的数据（结果）】多轮次交替注入结束后各测压点区间岩心的水测渗透率见表 4。**【经分析和逻辑推论得出的答案（讨论）】**从表 4 可以看出，对于岩心上同一长度区间，随交替注入轮次增加，岩心的水测渗透率降低；在交替注入轮次相同条件下，沿液流流动方向各个长度区间岩心水测渗透率呈现逐渐下降趋势，且前部长度区间岩心渗透率减小幅度要大于后部区间的。

……

四、结论

结论又称结束语、结语。它是在理论分析和实验验证的基础上，通过严密的逻辑推理而得出的富有创造性、指导性、经验性的结果。它又以自身的条理性、明确性、客观性反映了论文或研究成果的价值。结论与引言相呼应，同摘要一样，其作用是便于读者阅读和为二次文献作者提供依据。

（一）结论的重要性

结论是整个课题研究的总结，是全篇论文的归宿，是在科学研究结果的基础上经过逻辑推论得出的客观性判断，起着画龙点睛的作用。结论是通过对比引言中声称的贡献和论证的贡献，给出一个较好的结尾。相对摘要，读者可以更好、更详细地了解作者的贡献，以便评估对自己是否有用。一般说来，读者选读某篇论文时，先看标题、摘要、前言，再看结论，才能决定阅读与否，因此，结论写作也是非常重要的。科技论文的结尾部分多以“结论”为题进行论述，对于工程设计和实践应用类论文多以“结语”作为结束部分，在某些综合论述类论文的结尾部分以“展望”作为结束语。

（二）结论的主要内容

结论需要把握主题、突出重点、高度概括。结论不是研究结果的简单重复，而是对研究结果更深入一步的认识，是从正文部分的全部内容出发，并涉及引言部分的内容，经过判断、归纳、推理等过程，将研究结果升华成新的总观点。通常，结论包括：①根据观察、实验、测量和调研资料，经过理论研究所形成的见解；②对深化研究的设想；③对实现技术思想的具体建议；④从论文总体观点中引申的推论、预测。

因此，撰写结论时，不仅要对研究的全过程、实验的结果、数据等进一步认真地加以综合分析，准确反映客观事物的本质及其规律，而且，对论证的材料、选用的实例、语言表达的概括性、科学性和逻辑性等方方面面也都要一一进行总判断、总推理、总评价。同时，撰写不仅是对前面论述结果的简单复述，而是要与引言相呼应，与正文其他部分相联系。

若论文很难得出明确结论，就可以不写结论，而转为讨论实验结果。若实验中发现了反常现象或无法解释的结果，应在结论部分写明，把问题提出来，留待他人解决。结论和讨论的侧重点不同：结论注重研究结果，对重要研究结果进行描述和说明；讨论则是探讨所得到的结果与研究目的、假设的关系，探讨与已有研究结果的比较与分析，对研究结果是否符合原来的期望，以及重要研究结果的意义（推论）与展望等。

（三）结论的写作要求

结论较多采用分条编号的格式表达，传达信息具体而确定，定性或定量，客观地表述创新性研究成果所揭示的原理及规律，客观性较强。如果论文得不出结论，也不要东拼西凑。概括起来，结论撰写应满足以下要求：

（1）概括准确，措辞严谨。结论是论文最终的、总体的总结，对论文创新内容的概括应当准确、完整，不要轻易放弃，也不要漏掉任何有价值的结论，更不能凭空杜撰。措辞要严谨，不能模棱两可，含糊其词。肯定和否定要明确，一般不用"大概""也许""可能是"等词语。

（2）明确具体，简短精练。结论部分有相对的独立性，专业读者和情报人员从看摘要和（或）结论就能大致了解论文反映的成果和成果的价值，所以结论部分应提供明确、具体的定性和定量的信息。对要点要明确、具体地表述，不能用抽象和笼统的语言。语言要锤炼，可读性要强，删去可有可无的词语。

（3）不作自我评价。论文的真正价值是通过具体"结论"来体现的，不宜用如"本研究具有国际先进水平""本研究结果属国内首创""本研究结果填补了国内空白"等语句来作自我评价。

总之，结论要有说服力，恰如其分。语言要准确、鲜明。结论中，凡归结为一个认识、肯定一种观点、否定一种意见，都要有事实、有根据，不能凭空想象。

（四）结论写作中常见问题

在结论写作中常常会出现未与引言呼应、部分重要结果未列入结论、涉及前文不曾指出的新事实、将某种假设条件下得出的推论写进结论、与摘要大篇幅重复、结论太长等，这在一定程度上会影响论文的质量，在实际写作中应力争避免以下几个方面的问题。

（1）写作类型不当。不同类型的科技论文其结论的写法也不相同，在写论文结论之前必须了解本论文是哪一类型的论文。如：有的作者在写试验研究类论文的结论时，对自己的结果部分写得太少，看不到研究的具体结果，都在该研究成果的未来发展及应用上花费较多的文字去表述，研究类论文结论写作内容不突出；有些作者在综述和工程设计类论文的结论部分写作中，表述内容含糊不清，没有对论文的主要内容进行总结和概括，不符合综述性论文写作要求。

（2）结论与论文内容的关系不明确。有些作者在科技论文结论部分的写作中，内容含糊，与论文内容的关系不明确、不清晰。如：有的结论部分似摘要，几乎是重复了一遍摘要的研究目的、方法、结果和结论，内容烦琐，没有重点；有的结论部分似引言，只是重复了引言中的部分内容，根本不能表达清楚作者的研究成果到底能够解决什么问题，体现不出创新点；还有的作者在结论部分的写作中，主要是表述别人的研究内容，与本人的论文研究内容关系不大，缺乏对全篇文章总结性、概括性的表述。

（3）结论与结果部分重复。科技论文的结果一般是指经理论分析或实验验证的成果。结论是结果的精练和概括，是对结果规律性的总结。结果是发现了什么，可以用图表来表示，而结论是说明了什么，不再用图表来表示。不能将研究类论文的结论和结果区分开，在写结论时，只是简单地重复正文的研究结果，没有进行归纳总结，没有概括出研究结果所揭示的原理和规律。

（4）语言文字表述不恰当。论文的结论内容应当是明确和肯定的，不能出现模棱两可甚至自相矛盾的文字，不能出现如“大概”“可能”“好像”和“或许”等词语。论文结论出现参考文献、图表等也是不恰当的。结论不要出现带有个人感情色彩的语言文字，如评价别人研究成果时使用“某某的研究结果是错误的”，还有自我评价性语言如“本研究结果已达世界领先水平”等均不符合科技论文结论的写作要求。

（五）结论实例

实例 1：王中华撰写的“腐殖酸接枝共聚物超高温钻井液降滤失剂合成”一文的结论［见《西南石油大学学报（自然科学版）》，2010，32（4）：155.］，内容如下：

（1）采用正交实验确定了 AOBS–AM–AA/ 腐殖酸接枝共聚物合成的基础配方，并通过考察腐殖酸钠用量对产物性能的影响，确定了接枝共聚物合成的最终配方，即非离子单体与离子单体物质的量比为 1.5 : 1.0、离子单体中和度 100%，反应混合物质量分数 50%、腐殖酸钠用量 34%。通过红外光谱对比分析证实了产物确为接枝共聚物。

（2）AOBS-AM-AA/ 腐殖酸接枝共聚物热稳定性好，GPC 测定结果表明，接枝共聚物相对分子质量分布宽，作为降滤失剂在淡水钻井液、盐水钻井液和饱和盐水钻井液中均具有较强的降滤失能力，经 240℃高温老化 16h 证明，具有较强的抗温、抗盐能力，与室温相比高温后钻井液的流变性进一步得到改善，这有利于超高温条件下钻井液性能的维护。

（3）AOBS-AM-AA/ 腐殖酸接枝共聚物与其他处理剂配伍性好，在用 SMC、SMP 和 XJ-1 等组成的 2.57g/cm^3 超高密度 KCl 钻井液中具有显著降低高温高压滤失量的能力，当加量为 3.0% 时，可以使钻井液的滤失量由基浆的 242mL 降至 20mL，且对钻井液的流变性影响小。

实例 2：葛际江等撰写的“红河油藏封堵裂缝用酚醛冻胶的制备与性能评价”一文的结论［见《油田化学》，2020，37（3）:436.］，内容如下：

以部分水解聚丙烯酰胺 G3515 为成胶剂、水溶性酚醛树脂为交联剂、氯化铵为催化剂，制得成胶时间不同、强度不同的冻胶。由 0.5% G3515、0.5% 水溶性酚醛树脂树脂、0.2% 催化剂和 0.3%QC-W 配制的冻胶的稳定性较好，在 70℃下放置 180d 的弹性模量大于 10Pa。冻胶的封堵能力较好，含 0.8%G3515 的强冻胶在直径为 0.7~1.8mm 细管中的突破压力梯度达到 4MPa/m 以上，含 0.3% G3515 的弱冻胶在直径为 0.7~1.5mm 细管中的突破压力梯度达到 1MPa/m 以上，满足红河油田大剂量注入的要求。

需要强调的是，前面所述由理论分析、实验材料与方法、实验结果与讨论和结论等构成的论证部分的结构，是针对标准的研究型科技论文的，除此之外，还有围绕工程技术的科技论文。工程技术亦称生产技术，是在工业生产中的实际应用技术。关于人们在工业生产过程中应用科学知识或利用技术发展的研究成果，以达到改造工业生产预定目标的手段和方法方面的论文，就是所谓的工程技术论文。对于生产实践性或经验性的技术论文，其论证部分或正文的内容可以不受研究型论文写作模式的限制，可视具体情况分节阐述和讨论，如：

（1）田林海等“玛湖油田玛 18 井区体积压裂对钻井作业干扰问题的探讨”一文［见《石油钻探技术》2019，47（1）:20-24］，其论证部分包括基本情况、影响分析、措施与效果、结论，内容如下：

1　地层压力分布及水平井井身结构

2　体积压裂对水平井三开钻进的影响

2.1　体积压裂前已完钻中深水平井情况

2.2　体积压裂后邻井三开钻进中的复杂情况

2.2.1　部分泥岩失稳案例

2.2.2 部分窜漏案例

2.2.3 体积压裂给钻井带来的主要影响

3 体积压裂干扰钻井原因分析

3.1 形成游离状态下圈闭异常压力

3.2 邻井三开裸眼段成为趋弱的集中点

4 体积压裂干扰钻井的处理措施及效果

4.1 处理措施

4.2 措施效果

5 结论与建议

（2）李传武等“川南页岩气水平井钻井技术难点与对策”一文［见《石油钻探技术》2020，48（3）:16-21］，其论证部分包括难点分析、对策、应用效果和结论，内容如下：

1 川南储层特征及钻井技术难点

1.1 储层基本特征

1.2 主要钻井技术难点

1.2.1 大尺寸井眼机械钻速慢

1.2.2 志留系页岩储层稳定性差

……

2 钻井技术对策

2.1 大尺寸井眼“减振＋扶正”提速技术

2.2 长水平段随钻清砂防卡技术

2.3 强化参数提速技术

2.4 固化堵漏技术

2.5 简易控压钻井技术

3 现场应用效果

4 结论与建议

一般对于工程技术类论文，论证部分写作时应注重以下几个方面：

（1）展开提出的问题，给出有关本研究的一些相关基本材料内容（现场调查统计结果、难点或存在问题分析、具体措施、施工过程等）。

（2）技术实践、革新或改进工作结果分析，包括各指标的意义（与文献值或过去方法、工艺等的比较）、结果说明了什么问题、创新或改进点、结果的普遍性。

（3）说明解决问题的方法与步骤，进一步对结果进行机理或理论分析，找出相应的依据。

（4）结论、本工作的意义、结语或小结，进一步提出的新问题、下步打算、推广应用价值等。

在论证时一定要做到：内容要充实，论据要充分、可靠，论证要有力，主题要明确；提供的数据要有实验基础，指标数据最好不用可能、大约、左右之类词词；要有新意，千万要注意不要老生常谈、人云亦云，要写出与众不同的观点，要有创新；内容前后有逻辑性，容易让人理解；从格式上要做到层次分明、脉络清晰，保持前后的逻辑关系；能用图（包括各种统计图）或表时尽量用图或表表示，图表最好插在与正文相关的位置，便于阅读理解。

同时还要特别注意：讨论时引证文献知识不能太多，以至掩盖了本工作的贡献；避免出现分析不合逻辑，结论不当；少用不熟悉知识文献，使讨论太浮浅；避免写成缺乏学术性工作总结。

第三节　文尾部分

科技论文通常还包括有致谢、参考文献、作者及作者信息、附录、注释等内容，主要陈述何人协助和指导了论文的写作以及其他研究工作，有哪些依据和有哪些需要进行补充说明等。这些内容可归于文尾部分，是科技论文论证或主体部分的一个重要补充。

一、致谢

科学研究通常不是只靠一、二个人的力量就能完成的，需要多方面力量支持，协助或指导。特别是大型课题，更需联合作战，参与的人数很多。在研究工作和论文撰写过程中，大都得到了他人帮助，为尊重他人和表示感谢，在论文结论之后或结束时，应对在整个研究过程中曾给予帮助和支持的基金资助合同单位，以及其他组织或个人表示谢意。尤其是参加部分研究工作，未有署名的人员，要给予肯定，一般应在论文后面致谢，并且致谢必须在投稿前征得被致谢者的口头或书面同意。致谢反映作者的职业道德和学术素养。

（一）致谢的对象与范围

在研究工作和撰写论文过程中，如果得到了他人的帮助，就应该表示感谢，并附在论文的后面。主要包括：对论文的选题、构思或撰写修改给予指导或提出重要意见的人；对在实验过程中做出过某种贡献或在研究中提出建议和提供帮助的人；给予经费资助的单位、团体或个人；提供过实验材料、仪器及给予其他方便的组织或个人；给予转载和引用权的资料、图片、文献、研究思想和设想的所有者；提供过某种重要信息，但并非论文共同作者的人；其他应感谢的组织或个人。

（二）致谢的要点

致谢包括提供过实质性帮助和做出过贡献的单位和个人。对于致谢的对象，可直接书写其姓名，也可写尊称，如教授、博士等。最好依贡献大小来排列顺序，而不要依年龄、地位排列名次。致谢的语句要尽量简短，不要占用太多的篇幅。对一般例行的劳务，可不专门致谢。已经用其他形式致谢过的，不再书面致谢。致谢的对象与论文作者有着严格的区别，二者不可混淆。

致谢应该言辞恳切，实事求是、恰如其分，而不是单纯的客套。也不应借用“致谢”拉关系等。

二、参考文献

参考文献是一篇完整的科技论文中不可或缺的组成部分。它不仅是论文内容的某种缘起及延伸，同时也可为有兴趣的读者提供进一步查询资料或信息的线索。

（一）参考文献的概念与作用

参考文献是为撰写或编辑论著而引用的有关图书资料、期刊论文等。在科技论文中，凡是引用前人（包括作者自己过去）已发表的文献中的观点、数据和材料等，都要对它们在文中出现的地方予以标明，并在文末列出参考文献表。

归纳起来，参考文献著录的作用主要体现在以下 5 个方面：

（1）对论文的立意起指导作用，对论文的起点起旁证作用，是判断论文真实性的有力依据。著录参考文献可以反映论文作者的科学态度和论文具有真实、广泛的科学依据，也反映出该论文的起点和深度。

（2）帮助区分作者与前人（他人）的研究成果，保护作者和被引文献作者的著作权。著录参考文献能方便地把论文作者的成果与前人的成果区别开来。论文在阐述和论证过程中免不了要引用前人的成果，包括观点、方法、数据和其他资料，若对引用部分加以标注，则他人的成果将表示得十分清楚。这表明了对他人劳动的尊重，而且也免除了抄袭、剽窃他人成果的嫌疑。

（3）为读者详细阅读原文和进一步研究提供线索。著录参考文献能起索引作用，读者通过著录的参考文献，可方便地检索和查找有关图书资料、期刊论文，以对该论文中的引文有更详尽的了解。

（4）著录参考文献有利于节省论文篇幅。论文中需要表述的某些内容，凡已有文献所载者不必详述，只在相应之处注明见何文献即可。这不仅精炼了语言，节省了篇幅，而且避免了一般性表述和资料堆积，使论文容易达到篇幅短、内容精的要求。

（5）著录参考文献是引文分析的原始材料。著录参考文献有助于科技情报人员进行情报研究和文献计量学研究。

（二）著录参考文献的内容

（1）著作者。是文献的生产者，是读者鉴别文献的重要依据之一。

（2）题名、书名。文献的标题，如论文的篇名、图书的书名等，大都具有能够概括原文中心意义的作用，含有重要的主题信息，是读者识别文献的重要标志之一。

（3）出版事项。包括版次、出版地、出版年、卷、期、页，这些项目表明了文献的出处，使读者能准确、顺利地查找到原文。

（三）参考文献著录原则

（1）著录最必要、最新的文献。将论文涉及的历史渊源、技术方法、引用数据以及与作者的研究密切相关而观点相近或相反的论著列为参考文献，可为读者提供有关上述诸内容的资料。因此，除个别历史文献外，应尽可能选用最新的和最主要的文献，少用旧的或教科书中公知的和次要的文献。

（2）著录亲自阅读过的和在文中直接引用的文献。作者未亲自阅读过的文献不能作为参考文献列入。由于条件限制，作者无法找到原文，只阅读过其摘要的文献，除特别重要者外一般不作为参考文献。只著录对本研究工作有启示或较大帮助的以及文中直接引用的文献，切忌列入无关文献。

（3）只著录公开发表的文献。公开发表是指在国内外公开发行的报刊或书籍上发表，或其他类似形式。在供内部交流的刊物上发表的文章和其他内部参考资料，均不能作为参考文献引用。在全国性或国际性学术会议上交流的论文虽然也是一种发表形式，但因这种文献往往交流范围很小，别人很难查阅，故一般也不要著录。

（4）采用规范化的著录形式。采用统一的书写符号、标注方法和书写次序。国家标准《信息与文献　参考文献著录规则》（GB/T 7714—2005）对参考文献的著录做出了明确的规定，应严格执行。

在参考文献引用时还要注意如下一些引用禁忌：

（1）伪引。作者列出一些与论文主题内容不相关或关系不大的文献。

（2）漏引。作者实际引用了别人的文章，但在自己的论文中只列出了曾经引用过的部分参考文献，而另一部分曾经引用的参考文献却漏列了。

（3）错引。引文的准确性存在问题，作者在引用参考文献时由于种种原因导致对引文的描述与原始文献内容出现偏差或不符。

（4）欺诈引。即欺诈引用，是指作者为自身或他人谋取不正当利益而故意在论文中进行虚假引用，致使论文使用者产生错误认识和评价的引文失范行为。

（四）参考文献著录的书写格式

每次引用文献时要在正文相应的位置标明。其书写格式是按其在文中出现的先后为序，用阿拉伯数字连续编号，附于文末。正文内引证是将其所需的序号标注于所引学者、有关词组或段落相应处的右上角方括号内，书写时，同一处引用多篇文献，将各篇文献的序号在方括号中全部列出，序号间用“,”分隔，如遇连续序号，序号间标注起讫号“–”，如［1–2］、［1–3］，不用逗号。参考文献按在正文中出现的先后次序列于文后。其序号左顶格，用方括号加数字表示，如［1］,［2］……，先后顺序应与正文中标示的序号一致。每一参考文献条目的最后均以“.”结束。参考文献必须尽可能新，尽可能全。每条参考文献著录除序号外，还应注意如下内容。

1. 主要责任者及译者

（1）文献作者不超过 3 位时，应全部列出；超过 3 位时，只列前 3 位，后面加“，等”或“，et al”，不必用斜体，责任者姓名之间用“,”隔开。

（2）责任者（中国人和外国人）的姓名均采用姓前名后著录（外国人姓名在论文中出现是采用名前姓后，注意 von，de，la 也是姓的一部分），外国人的名字部分可以用缩写字母，且缩写名后省略缩写点。如果采用中译名，可以只著录其姓，但对同姓不同名的，还需著录其名。中国人名的名字用汉语拼音拼写的不可缩写，汉语拼音字母可以全大写，也可只首字母大写。日本人姓名拉丁化后是名前姓后。单姓不允许转行。

（3）不必著录主要责任者的责任，不要求著录责任者的国别、所生活的朝代。

（4）用拉丁文书写的机关团体名称应由上至下分级著录。

（5）无责任者或者责任者情况不明的文献，“主要责任者”项应注明“佚名”或与之相应的词，凡采用顺序编码制排列的参考文献可省略此项，直接著录题名。其他责任者可以不著录（如果著录，则须标注其责任，如“译”“指导”等）。

（6）翻译者要放在文献题名的参考文献类型及载体类型标识之后，译者姓名和“译”用“,”隔开。

2. 文献题名及版本（初版省略）

（1）文题要全写出。英文题除专指名词和首字的第一字符大写外，其他均小写。

（2）西文的著者名、刊名一般采用缩写字母，但也可以采用全名。如果采用缩写字母，其缩写点可以省略，也可以保留。除了西文著者名字和期刊名的缩写点可省略，其他的缩写点均保留。

（3）其他题名信息如图书的副题名，说明题名文字，多卷书的分卷书名、卷次、册次，期刊的“××版”等著录要素前用“：”。

（4）版本的著录采用阿拉伯数字、序号缩略形式或其他标志表示，第1版不著录。

3. 文献类型、载体类型及标志代码

（1）文献类型标志：普通图书M，会议录C，汇编G，报纸N，期刊J，学位论文D，报告R，标准S，专利P，数据库DB，计算机程序CP，电子公告EB。

会议录包括座谈会、研讨会、学术年会等会议的文集，汇编包括多著者或个人著者的论文集，也可标注为M。

（2）电子文献载体类型标志：磁带MT，磁盘DK，光盘CD，联机网络OL。

4. 出版项

出版项按出版地、出版者、出版年顺序著录。

（1）无出版地时可著录为：［出版地不详］或［S.1.］；无出版者时可著录为：［出版者不详］或［s.n.］。

（2）未正式出版的学位论文，出版项可按“保存地：保存单位，保存年”顺序著录。

（3）对同名异地或不为人们熟悉的城市名，应在城市名后附省名、州名、或国名等限定语；当文献中载有多个出版地或多个出版者时，只需著录第1个出版地或出版者。

（4）出版年采用公元纪年，并用阿拉伯数字著录，如有其他纪年形式，将原有的纪年形式置于（ ）内；报纸和专利文献需要详细著录出版日期，形式为“YYYY-MM-DD”；出版年无法确定时，可以依次选用版权年、印刷年、估计的出版年著录，估计的出版年需置于“[ ]”内。

（5）纯电子文献的出版地、出版者、出版年可以省略（引用日期必须著录）。

5. 页码

（1）期刊中析出文献的页码一般著录起讫页，也可以只著录起始页。正确著录期刊文献的年、卷、期、页。在同一期刊连载的文献，其后续部分不必另行著录，只需在期刊文献的出处项中直接注明后续部分的年、卷、期、页。

（2）页码、专利文献号超过4位数时，不必采用三位分节法或加“，”分节，国外专利文献号中原有的分节号“，”在参考文献著录时删去。

（3）凡从报纸中析出的文献，要著录其出版日期和版次，版次用阿拉伯数字表示并置于（ ）内。

（4）电子文献的引用日期，非联机文献可以不著录。

（四）著录格式

几种主要参考文献的格式（包括标点符号）如下：

1. 专著

[标引序号] 作者. 书名 [M]. 版本号. 出版地：出版社，出版年：起始页码—终止页码.

译著：[标引序号] 作者. 书名 [M]. 译者. 出版地：出版社，出版年.

专著中析出的文献：

[标引序号] 作者. 题名. 见（In）：原文献责任者. 书名. 版本 [M]. 出版地：出版者，出版年. 起始页码—终止页码.

2. 论文集

[标引序号] 作者. 论文集名称 [C]. 出版地：出版社，出版年.

论文集中析出的文献：

[序号] 析出文献主要责任者. 析出文献题名 [A]. 原文献题名 [C]. 出版地：出版者，出版年：析出文献起始页码—终止页码.

3. 报纸

[标引序号] 主要责任者. 文献题名 [N]. 报纸名，出版日期（版次）.

4. 期刊文章

［标引序号］主要责任者．文献题名［J］．刊名，年，卷（期）：起始页码—终止页码．

5. 学位论文

［标引序号］作者．论文名［D］．所在城市：保存单位（含二级学院），年．

6. 会议论文

［标引序号］作者．题名［C］．会议名称，会址，会议年份．

7. 报告

［标引序号］作者．报告名［R］．所在城市：单位，年．

8. 标准

［标引序号］技术标准号，技术标准名称［S］．

9. 专利

［序号］专利所有者．专利题名［P］．专利国别：专利号，出版日期．

10. 在线文献（电子公告）

［标引序号］主要责任者．题名：其他题名信息［文献类型标志 / 文献载体标志］．（更新或修改日期）［引用日期］．获取和访问路径．如果“更新或修改日期”不清楚，则可不写，但引用日期要写上。作者姓名不清楚的，可以写“佚名”。

（六）参考文献在文中引用的问题

完整地标注参考文献有助于评价论文和期刊的学术水平，否则会影响论文所反映的科研水平的真实性，影响文献计量学评价的准确性、公正性和权威性，人为地削弱了引文的利用价值，且其产生的消极后果是十分严重的。参考文献引用时常出现如下一些问题：

（1）只列文后参考文献表，未将参考文献序号标识在文内引文处。未按所引文献在文中出现的先后顺序编码，文后著录序号与文内标注序号不一致。

（2）文中参考文献的序号是上角标还是作为语句组成部分未分清，上角标是标在句末句号内还是句号外也分不清。

（3）将参考文献标注在摘要或论文的层次标题等处。

（4）顺序编码制和著者 - 出版年制在论文中混用。

（5）把未公开出版的参考资料列入文后参考文献表中。

（6）漏引参考文献的问题。漏引，即作者引用了他人的文献、吸收和利用了他人的研究成果，而未将其作为参考文献在自己的论文后面列出。参考文献漏引的原因主要有：①一些作者为了提高自己论文的知名度，尽量少引或不引用竞争者的文献来降低竞争者的“引用率”，而通过大量“自引”来提高自己论文的“被引用率”；②有一些作者为了显示自己的论文水平，在并未查阅多少外文文献的情况下过多地引用外文文献，而对应当引用的中文文献漏引；③还有一些作者通过拼凑或抄袭他人的论文，不敢真实地反映自己的文献引用情况而故意漏引。

三、作者与作者信息

该部分通常包括作者名、作者简介、单位和论文获得资助的情况等。

（1）作者的署名。作者署名不仅是作者信息的主要组成，而且是著作权的一个重要部分，即署名权，它受法律保护。

（2）作者身份介绍。主要包括作者姓名、性别、职称、职务、工作单位以及所从事过的主要科研工作和所取得的主要科研成果。这些内容往往可以引起读者阅读论文的兴趣，增加读者对论文的认同感和信任感。

（3）作者通信联系方式。包括作者详细通信地址、邮政编码、电话、传真、网址、电子信箱。可以缩短读者与作者之间的距离，方便读者与作者联系。

四、附录

附录是附在论文正文后面的有关资料，是正文主体部分的补充项目。它可以对专门技术问题做较系统的介绍，也可以介绍参考资料和推荐某种方法。对于每一篇科技论文并不是必需的，只有在需要时才列在参考文献之后。

（一）附录的内容和类型

附录的类型可分为补充性附录和参考性附录两种。

1. 补充性附录

补充性附录是指在论文已送交刊物后，又发现有新的资料或需要补充的内容。这可用补充形式与论文同时刊出。有些实验或者观察到的现象，虽未对本研究工作产生影响，列入正文又会冲淡主要观点，但如实报道出去也许对别人有用，这时就可作为补充性附录列出。

2. 参考性附录

参考性附录的内容包括：一些较正文更为详尽或更为原始的实验数据；一

些重要公式的演算、推导、证明过程；一些重要的仪器、设备的解释或说明；一些辅助资料，如计算机框图或程序软件等；一些重要的统计表；一些重要的曲线图、照片、图纸等；建议阅读的参考文献题录；不便列入正文的其他内容。

附录内容的一般原则是：对于插入正文后有损于编排的条理性和完整性的材料；篇幅太大的材料；属第二手资料或属珍贵罕见的材料；对一般非专业读者并非很必要，但对本专业同行有重要参考的价值。

（二）附录的写作要求

一篇论文可以没有附录，也可以有几个附录。附录的写作已有统一的规定和格式，附录题目也可以有别于正文而另拟标题。

五、注释

注释亦称注解，用于对论文中的一些词语进行简短的解释和说明，只在必要时列出。注释的类型有正文夹注、脚注、尾注等。

（一）正文夹注

正文夹注通常是将需要说明和解释注入括号中。如文中第一次出现的生物普通名称（或中文名称）需夹注拉丁文学名等。这种注释括号两边的语句连贯和通顺，且括号内容的末尾应与括号后的内容连贯。例如“亚麻籽胶（Linseed gum），又名胡麻籽胶、富兰克胶。亚麻籽胶是以亚麻（Linum usitatisssimum L）的种子或籽皮为原料，经提取、浓缩精制及干燥等加工工艺制成的粉状制品。”以及“硬葡聚糖（Scleroglucan，简称 SG）又称小核菌多糖，小核菌胶。”等。

（二）脚注

脚注亦称呼应注，通常列于本页底脚处，在标注对象的右上角，并且脚注应与正文相呼应。国家自然科学基金委员会规定，由国家自然科学基金资助的课题在公开发表时必须在篇首页做脚注。

（三）尾注

尾注的符号同脚注。通常用于较复杂内容的注释。这种注释的文字较长，一般列于篇末，写作形式与附录相同。

第五章　综述性科技论文的写作

综述性科技论文是综合评述某一时期、某一专业领域或某一研究专题的研究现状及发展趋势的文章，反映当前某一领域中某分支学科或重要专题的最新进展、学术见解和建议的一种学术论文，属于科技论文的一种类型。它的综合性和前瞻性决定了其在科技论文中的重要作用。

综述性科技论文的写作是信息研究过程中的重要环节，也是科研课题实践的第一步。所以说综述是在一次文献的基础上生产出来的一种文献，即三次文献。综述性科技论文不同于研究论文，因为它不是对某一科研课题研究过程及其结论与讨论的报道，更不是对论文内容的摘要和索引，是对许多互有关联的文献进行分析、对比和评论所作的高层次的文献资料的综合论述，写作中不能简单地对文献进行罗列。

本章结合具体实例就综述性科技论文的基本概念、写作方法及要点等进行简要介绍。

第一节　概述

一、综述性科技论文的含义

综述性科技论文是针对某一方面的专题，对某一时期内某一学科，某一专业或技术的研究成果、发展水平以及科技动态等信息资料进行搜集、整理、选择、提炼，并做出综合性介绍和阐述的实用文体。

一般综述性科技论文可以仅述而不评，即只对文献的观点、数据、事实等作客观的分析和介绍，在文章中不加作者的见解和评论，仅反映观点、材料的取舍和引用。

综述性科技论文是科研成果综合评述的简称，指作者在全面搜集、阅读大量相关研究文献的基础上，经过归纳整理、分析鉴别，以一定的目的性和针对性，对所研究问题（研究领域或研究专题）在一定时期内已经取得的研究成果、存在的问题及新的发展趋势等进行系统、全面的叙述和评论。“综”即收集整理综合分析“百家”之言，“述”即结合作者的观点和实践经验对文献的观点、结论进行叙述和评论。

综述性科技论文的核心问题是参考文献的选择。这不仅要看文献的数量，更为关键的是要包括最重要、最经典的著述和最新的、有价值的研究成果，并能从中分析、总结出前人研究的不足及存在的问题。

二、综述性科技论文撰写的目的

综述性科技论文通常是结合研究工作，为满足研究工作需要而撰写的。其目的是了解专业科研领域的发展，为从事科研项目积累文献资料，为科研项目的开题做好背景了解，以及培养科技工作者的文献检索、阅读、分析与研究能力。它应该能够识别研究的起源，表现出对感兴趣领域的观点、信息和实践行为的了解，证明研究题目和方法的选择是必要和适时的，提炼并发现研究的问题和目标。也可以说综述性科技论文写作的目的并不是将可能找到的文章列出，而是要在辨别相关资料的基础上，根据自己的研究，综合并评估这些资料，预测并展望所述研究问题的发展前景，提出合乎逻辑且具有启发性的评价和建议，指出继续研究的方向，提供进一步研究的子课题，它是一种重要的科技文献。它应能够反映出有关问题的研究历史和现状，反映出科研或有关问题的新动向、新趋势、新水平、新原理和新技术。帮助读者了解最新研究热点及新思路、新方法，启发读者的研究思路。可以让读者了解现有研究领域的研究进展与困境，在未来研究中找出更有意义或更显著的结果，改进或发展现有研究的不足，推出新的研究，发掘新的研究方法与途径，验证其他相关研究。

三、综述性科技论文的作用

综述性科技论文是一种基于搜集众多的专题文献资料，分析、归纳和综合，并进行以高度浓缩得到的科技文章，能够提供较为全面系统的情报信息。其作用可归纳如下。

（一）提供综合信息

由于综述性科技论文是在大量的原始文献基础上凝聚成的情报性文献，能够提供综合信息，指导科学研究。通过阅读综述性论文可以花较少的时间获取最新的综合信息，了解学科（专业、课题）新进展、存在问题、发展趋势，在把握学科动态的基础上及时指导工作，为确定科研课题提供参照系统。

通过归纳综合已有成果、熟知当前研究、分析思考存在问题、指出今后发展方向，帮助、促进研究人员认识课题研究意义、掌握研究背景和发展脉络。结合最新的前沿研究成果，对论文资料选题的新颖性、创新性进行评判，并对其学术研究价值进行相应论证。

（二）报道专题文献

综述性科技论文一般都列有相关的参考文献目录，报道专题文献，便于回溯检索。尤其在缺乏专门检索工具的情况下，经常可将综述性论文作为检索工具来使用，从而快捷地获取所需原始文献的线索。

文献综述选题范围广，题目可大可小，可难可易。一篇具有综述性、评价性和指引性特征的文献综述可以指引他人正确的选题和写作，少走弯路、避免错误。

（三）反映现状趋势

综述性科技论文一般是由有关领域的专家学者所撰写，可以提供选题或决策依据。文中既有关于成就、数据、纵横对比的客观叙述，也有专家自己的评论、预测和建议，这便使综述性论文成为科研管理部门了解科学发展脉络的重要窗口，能为其决策提供借鉴与参考，也可以为科研人员进行选题提供参考。

（四）培养文献信息研究能力

撰写综述性科技论文通常是选题、撰写科技论文和技术报告等的前期准备工作。撰写综述性论文需要查阅大量原始文献，并对其进行整理和研究。在撰写过程中，不仅可以获得第一手情报信息，把握自己所从事的专业研究状况，而且在搜集文献资料的过程中，可进一步熟悉科技文献的查找方法和资料的积累方法。在查找的过程中同时也扩大了知识面，通过综述撰写的过程训练，可快速提高作者的文献检索、快速阅读、分析整理、综合归纳和写作等能力。

（五）提高工作效率

查找文献资料、撰写文献综述是科研选题及进行科研的第一步，因此，学习综述性论文的撰写也是为今后科研活动打基础。通过阅读、消化、归纳、综合相关资料，增加研究者对论文选题清晰、认识系统，梳理出科研的主攻方向，制定出科研计划和规划方向。同时也为以后的科技论文及研究报告的撰写提供思路，保障论文或报告的质量，有利于科技论文的顺利发表和研究报告的顺利完成。

由于综述性科技论文将研究领域的文献进行了系统的整理、总结和评价，对研究者开展工作有着很大的参考价值和帮助，也可以节省研究者的时间和精力。通过综述性论文的写作还能提高科研人员的归纳、分析、综合能力，从而有利于提高独立工作和科研的能力。

四、综述性科技论文的特征

一般情况下，综述性科技论文具有如下主要特征。

（一）综述性与全面性

综述性论文是在对某一特定学科或专题领域内从过去到现在、从国内到国外的文献在进行收集整理、归纳概括、分析研究的基础上，综合性地描述该领域的研究现状、发展动态及未来趋势。通过文献资料“纵横交错”的研究与分析，使写作材料精练有序、逻辑性强、目标明确、综述有力。可谓是“集资料之大成”，从而体现出强的综合性。

一般科技论文只是对学科中的某一个问题或问题的某些方面进行专门、深入的论述，因此，在内容上不能面面俱到。而综述性科技论文是对所述学科或研究专题的整体进行综合阐述，因此，凡属于所述学科或研究专题的研究内容或文献资料，在论文中都应有被提及，不能遗漏，其结果将是某一学科或专题研究领域全面、整体的体现，从而具有全面性。

（二）评述性与创造性

所谓评述性就是指较为深入、全面、专业、系统地评述某一方面的问题。综述性论文不仅要有“述”，也要有“评”，要做到“述”与“评”的结合。其中，“述”是基础，“评”是重点。因此，在对所综述相关研究资料（包括某一专题的历史背景、前人工作、研究现状、争论焦点和发展前景等）进行分析与评价时，对过去研究存在的问题，要认真归纳总结，充分思考和判断，以便得出自己的观点和结论，并与综述内容构成论文主体。

创造性或称为先进性，综述性论文不是单纯介绍学科发展史，而是通过搜集整理最新资料，获取本学科或领域的最新研究状况，将最新科研动向及时传达给读者，帮助他们更快地获得对自己的选题或写作有价值的信息。

真正意义上的科技综述绝不是对过去科技成果的简单堆砌，也不仅仅是某一阶段的动态报道，而是经过作者阅读大量文献资料后，以自己的研究或生产实践为基础，吸收其精髓，系统地总结某一专业领域一定阶段内的进展，并通过自己的分析归纳提出见解的一种科研工作，是客观与主观论断融为一体的科研工作的表现方式，是一种创造性的劳动。

（三）导向性与非首创性

综述性科技论文在评述已有研究及其成果的基础上，要对所述学科或研究专题的发展趋势和前景进行展望。因此，论文对与所述学科或研究专题有关的后继研究工作具有一定的导向性（这是综述性学术论文的难点）。这就对综述性科技论文的撰写提出了更高的要求，要求作者能总揽全局、高瞻远瞩，有准确预测未来的能力，并具有学术权威性，从而使论文对所述学科的进一步发展起到正确的引导作用，指引相关专业人员开展选题或研究工作。

一般科技论文，首创性是其灵魂，也是衡量其有无价值或价值大小的根本标准，而综述性科技论文在研究内容上不要求具有首创性，是在综合分析、评价已发表的资料并进行研究的基础上，提出所述学科或研究专题今后发展演变的规律和趋势（这是综述性学术论文的创新点），以及指导性的建议。

（四）篇幅长、参考文献多

综述性科技论文与一般论文相比，往往篇幅比较长。

参考文献尤为重要。鉴于综述性科技论文是对所述学科的整体进行综合阐述，因此，凡属于所述学科的重要研究内容和文献资料，都要列出。

五、综述性科技论文的类型

综述性科技论文包括“大综述”和“小综述”。所谓“大综述”，就对某一个领域的文献的综合性总结。而“小综述”，其目的不是为了介绍前沿，而是为了推出自己的论述和模型，是以述带论，也就是说明现有的研究状况，存在的问题及不足，今后需要做的工作，等。所以，这种综述性论文并不强求非常全面细致，而应该侧重介绍与自己的研究或某一专题直接相关的文献。下面结合写作目的、写作形式等介绍综述性科技论文的类型。

（一）根据写作的目的划分

根据写作的目的，综述性科技论文通常可分为4种：

1. 动态性综述

动态性综述一般就一个专题，按年代和学科的历史发展，由远及近地综合分析，反映这一专题的研究进展。它在内容安排上按时间顺序着重介绍历史性成就。主要特点是学科发展阶段划分准确，每一个阶段要有代表性文献，简而言之，就是对某一领域或某一专题的发展动态，按照其自身的发展，由远及近地介绍其主要进展，有助于了解技术发展现状。

2. 成就性综述

成就性综述重点介绍某一研究领域的新成就、新技术、新发展，而不涉及其历史和现状。它是将有关文献汇集分类，把某一方面或某一项目有关的各种内容从原始文献中摘出，不管时序先后，分门别类地进行叙述。这类综述实用价值高，对当前工作有直接的指导意义。

3. 简介性综述

简介性综述是对多方面的事实、现象进行概括，对某一类新颖的尚不成熟的研究项目或一种技术的文献资料进行简要地综合论述。按内容特点分别综合介绍原文献所论述的事实、数据、论点等，一般不加评述，对了解技术发展背景有很大的帮助。

4. 争鸣性综述

争鸣性综述是为了系统地总结出一种学术观点，由作者加以分类归纳和总结。按不同的观点安排材料，分别进行叙述。这类综述的关键在于争鸣，而时间顺序和具体成果不是要点。学术争鸣性综述对原文要严格引用，“综”与“述”都要用原文的事实和观点，不需作者的观点和分析。

其目的就是对某一领域或某一专题学术观点上存在的分歧，进行分类归纳和综合，按不同见解分别叙述。

（二）根据写作的形式划分

根据写作的形式，综述性科技论文通常可分为3种：

1. 专题性综述

专题性综述的目的是对一定时期内围绕某一专题的论文加以汇集和解释，是一种现实性、政策性和针对性很强的情报分析研究成果。其最显著的特点是预测性，它是在对各类事实或数据、理论分别介绍描述后，进行论证、预测的推演，最后提出对今后发展目标和方向的预测及规划。

2. 回顾性综述

回顾性综述主要是分析某一课题的发展概况，可按年代顺序进行组织。主要是总结过去的成果或技术。

3. 现状综述

现状综述是对某一发展领域的新知识、新情况迅速进行收集、整理而写成的综述。是较常见的综述性科技论文类型。

（三）根据文献数量、加工程度和写作形式划分

根据搜集的原始文献资料数量、提炼加工程度、组织写作形式以及学术水平的高低，综述可分为归纳性、普通性和评论性三类。

1. 归纳性综述

归纳性综述是作者将搜集到的文献资料进行整理归纳，并按一定顺序进行分类排列，使它们互相关联，前后连贯，而撰写具有条理性、系统性和逻辑性的学术论文。它能在一定程度上反映出某一专题、某一领域的当前研究进展，很少有作者自己的见解和观点。

2. 普通性综述

普通性综述系具有一定学术水平的作者，在搜集较多资料的基础上撰写系统性和逻辑性都较强的学术论文，文中能表达出作者的观点或倾向性。对从事该专题、该领域工作的读者有一定的指导意义和参考价值。

3. 评论性综述

评论性综述系有较高学术水平、在该领域有较高造诣的作者，在搜集大量资料的基础上，对原始素材归纳整理、综合分析、撰写的反映当前该领域研究进展和发展前景的评论性学术论文。论文的逻辑性强，包含较多见解和评论，具有普遍的指导意义，并对研究工作具有导向作用。

第二节　综述性科技论文的撰写基础

一、综述性科技论文写作方法

综述性科技论文写作的过程实质上是一种辨析和思考的过程。由于综述性科技论文的类型不同，写作过程中所采用的辨析和思考方法也不尽相同，而不同的辨析与思考方法也就决定了综述性科技论文的写作方法有多种。如果简单的划分，写作方法可分为年代顺序式和主题式。年代顺序式，即在该研究领域内，从最早的信息开始，按照讨论文献发表的时间顺序，对其历史演变、目前状况、未来趋势做纵向描述。这种写法适合动态性综述，很有层次地描述专题的发展方向。主题式，即首先提出要研究的主题，然后对该专题国内外的各研究观点进行组织讨论，将各有关问题归在不同标题下，进行整理分析，然后再把不同标题连接起来。通常情况下，根据综述性科技论文的特点及其写作程序，其写作方法可以归纳如下。

（一）列举法

列举法是把所述主题中包括的几件事物分别列举，加以说明，进行分析比较。将某一题目包括的几个方面分别加以介绍，往往适合反映具有并列关系的内容。如几种观点的陈述，几种产品、技术在某油气田的应用等的介绍，或是不同国家对相同或相似问题的研究情况等。

（二）阶段法

阶段法即按某一事物或理论的发展历史年代，或按事物发展的内在联系，根据其不同时期的特点或特征，将其归纳为几个阶段，按发展阶段逐个阐述其发展和变化，在此基础上进行综述。该法比较适合于综述一国或多国某一项技术的发生过程、发展道路和发展趋势。

（三）分析法

在题目所讨论问题的范围内，对文献资料内容进行理论和技术的分析对比，从而得出规律性的结论。该方法较适用于新兴学科、技术和产品动态，或单一的新理论的综述。

（四）对比法

对比法是对某些新成就、新理论、新观点、新发明、新方法、新技术、新进展等，进行各派观点、各家之言、各种方法、各自成就专门介绍的写作方法。

（五）层次法

层次法是对一事物分为几个层次进行综述，适用于撰写题目涉及面较广的论文，可以按照事物的发展规律，每个层次之间存在着内在的联系，或是平行的或是渐进的综述方法。

（六）综合法

综合法是指采用上述两种或更多的方法对某一内容复杂、涉及面广的题目进行综述的方法。一般的综述性文章大多采用此法，也便于把问题分析清楚，往往适用于大篇幅的综述性论文。

二、综述性科技论文撰写的基本规则

为了保证综述性科技论文的质量和学术性，综述性科技论文的撰写需要遵循以下基本规则。

（一）精心做好选题

做好选题是写好综述性科技论文的首要条件，选题应从实际出发，明确所阐述观点的目的性和目标性，做到理论与实践相结合。从循序渐进、边缘搜索、联想移植等方面着手，遵循“窄、新、精、奇、深、特”的大原则，尽可能做到“小题大做”，而不是“大题小做”，以使综述性科技论文具有科学性、价值性、可行性和新颖性。

（二）题目应表达中心议题

题目应表达综述的中心议题，用词具体、句型简洁、定位准确，即应以直接、具体、简短、准确、醒目的词语反映出课题中最重要内容的逻辑组合，充分体现课题的研究范围、对象、内容和方法，尽量不要用疑问句形式。

（三）文献搜集要全面

搜集的文献资料应尽可能全面，既要寻找国内有特色的研究成果，又要搜集国外相关研究方向的资源，以丰富写作内容，因此，写好综述性科技论文应以丰富可靠的文献资料的占有为前提和基础。

（四）引用要科学可靠

引用文献要有科学性与可靠性。综述性科技论文是“述”与“评”的有机结合，“述”是“评”的基础，“评”是“述”的延展和提高。因此，在撰写时，要分清不同的观点和文献的内容，忠实地表达文献的原意，不要机械地引用非原始文献而曲解了原文观点。

要在数量庞大的研究资料中，精心选取具有典型性和代表性的文献进行重点分析与评价。主要文献应当是近期的、层次较高的学术期刊论文。

（五）综合分析简要总结

综述性科技论文应围绕主题展开文献的各种理论和学派观点的对比分析，在介绍了已有的学术观点和取得成果的基础上，及时、简要地汇总陈述，阐明个人的见解，并提出今后在此领域开展深入研究的必要性及其理论价值。

（六）参考文献引用得当

参考文献是综述性科技论文阐述的依据和基本素材，作为文章讨论依据的参考文献的引用要高度重视，既不能过度引用，也不能漏引、伪引，更不能欺诈引。综述的参考文献应丰富而全面，达到一定量，以显示综述的科学性和客观性。参考文献的引用应该适度，而且应是在正文中直接或间接评述过的内容，能全面地反映、紧扣主题，是作者直接阅读过的并通过积极思考所要表达的文献资料。

三、综述性科技论文的写作要求

综述性科技论文是在确定了选题后，在对选题所涉及的研究领域的文献进行广泛阅读和理解的基础上，对该研究领域的研究现状（包括主要学术观点、已有研究成果和研究水平、争论焦点、存在问题及可能的原因等）、新水平、新动态、新技术和新发现、发展前景等内容进行综合分析、归纳整理和评论，并提出自己的见解和研究思路。“综”是综合分析整理，是基础；“述”是对文献的观点和结论进行叙述和评论，是提升。为了保证论文的水平，在综述性科技论文写作中应满足如下要求。

（一）目的明确，表述清晰

综述性科技论文的撰写从选题一开始就要有明确的目的，即作者要解决什么问题，达到什么目的等必须做到心中有数。同时，写作的侧重点应该随目的的不同而变化。

确保准确、清晰是综述性科技论文的写作关键。综述性科技论文撰写应该力求准确、清晰，不能写成文学体的流水账。其中，准确就是要求综述客观，在表述前人观点时不要加入自己的价值判断，只需说明被综述文献的主要观点和脉络。在综述过程中切忌断章取义及对文献进行人为的取舍。对某篇文献而言，不管你喜欢与否，只要内容与综述主题相关，就必须将其列出；清晰是指综述性科技论文的各构成部分之间的关系清楚、层次分明，让读者看后一目了然。

切忌只述不评。一篇好的综述性科技论文在广泛阅读和清晰交代前人文献的基础上，应能够提出作者自己的观点，也就是应该有所评论或总结。而且，在评的时候一定要有原创性观点，不能只是简单地对已有文献进行描述性统计式的评论。旨在发展新理论的综述性科技论文则应更进一步深入评论，要在综述的基础上提出新的命题或模型。综述性科技论文提出的新命题或概念性理论模型必须具有较高的价值，要切合实际，能为后续的研究或他人的工作指明方向与提供支撑。

（二）缩小范围，突出重点

一般来说，综述性科技论文的题目一般不宜过大，不宜将范围铺得太宽，而是要根据自己选择的某一专题来进行综述。若题目太大，内容较少，而综述的面又太窄时，就会导致文不对题；若题目太大，所涵盖的范围面面俱到，就难免涉及作者完全不熟悉的专业领域，也就无法达到综合评述的目的。

综述性科技论文的作者必须对所写主题的基础知识、历史与发展过程、最新进展全面了解，或者作者本身也从事该主题的研究工作，是该主题的专家。

无论是哪一个研究领域，通常已经存在大量的综述性科技论文，而且很多文章内容重复性较大。造成重复性较大的主要原因是所选择的综述主题较大、范围较广。在这种情况下，只能介绍那些最重要的文献，重复自然难以避免。要想写出具有较大新意的综述性科技论文，从选择综述主题的角度看，应该缩小范围，就是在综述时不要做“大题目”，要做“小题目”。从篇幅安排的角度看，应该突出重点，避免面面俱到，即撰写综述性科技论文时，只需综述与主题直接相关的文献即可，切忌介绍常识性的内容。

（三）忠实原文，客观公正

由于综述性科技论文的素材来自前人的研究工作，在撰写综述性科技论文时，必须保证材料真实可信。对材料要客观的评价，尊重原始资料，不得篡改，不要断章取义，歪曲前人的观点，应坚持材料与观点的统一。所有观点的文献资料要标明出处，不可空泛议论。特别需要注意的是，不能将综述与自己的某一具体工作或实验结果混为一谈，否则文章会变成既非综述又非科技报告了。

与撰写自己的研究成果不同的是，综述性科技论文的重点是比较和评论，要强调评价的客观性。作者可以在介绍自己的成果时，为表明自己的论点而申述理由，但综述性科技论文则必须忠于客观，忠于原始文献。有些人在综述中常对自己的研究评价过高，或者贬低一些同行的研究，甚至完全不提及，这显然不是科学态度。由于从事的领域相近，一些研究人员难免会发生利益冲突的情况，但依然要客观公正地评价竞争者的贡献。若能够由多个人共同参与撰写综述性科技论文，则可在一定程度上能提高论述的客观性。

（四）素材可靠，强化情报性

综述性科技论文是以情报信息密集为特点的。丰富翔实的科技情报信息是撰写综述性科技论文的基础。只有通过收集、整理大量第一手资料，并认真地进行分析、对比、论证，才能有助于写好综述性科技论文。认真阅读文献是写好综述性科技论文的前提，因此写作中必须认认真真逐篇阅读已有相关文献，每一篇被引用的文献至少要阅读内容摘要和结论，大部分文献应该阅读摘要、引言、结果和结论，少数重要文献必须通读全文。没有读过的文献不要引用到自己的综述中去。在认真读文献的同时，还应注意查找最新发表的文章或成果，确保综述内容包括最新的文献，并能够反映相关研究主题的最前沿成果或信息。

需要注意的是要杜绝第二手综述性科技论文，有些作者仅仅是读了别人写的综述，用其所引用的参考文献作为自己读过的参考文献，再综合在一起或简单地添加一些个人的见解来写综述性科技论文。这种所谓的综述性科技论文不仅肤浅，而且无意义。综述的原始素材应体现出一个“新”字，亦即必须有最近最新发表的文献，一般不将教科书、专著列为参考文献。

（五）引文齐全，注重指导性

撰写综述性科技论文时，只有搜集的文献资料尽可能齐全，才能保证引文齐全。切忌只是随便收集了一些文献就开始动手撰写，更忌仅阅读了几篇中文资料，便拼凑成一篇所谓的综述性科技论文。需要明确的是，对于综述性科技论文的写作，在论述国外的情况时，要面对国内，总结过去是为了突出现在、指导未来，要理论和实践相结合。要尽可能多地从可推广性和可行性方面提出预测和措施，正是由于综述性科技论文对现实工作具有很强的指导作用，所以，综述性科技论文通常是由阅读文献资料很广泛、对实际问题有着深刻理解的、研究或生产实践经验非常丰富的专家、学者来撰写的。只有站得高、前瞻性强，才能提出具有预见性的论断，才可能具有重大的指导性。

四、综述性科技论文的格式

综述性科技论文的格式与一般研究性论文的格式有所不同。这是因为研究性的论文注重研究的方法和结果，而综述性科技论文是介绍与主题有关的详细资料、动态、进展、展望，以及对以上方面的评述。因此综述性科技论文有相对多样的格式，常用格式一般都包括题目、作者姓名、摘要、关键词、前言、正文（主题）、总结和参考文献等。

（一）题目

题目一般应在 20 字以内（包括副标题），最多不要超过 25 个字。对题目的要求是能够准确反映出综述性科技论文的主题或主要内容。作者姓名放在题目下方。

（二）摘要和关键词

摘要也就是内容提要，它是在文章完成之后，建立在对全文进行总结的基础之上，用简单、明确、易懂、精辟的语言对全文内容加以概括，提取文章的主要信息和内容、作者的观点及研究成果等。通过阅读摘要，就能获得必要的信息和内容。摘要字数一般应在 150~300 字，摘要后须给出 3~8 个关键词。

（三）前言部分

前言或引言部分，主要是说明写作的目的，选择这个题目的依据，及其实践或理论意义。介绍有关的概念、定义以及综述的范围，扼要说明有关主题的研究现状或争论焦点，使阅读者对全文要叙述的问题有一个初步的轮廓。

（四）主题部分

主题部分是综述性科技论文的核心，其写法多样，没有固定的格式。可按文献发表的年代顺序进行综述，也可按不同的问题进行综述，还可按不同的观点进行比较综述，不管用那一种格式进行综述，都要将所搜集到的文献资料进行归纳、整理及分析比较，阐明前言或引言部分所确立综述主题的历史背景、现状和发展方向，以及对这些问题的评述。主题部分应特别注意代表性强、具有科学性和创造性文献的引用和评述。对于主题内容可根据综述的类型灵活选择结构安排。

（五）总结部分

即结论、结语或结束语。将全文主题进行扼要总结，与前言或引言部分呼应，指研究中主要研究方法上的优缺点或知识差距，并能提出自己的见解。

（六）参考文献

参考文献是综述性科技论文的重要组成部分。因为它不仅表示对被引用文献作者的尊重及引用文献的依据，而且为文献阅读者深入探讨有关问题提供了文献查找线索，因此，应认真对待。参考文献的编排应条目清楚，查找方便，内容准确无误。参考文献应限于作者直接阅读过的、最主要的、发表在正式出版物上的文献。由于参考文献是综述性科技论文的支撑，故参考文献一般应不少于20篇。

五、综述性科技论文的写作步骤

从形式来讲，综述性科技论文可大可小，基于8~10篇与科研课题密切相关的文献，经过高度的综合、分析、概述，如果能够从概念到理论，与科研课题紧密结合起来，便可以写成一篇简短的论文，若有数十篇，甚至上百篇文献基础，则可以写出一篇内容丰富、论据论证充分，具有指导意义的长篇综述性科技论文。无论长篇还是短篇，综述性科技论文写作一般经过选题、搜集、阅读文献资料、拟定提纲（包括归纳、整理、分析）和成文等阶段。

（一）选题

综述性科技论文在科技论文中占重要的分量，同时对科研具有重要的作用，在课题研究中，一篇有影响力的综述性科技论文甚至会决定后续研究的发展方向，因此，在技术和科研工作中开展综述性科技论文的写作具有重要的现实意义。通常，综述性科技论文质量的优劣很大程度上取决于选题是否准确、合适，同时选题还会影响到论文写作能否顺利进行。选题是综述性科技论文写作第一步，即撰写综述性论文前，先要确定选题。

综述性科技论文选题可以是介绍某一专业领域近些年来的研究进展，也可以是反映某一分支学科当前的研究进展，或介绍某一研究专题的最新研究成果等。无论为了达到哪一种目的，在选题时均需要注意如下几点：

（1）要从实际需要出发，主要选择当今科学研究、技术工作和现场实践中经常遇到，而目前尚未解决又迫切需要予以解决的一些问题。

（2）必须具有明确的目的性。撰写综述性科技论文通常出于某种需要，如为某学术会议的专题、从事某项科研、为某方面积累文献资料，对某一专业的发展进行总结与预测等，所以，综述性科技论文的选题一般是比较明确的，不像科研课题选题那么困难。一般选题都是近年进展较大、切合实际，且将要开展的研究课题。文献一般以近 3~5 年学术性期刊的论文为主。

（3）不要贪大求全。综述性科技论文选题范围广，题目可大可小，大到一个领域、一个学科，小到一种算法、一个方法、一个措施、一个理论、一个模型，要充分注意到各方面的客观条件，结合自己的实际工作，选择自己所从事的专业及研究课题，或者与自己学科专业及研究课题之间有密切关系的且自己相对熟悉的问题。

（二）搜集和阅读文献资料

文献资料的广泛搜集是写好综述性科技论文的基础，资料搜集离不开平时积累，积累得越多效率就会越高。通常，可以先搜集资料，再确定题目，也可以先确定题目，再按照题目要求搜集资料。当然，往往两者是结合的，即在平时资料积累的基础上选题，再根据题目补充搜集素材。阅读文献是综述性论文写作的“前奏”，是构成论文层次和形成论点、论据和论证的基础，是写好综述性科技论文的关键环节。

1. 文献搜集

对于文献搜集来讲应越全越好。为更有效地做好文献搜集，在文献搜集过程中要把握如下几点：

1）首先查找并阅读发表在一流刊物上的文章

每个学科都有自己的刊物分级和排名，要重点查阅排名靠前的或核心期刊所刊载的文献。例如，石油工业方面重要的核心期刊主要有《石油勘探与开发》《石油学报》《天然气工业》《石油钻探技术》《石油钻采工艺》《断块油气田》《油田化学》《石油机械》《钻井液与完井液》和《石油与天然气化工》等。

2）查找权威教科书及某领域的经典文献

一般来说，我们所研究的问题大多可以在教科书中相应的章节找到。若能找到权威的教科书，就可以从相应的章节中找到这些教科书作者所引用的文献，这些文献往往也是对某一学科发展较为重要的文献。若能找到最新版本的教科书，则效果会更好。

3）查找重要学者或学术权威发表的研究成果

一些重要学者的文章往往是某一专业领域的核心文献，开创了某一研究领域，并长期影响相关领域的发展。因此，根据时间顺序阅读某些学术权威所发表的文献，会有助于我们了解和分析相关领域学术研究的演化发展过程。若能找到并认真阅读这些学术权威亲自撰写的关于相关研究领域发展历史的述评或综述文章，那么，就能更加清晰地了解相关领域不同学术观点的产生和发展过程，从而奠定选题的基础。

4）寻找著名高校、研究院所和企业的研究报告

国内外著名高校、研究院所和企业的研究报告往往代表某一学科或专业领域的科技发展水平，报告中会列出每个研究领域的重要文献，这些文献往往反映某一领域的研究方向或最新进展。

5）从图书馆或从数据库中查阅工具书性质的论文集

国内外一些出版社或学术机构经常会召集业内专家、学者，编著一些综合体现学科发展状况的工具书性质的论文集或年度专题进展、报告集等，这些论文集或报告中的论文大多以综述本学科某个研究领域的学术进展，作者都是相关研究领域的权威。阅读此类论文集或报告集收入的论文可以迅速掌握相关领域最重要的学术进展状况。

6）利用学术搜索引擎

目前，互联网在学术研究中发挥着越来越大的作用，为我们提供了很多方便。除了正式数据库之外，搜索引擎中的“Google 学术”“百度学术”等也是搜索某一研究领域代表性学者及经典文献的重要途径。在“Google 学术”或“百度学术”中输入相关研究对象的关键词，执行搜索命令后就可以检索到所需要的文献，所列出的文献通常是按被引用次数来排名的，因此，各相关文献的重要性一目了然。

在综合采用以上方法以后，基本上就可以找到有代表性的文献。有时仅有

代表性的文献还不够，还应查找较多的次要文献。尽管次要文献的引用率并不太高、学术贡献也不太大，但它们仍能从某一方面深化相关理论体系，因此有必要在综述性论文中体现它们的贡献。

最后需要强调的是，在搜集文献的过程中，肯定会发现一些现成的、与我们要写的文章相似的综述文章。我们可以借鉴这些文章的内容（最重要的是这些文章的参考文献）来缩短搜集、理解和阅读原始文献的过程，但切不可根本不看原始文献，而投机取巧地照抄这些现成的综述性文章。

2. 阅读文献形成思路

围绕选题的基本资料搜集完毕后，就需要对资料进行梳理、归纳和总结。对资料的整理过程既是掌握选题相关领域研究现状必不可少的步骤，也是发现问题、评价现象，进而形成综述性科技论文写作总体思路的过程。如何在对搜集的与选题相关的文献进行阅读、归纳、整理、选出具有代表性、科学性和可靠性大的单篇研究文献十分重要，从某种意义上讲，所阅读和选择文献的质量高低，直接影响综述性科技论文的水平。

为了对搜集的与选题相关的文献进行有效的阅读时，应先选读一些近期发表的综述、述评，因为这样可以了解有关专题的概况，而省去查找和阅读大量原始文献的时间。而对所查获的文献，应先进行普遍浏览，以求对文献有个初步了解，并选定重点文献。然后对重点文献进行通读。通读时，要全面掌握每篇文献的内容及重点，做出摘录或笔记，完成选材。

在文献阅读时，应根据文献对写作的贡献大小或重要程度，采用如下不同的方法进行阅读：

（1）读摘要和结论。对于很多关于经验性研究的文献一般会存在较大的重复性，图表、研究方法往往相同或稍有改进，其写作主要目的是测试不同情况下的理论适用性，有时结论大同小异，对于这类学术价值不大的文献，仅读摘要和结论即可。阅读每一篇文献时，都应先快速阅读摘要和结论，初步了解文献的主要内容，权衡其学术价值，确定其对撰写综述性科技论文是否有用及实用性。可将查到的文献分成“价值不大”“有价值”和“价值很大”三类，作为引用的依据。

（2）读摘要、引言、发现和结论。大部分文献在方法、模型构建或者样本选择方面会有一些独到之处。对于这样的文献，应该认真阅读介绍论文主要贡献的摘要、引言、结果和结论四个部分。在阅读过程中，要重点思考论文的创新之处与我们的综述对象或主题之间的关系，并提出存在的不足，以便提出改进建议。

（3）通读全文。上述两种方法主要用来阅读次要文献。对于一些代表性的重要文献，就需要认真阅读全文，包括引言、方法、数据、结果、结论各个部分。

这类文献通常是经典文献，有时字字珠玑，需要认真体会、揣摩作者的观点及其提出的过程。在阅读完重要文献，要将次要文献与代表性文献进行对照，分析其间的差距和自身存在的不足。

无论采用哪种阅读方法，在阅读文献时，都应关注每一项研究的理论框架和研究背景、该研究的方法（包括研究对象、研究方式、抽样设计、样本特征、资料分析方法等）、该研究的主要成果（包括它在讨论部分所提出的观点，所作的推论等）和自己对该研究的评价。同时还要注意做好文献笔记、阅读心得和记录，即阅读时得到的启示、体会和想法，将文献的精髓摘录下来，这不仅可为综述性论文撰写时提供有用的资料，而且有利于训练自己的表达能力和阅读水平，特别是将文献整理成文献摘录卡片，对撰写综述性科技论文极为有利。

文献笔记、阅读心得和记录等是撰写综述性论文撰写的重要材料，其内容应包括以下 6 个部分：一是著录信息，包括作者、篇名、刊名及页码等基本信息；二是研究对象和研究问题；三是所用的研究方法和理论；四是主要研究结果（包括新发现）和结论；五是主要创新点和贡献；六是研究不足和缺陷。阅读每一篇文献，都应该包括以上 6 个部分的完整记录。当把握了上述 2~6 部分时，阅读者就可以比较全面地把握了一篇文献的核心信息。其中，第 2~4 部分一般可以用于文献的摘要、引言或者结论中，它是文献综述中“述”的内容；而第 5、第 6 部分掌握起来却相对较难，往往需要阅读者仔细地把握和思考，这两部分将是涉及综述中“评”的内容。

文献阅读既是形成思路的阶段，也可以看作是发掘创新的阶段，它决定着综述性科技论文是否有所创新，其核心是提问、提问、再提问，思考、思考、再思考，对于每一个知识点，要从多维度入手，不断变换思考的角度，达到最终的目的，即发掘创新。

（三）写作构思与拟定提纲

为了提高综述性科技论文的价值和水平，写作要瞄准科研的主流方向，把握选题的前沿成果和文献。因此，经过资料搜集整理后，接下来需要在前期文献阅读的基础上，清晰、严密的逻辑思路下，依据研究的主题对与选题有关的文献资料进行深度思考与充分分析，找出文献资料中的创新点，并在进行概括和总结的过程中随时对文献资料做好整理、记录，按照主题要求对文献进行分类，提出论文的总体构思，作为提纲拟定的基础。

所谓构思就是在确定写作主题后，根据所搜集的文献资料及对其整理和分析的结果，确定如何围绕该主题进行介绍和论证的思维过程。提纲是构思的具体化，它包括各级标题、每一段落所要表明的论点及论据等。

按照写作构思和纲要要求，根据论文题目或主题划分、归纳选题资料，基于文献分类，经过对文献资料的深度阅读、分析和思考，厘清整个文献资料的逻辑关系，使写作思路更加清晰、提纲更加合理。写作提纲是决定综述性科技论文的撰写思路和逻辑构成极为关键的环节，也是提高综述性科技论文内在质量的重要步骤，归纳起来，提纲拟定一般包括以下步骤：

（1）将摘录的全部文献浏览一遍，根据反映的内容主题，确定文章的主要段落和段落标题（一级标题）。

（2）将文献摘录中与一级标题内容相关的评论放置在一起构成段落的内容。

（3）按照一级标题的内容安排，确定是否分出二级、三级标题，以及不同层级标题下的有关内容。

（4）对以上的编排反复推敲，重点是使编排顺序合理、标题与内容一致、各段落间相互呼应、论证符合逻辑和学科原理等。

提纲是文章的骨架，拟定时应力求主题明确、层次清楚、有纲有目、逻辑性强、数据可靠、语言精炼、表达准确。对于综述性科技论文而言，拟定了写作提纲，可以说文章已完成一大半。在综述性科技论文写作提纲的指导下，综述写作就可以正式展开了，写作中还要根据需要适当的调整结构、补充内容，以提升论文的质量和水平。

（四）成文与定稿

当明确构思，拟好提纲后，在充分占有文献资料的基础上，就可以按照问题重要程度不同，组织论文的写作了。在写作时，应掌握详“述”、略“评”和明“述”、暗“评”的要诀，同时，要提出个人的想法和见解。在论文初稿写好后往往还需要进行多次修改完善，使论文达到结构合理、逻辑清晰、表达准确和创新突出后才能最终定稿。

1. 初稿撰写

综述性科技论文的撰写是在所拟定提纲的指导下进行的，它是综述写作的具体展开。在综述初稿的撰写过程中，需要注意：

（1）要在清晰、严密的逻辑思路下进行写作，避免出现综述内容的空缺或重复。

（2）要对选题领域的研究现状进行创造性的概括和总结，并提出自己的思考和见解，不能只“综”不“述”。

（3）结构合理，行文流畅，术语专业，论点明确，论据可靠，论证充分。

综述写作的句型通常有两种，一是以作者为主体的句型（突出作者），即在引用文献的句子中，提到作者，例如："张三等[1]通过……"，"李四等[2]采用……"等；二是以事实或主意为主体的句型（突出事实或主意），即在引用句子中，介绍事实，在句子末尾标出引用，例如："……机理[1]"，"……更为明显[2]"等。

2. 修改与完善

好论文是修改出来的，反复修改才能使论文质量更上一层楼。与其他科技论文一样，综述性科技论文的修改与完善是论文写作中的重要环节，通常完成综述性科技论文的初稿后，还会不可避免地存在结构、语法、内容等各方面问题，需要进行不断修改与完善才能最终定稿。初稿修改与完善的重点一般包括：

（1）查看内容是否完整，观点是否全面，是否囊括了选题领域的主要观点，是否包括了梳理、总结和展望等内容。

（2）结构是否合理，是否存在前后不衔接、结构比例失调等问题。

（3）语言是否规范，是否存在含糊、笼统和非学术化等语言问题。

（4）文献引用是否完整、合理。

3. 定稿

定稿中要通读论文，把握全局。为了保证论文的逻辑性，在经过多次修改完善后，要确保修改后全文保持一样的论点和统一的表达习惯。前瞻性强的综述性科技论文了。定稿的论文应具有观点鲜明、结构合理、内容丰富、逻辑性强、叙述流畅和专业术语规范，其内容应"由博返简、以简驭繁"，至此，也就完成了综述性科技论文的写作。

（五）注意事项

综述性科技论文的特点决定了它的写作既不同于"读书笔记"和"读书报告"，也不同于一般性的科研论文。因此，在撰写综述性科技论文时应注意以下几点：

（1）把握与主题相关文献的引用。在归纳、分析理论或观点时，不应只选择与主题近乎一样的文献，而忽略与主题相关且对论证极为重要的核心文献。文献搭配比例要合理，主次清晰，对主题支撑有力。避免简单罗列文献资料，无综合分析及评价。对文献资料充分的理解和把握，突出重点，将与主题密切相关且具有权威性、代表性的内容写入综述中去，并对其进行集中、具体的论述，其他文献列明即可，不要因凑数而偏离主题。

（2）搜集文献应全面可靠。因为掌握全面、大量的文献资料是写好综述性科技论文的前提，故搜集文献应该尽量全面，并注意文献的时效性。同时还要注意引用文献的代表性、可靠性和科学性。在搜集到的文献中可能出现观点雷同，而可靠性及科学性方面存在着差异，因此，在引用文献时应注意选用代表性、可靠性和科学性较好的文献。

（3）引用文献要忠实文献内容。由于综述性科技论文是要有作者自己的评论分析，因此，在撰写时应分清作者的观点和文献的内容，不能篡改文献的内容，应该通过梳理、归纳、分析相关文献资料，强调自己研究的结果和观点，并能发现已有研究的空白或不足，提出初步、积极的建议或发展方向。

（4）参考文献不能省略。有的科研论文可以将参考文献省略，而对于综述性科技论文而言，参考文献是文章的根基。因此，综述性科技论文的参考文献绝对不能省略。

（5）突出主题前后呼应。要深入探讨综述性科技论文主题的本质，揭示表象后面的实质内容，避免评述时过于肤浅。在综述的叙述过程中，不仅仅是向读者介绍、罗列各种文献内容，更重要的是要分析为什么这样做以及应该怎样做，尽量向读者提供切实有用的信息和帮助。综述时内容应该前后呼应，要建立内在的衔接与联系，不应互相脱节。如前面涉及的概念的界定、原理的讨论、方法的应用等，后面的内容就要进行有关内容的探讨、分析、综合。

（6）紧扣主题突出创新性。若以作者排序进行综述写作，必然会导致研究问题的无谓重复，使整个论述拖沓散乱，故应以研究的主题为依据，有逻辑地对文献资料进行归纳和分析，按照发展历程及贡献进行组织，会使综述结构紧凑、内容翔实。综述性科技论文不能只是对他人研究成果简单的罗列，而应当体现出作者一定的智力成果，同时还应评述兼备，对所引用文献进行合理归纳、升华。

（7）切忌把综述性科技论文写成讲座。讲座和综述性科技论文的共同点是文章的综合性、新颖性和进展性。一般认为，综述性科技论文是专业人员写给同专业和相关专业人员看的，要求系统、深入。而讲座则是专业人员写给相关专业人员和非相关专业的“大同行”看的，一般在深度上不作太高要求。若把综述性科技论文写成讲座，其最显著的特征是文章中夹带大量的基础知识性的内容，甚至把教科书上的图表也搬了过来，文章冗长而深度不足，以至于丧失学术性和先进性。

第三节　综述性科技论文的基本结构与写作要点

综述性科技论文一般字数控制在5000~8000字，以评述为主，不可罗列文献。

其基本结构通常包括文前部分（标题、作者、作者单位、摘要、关键词）、主文部分（前言或引言、正文、结论）和文尾部分（致谢、参考文献、附录）等。一般中文参考15~20篇，英文参考20篇左右，文献要新，最好50%~80%为3年内的文献。本节结合具体实例对综述性科技论文的基本结构和写作要点进行介绍。

一、文前部分

（一）题目

题目应对综述性科技论文的内容起到概括和揭示的作用，要确切、简明扼要、一目了然，能吸引读者、便于检索。要文题相符，切不可小题大做或文不对题，更要避免出现题目新，内容不新的问题。

（二）作者及工作单位

个人署名要用真实姓名。写明工作单位、地址、邮编。按贡献大小排名（第一作者、通讯作者），每一位作者都应该对论文相关工作及论文写作有贡献，且要对所发表的论文负责。

（三）摘要与关键词

摘要是对文章内容不加注释和评论的简短陈述，主要概述论文从哪些方面论述某一问题及最终可能得出的结论。应包含写作的目的、重要性，结论或结果的意义，具有独立性和完整性。一般150~300个字为宜。

综述性科技论文的摘要可以用自由格式写（例1），也可以按照科技论文摘要目的、方法、结果和结论四要素的格式来写（例2）。具体如何写，没有统一要求，在实际撰写中可以结合自己的习惯而定。

例1："国内钻井液技术进展评述"（见《石油钻探技术》2019年第3期）一文的摘要，内容如下：

【综述的主题、范围】随着深井、超深井以及特殊工艺井越来越多，对钻井液性能的要求也越来越高。为满足安全、快速、高效钻井需要，国内在钻井液开发与应用方面开展了大量研究与应用，并不同程度地满足了钻井工程的需要。尤其是，在抑制性钻井液、油基钻井液、超高温超高密度钻井液等方面取得了快速发展，形成了一系列实用的钻井液技术，逐步缩小了与国外的差距，特别是超高密度钻井液技术已居于国际领先地位。**【目的意义、结论】**为了更清楚、更全面地了解近年来国内钻井液技术的发展情况，为国内钻井液的开发与应用提出有价值的建议，从抑制性和环保型钻井液、油基钻井液、超高温超高密度钻井液、泡沫钻井液和合成基钻井液等方面，对钻井液的开发、性能和应用情况进行了介绍，在此基础上分析了国内钻井液存在的问题和发展方向，并结合钻井实践，提出了未来需要重点开展的工作。研究结果对国内钻井液的开发与应用具有参考价值和指导意义。

例 2："国内钻井液处理剂研发现状与发展趋势"（见《石油钻探技术》2016 年第 3 期）一文的摘要，内容如下：

【目的】为指导钻井液处理剂的开发，**【方法】**在介绍各种不同作用的合成聚合物、合成树脂磺酸盐等合成材料处理剂，淀粉、纤维素、木质素、腐殖酸和油脂等天然材料改性处理剂，以及废塑料、油脂下脚料改性处理剂等钻井液处理剂研究与应用现状的基础上，**【结果】**分析了不同类型钻井液处理剂在应用、研发和生产中存在的问题，指出了钻井液处理剂的发展趋势和开发方向，**【结论】**对今后研发新单体、寻找新原料、开发新结构的合成材料和对天然材料进行改性、利用工业废料及农林加工副产品研发新型、低成本、绿色环保的钻井液处理剂具有较好的指导作用。

关键词指能代表整篇综述意义的词语。关键词一般为 3~8 个，采用反映论文特征内容，通用性比较强的词组，避免使用分析、特性等普通词组。

二、主文部分

（一）前言

前言或引言或概述，是综述性科技论文开头起到破题作用的一段文字，简明扼要地介绍该综述论文的学术意义、内容主题和撰写目的，与文章题目相呼应，读者能对全文有个基本了解。归纳起来，前言应达到说明写作的目的，定义综述主题、问题和研究领域；指出有关综述主题已发表文献的总体趋势，介绍有关概念；规定综述范围、包括专题涉及的学科范围和时间范围；或者简要地介绍有关问题的现状、动态、目前争论焦点、发展趋势等，选择这一专题的目的和动机、应用价值和实践意义，起到引出综述的核心主题的作用。

从写作规则上要求，它应该开宗明义，用简练、直接的方法和文字揭开主题，并能清楚交代所综述专题的基本内容和范围以及综述专题的学术价值和实用价值，同时也要求作者简述一下拟解决的问题。这几点要求，常因作者写作的目的性和针对性的不同而有所侧重。

下面是王中华撰写的“国内外油基钻井液研究与应用进展”（见《断块油气田》2011 年第 4 期）一文的引言：

【综述主题、问题和研究领域，总体趋势】早在 20 世纪 60 年代，国外就对油基钻井液十分重视，70 年代针对深井、超深井钻井的需要先后研制了一系列高温油基钻井液，并成功应用。在德克萨斯的 Hunt Energy Cerf Ranch 1–9 井，采用油基钻井液顺利钻至 9046m。此后，油基钻井液得到了快速发展，并逐渐成为钻探高难度的高温深井、海上钻井、大斜度定向井、水平井、各种复杂井段和保护储层的重要手段。**【有关问题的现状、动态、发展趋势等】**国内 20 世纪 80 年代以来，先后在华北、新疆、中原、大庆等油田使用过油基钻井液，但由于成本和环境保护问题，应用十分有限，直到近年来，油基钻井液才逐步被关注。随着复杂井的数量越来越多，对油基钻井液体系的需求越来越多，且要求更高。**【目的和动机、应用价值和实践意义】**因此，如何克服油基钻井液存在的问题，以充分发挥其优势，最大限度地降低油基钻井液的成本和污染，扩大应用面，已成为目前钻井液工作者的重要课题。

（二）正文

正文是综述性科技论文的主体，属于论文核心部分。因此，正文的写作决定论文的质量和水平，必须高度重视。

正文要有自己明确的论点，才可开始撰写，要按照前面选定的时间顺序或主题形式，将收集到的文献进行加工处理，资料归纳，分类编排，对各组文献提炼观点，分析比较，分清各作者的观点和文献内容，不能改变文献的内容；运用好连接性语言，将各观点、事实等资料融为一体，结构和层次要围绕观点自然展开，要有严谨的逻辑性。从写作内容上一般要包括历史演变、现状分析、趋向预测三部分内容。历史演变的叙述一般采用纵向对比的方法，现状分析采用横向对比。

历史演变多是对所研究的问题、一些共性认识或已经解决的问题即所取得的结果或结论加以归纳，并按时间顺序简要说明各个阶段的发展状况和特点，通过历史对比来说明目前达到的水平。假如所论述的内容是一门由多学科边缘杂交而逐渐发展起来的，还需分析其随历史发展而变化，以及造成这种演变的各学科之间的关系。特别需要交代清楚的是已经解决了什么问题、用何种方法解决的、还有什么遗留的问题，以及对历史发展的追踪，目的在于探讨其发展变化的因果规律性。但要注意的是，任何历史的回顾都不能脱离实际，具体问题有时要在其当时的宏观背景条件下分析。

现状分析是把尚未解决的问题或人们对某一个问题认识上的歧见加以揭示。这种揭示必须具有准确性和客观性。可以按从国外到国内的顺序对发展现状进行横向对比。对比时要说明它们各自的成就、特点和发展方向，并客观地评价其利弊。对有些专题的综述为强调问题本身的研究发展脉络，可以将国内外的情况按时间或历史发展阶段同时进行综述，将横向对比融入纵向对比中。通过对比，提出我国现存的问题或某一专业领域存在的问题，从而提出中肯的建议，正确地预测专业技术发展方向。趋向预测往往能给读者以启示，使从事这一课题的人员能看到未来课题研究的发展方向，从而少走弯路。

正文的写作中，特别要注意对于课题研究中尚未解决的问题的叙述，要尽量详细清楚。因为读者比较注意这方面的信息。这些问题构成了今后研究工作的重点，同时要注意在横向对比时，应着重阐述某些有突破性的研究成果及其成功的经验。在指出各种研究方法、途径和成果时，应该做出特点方面的总结，并给予恰如其分的评价，将优劣利弊分析清楚。

正文作为全文的主体部分，以论证过程为主线，相关研究不必全部列举，每一个主题列 2~5 个有代表意义的研究即可。一般形式是提出问题，展开讨论，罗列证据，分析论点，得出结论，其间大多还需进行历史回顾和现状介绍等。

综述材料来源广泛，因此段落结构格式非常重要，正文大多采用以论点引路，以论点带论据方式进行叙述展开，引用资料以使用公开出版的文献为原则，并尽可能引用近年出版的文献，引文应如实反映原文的观点及数据。

正文的字数视内容而定，与一般论文一样，应控制在 3000~5000 字以内。其结构层次可以结合作者自身实际灵活掌握。下面是几种典型的综述性论文正文的结构，可供参考。

例 1：张东晓等撰写的“页岩气开发综述”（见《石油学报》2013 年第 4 期）的正文结构，内容如下：

1　页岩气概述

2　美国页岩气开发历史与现状

3　页岩气开发综合评价

3.1　资源潜力

3.2　压裂潜力

……

4　页岩气采出机理

4.1　采出过程

4.2　流动机理

……

5　页岩气开发关键技术

5.1　水平井

5.2　水力压裂技术

……

6　中国页岩气开发历程和资源特点

6.1　页岩气开发历程

6.2　资源特点与分布

……

例 2：杨仲卿等撰写的“低浓度煤层气流态化燃烧技术的研究进展”（见《天然气工业》2015 年第 12 期）的正文结构，内容如下：

1　惰性颗粒作用下低浓度煤层气的流态化燃烧

1.1　惰性颗粒作用下流态化燃烧的特点

1.2　惰性颗粒对燃烧反应的作用机理

……

2　催化性颗粒作用下低浓度煤层气的流态化燃烧

2.1　催化颗粒作用下流态化燃烧的特点

2.2　催化颗粒作用下流态化燃烧的动力学特性及模型

……

3　低浓度煤层气中杂质性气体对燃烧的影响

3.1　SO_2 气体的影响及改进措施

3.2　水蒸气的影响及改进措施

……

例 3：王中华撰写的“国内外超高温高密度钻井液技术现状与发展趋势”（见《石油钻探技术》2011 年第 2 期）的正文结构，内容如下：

1　国内外井底温度大于 200℃深井、超深井概况

2　超高温高密度钻井液研究应用现状

3.1　油基钻井液

3.2　合成基钻井液

……

3　发展方向

3.1　水基钻井液

3.2　油基钻井液

……

下面是邱正松等撰写的“深水钻井液技术现状与发展趋势”（见《特种油气藏》2012年第三期）一文正文的部分内容：

1 深水钻井液面临的主要技术问题及对策

与陆地和浅水相比，深水钻井液面临着许多特殊的技术问题，包括深水地质条件的复杂性、钻井液低温流变性调控、天然气水合物的生成、井眼清洗问题及环保问题。

1.1 深水地质条件的复杂性

1.1.1 海底疏松地层井壁失稳与井漏问题

由于深水沉积过程中部分上覆岩层由海水代替，造成地层欠压实，孔隙压力大，胶结性差，海底泥页岩易膨胀、分散。欠压实作用下地层破裂压力低，导致钻井液的安全密度窗口变窄，易出现井漏等问题。海底浅部地层通常存在数百米厚的硅质软泥，含水量为50%~70%，其物理性质类似于牙膏，剪切强度低，地层承载力差，易引发井壁失稳[3]。

1.1.2 天然气水合物地层分解问题

由于天然气水合物可稳定存在于深水高压低温环境中，钻井过程中不可避免地钻遇赋存天然气水合物地层。由于钻具的机械扰动以及钻井液的侵入[4]和传热作用等因素，井壁周围地层压力和温度的变化导致地层中的水合物分解，地层强度降低[5]，引发井壁坍塌。此外，水合物分解释放大量气体[6]和少量的水，增加了井壁地层的含水量和地层孔隙压力，引发井壁失稳；而大量的气体进入井筒易引起井涌或井控问题。

……

1.2 钻井液低温流变性调控问题

随着水深的增加，海底温度越来越低，墨西哥湾和西非海域水深超过1219m时温度即降低至4℃；而挪威深水海域海底温度可低至−2.5℃[20]。隔水管下部的钻井液在停止循环12h后便会达到与海底相同的温度[21]。……

……

1.5 海洋环保问题

由于海洋环保法规要求苛刻，深水钻井液必须具备良好的环保性能，即低毒性和良好的生物降解性。尤其是油基/合成基钻井液，需要对岩屑进行回收处理。国外通常用糠虾生物检测方法评价钻井液毒性，决定其能否直接排人大海。

……

2 深水钻井液体系研究与应用现状

2.1　水基钻井液体系

水基钻井液具有成本低及环保等优点，但其在深水钻井作业中面临着复杂地层井壁失稳以及天然气水合物的生成等突出问题。目前主要通过无机盐、聚合醇以及聚胺等抑制剂抑制海底泥页岩水化分散，通过水合物抑制剂抑制水合物的生成。

2.1.1　高盐／聚合物钻井液

高盐／聚合物钻井液广泛应用于早期的深水钻井中。主要包括高盐/PHPA钻井液体系、高盐／聚合物／聚合醇钻井液体系等。该类钻井液具有低成本、低毒性等特点，通过加入高浓度的无机盐抑制水合物生成，无机盐与聚合物或聚合醇协同防塌。

……

2.2　油基／合成基钻井液

油基／合成基钻井液具有机械钻速高，井壁稳定性好等优点，但该类钻井液在深水低温环境下会发生严重增黏甚至胶凝。“恒流变”概念是相对于常规油基钻井液提出的，是指钻井液在较大的温度范围内（4.4~65℃）保持相对稳定的 $\phi 6$ 读数、动切力和 10 min 静切力。恒流变钻井液与常规油基／合成基钻井液的主要区别在于流型调节剂（或增黏剂）的改进[38-40]。

……

3　国内深水钻井液技术研究现状

中国深水钻井液技术研究起步较晚，近年来部分科研院校陆续开展了一些基础研究工作。中国石油大学（华东）邱正松、徐加放等研制了深水钻井液水合物抑制性评价实验装置和深水钻井液循环模拟装置等，探讨了深水钻井液中水合物的生成规律，优选了水合物抑制剂[44]，……

……

4　深水钻井液技术发展方向

针对深水钻井风险高，投入大，后勤及环保要求高的特点，重视天然材料及其改性产品，研发低毒性、低成本、低用量的高效处理剂和新型环保深水钻井液体系是未来深水钻井液技术的发展方向。

……

（三）结语

结语或结论部分是作者在简要概括主体部分主要内容的基础上，对全文进行一个简要的概括和总结，与前言部分呼应，提出自己的见解、观点，指出和本综述所涉及专题研究中存在的问题及进一步的发展方向和展望，并提出趋向预测及建议。

一般情况下，在正文中的纵横向对比分析中发现的主流及其发展规律，往往可以反映其普遍的适应性。但在某一科研课题的趋向性预测和建议中，要结合实际情况，从具体的科研生产实际出发，找出比较切合实际的、在所论述专业范围内有利的发展途径。还应考虑其他学科和技术（如计算机、模拟技术、可视化技术等）可能产生的影响及其与作者所论述学科或技术的结合方式、方法、效益预测等。趋向预测应力求客观准确，结合实际，为新的研究工作提供依据，选择有利的突破口，甚至为新的方法或技术提供生长点。趋向预测的建议要更为具体，甚至可以简要的提出新的设想。

例如，王中华撰写的“国内钻井液处理剂研发现状与发展趋势”（见《石油钻探技术》2016 年第 3 期）一文的结语，内容如下：

3　结束语

【见解、观点】近年来，由于我国钻井液处理剂的研制、生产和应用不统一，尽管在钻井液处理剂方面开展了大量研究，但投入现场应用的很少，现场所用产品仍然以早期开发的为主。现用钻井液处理剂尽管品种多，但高质量的少，尤其是适用高温高盐、高密度及页岩气水平井钻井液的处理剂与国外相比还存在差距，这既有客观原因，也有主观原因。**【存在的问题】**分析认为有以下几点：①基础研究薄弱，缺乏原料或研发的单体；②理论研究欠缺，无法为钻井液处理剂研究提供必要的支撑；③研究力量分散，重复研究及以发表论文为目的的研究多，转化和推广力度小；④处理剂生产规模小，生产设备简陋，技术力量薄弱，检测手段不健全，产品质量难以保证；⑤钻井液体系不规范，对性能的要求各异，应用上重价格、轻实效；⑥企业标准水平低，行业标准通用性不强，标准制定缺乏试验和应用依据。**【发展方向和展望】**为促进我国钻井液处理剂健康发展，今后需要结合我国实际情况，从寻找新原料、新方法上突破传统钻井液处理剂的结构，集中研究力量，避免重复研究，加快成果转化，同时进一步规范钻井液处理剂的研制、生产与应用，提高研发效率，加快成果转化，以满足不同地质条件下安全高效钻井对钻井液的新要求。

三、文尾部分

（一）致谢

对于一些涉及面比较广的综述性科技论文，在文献查阅、内容构思和成稿等过程中，常常需要他人的帮助，因此，当论文发表时，作者应当对他人的劳动给予充分肯定，并表示感谢。如果涉及基金项目等还应对提供支持的基金资助合同单位或团体给予致谢，且致谢必须在投稿前征得被致谢者的口头或书面同意。

（二）参考文献

综述性科技论文的特点之一是所附的参考文献很多，有些综述性科技论文甚至正文篇幅不及文后的参考文献多。在文后附参考文献的目的除了表明作者阅读了哪些文献及文中引用论点的出处之外，主要是为了让读者也能查到这些文献而加以利用。这对综述性科技论文尤为重要，因为综述之所以称为综述，其基础就是参考文献。综述之所以要发表，目的就在于让人们了解、利用。

读者纵深阅读的重要原因之一或方法之一就是要根据综述的指引进一步查对和深入钻研，所以参考文献在文中及文后的著录中必须标注清楚，不可信手而写。参考文献在综述性科技论文中的作用远大于原创型论文，文中参考文献引用质量决定综述性科技论文的质量。在引用参考文献时应遵循以下原则：

（1）准确性原则。综述性科技论文引用的参考文献都应准确无误。引用文献中的结论、观点、资料、数据等信息，必须严格忠实原文。参考文献表中包括作者姓名、论文（或专著等）题名、发表刊物（或出版社）、年份、卷（期）号、起止页码等细节，作者必须每篇都应认真核实。著录格式符合投稿期刊的规范要求。

（2）完整性原则。综述性科技论文的引用文献应包括反映本学科特定时段内具有较高学术创新价值、对后来研究应用产生重要影响的有代表性的文献。

（3）原始性原则。综述性科技论文引用的文献一般都是作者真实阅读过的文献，不宜将他人论文后的“参考文献”条目直接拷贝到自己的参考文献表中。尤其是外文文献，应格外注意，切实避免引用他人论文中引用错误或不规范的文献。

（三）附录

在正文或主体部分不好安排，且对读者有很必要的资料、图表、数据、公式等，可以作为附录置于论文最后。附录并非每篇文章都必须有，如果没有必要，不必多此一举。

第六章 科技文献检索与利用

任何创造性工作都离不开知识，而文献检索是打开人类知识宝库的钥匙，是从事科学活动的重要组成部分。利用科技文献可使科技人员在科研、设计和生产中通过继承和借鉴前人的宝贵经验，以提高工作效率，避免重复研究，减少人力和物力方面的浪费，从而以最少的投入，最佳的方案取得最优的研究结果。科技文献检索也是科技论文写作的基础，在众多的文献资源中，如何使科技工作者以广、快、精、准地找到自己所需信息，并利用这些信息作为选题的依据，对于提高科研效率和论文质量具有重要的意义。

本章在科技文献检索基本知识介绍的基础上，对文献检索的基本途径和方法、文献的利用等进行介绍。

第一节 走近文献检索

文献是指那些将知识、信息用文字、图像、数码等各种符号，通过书写、印刷或其他诸如光学、电磁学等方法记录在一定物质载体上的结合体。伴随着多媒体、互联网、电子邮件、电子图书馆、数字化信息等一系列新概念的出现，人们越来越多地关注电子文献这一概念，并从不同的角度，围绕电子文献的主题给出了一些不同之称谓，如电子图书、电子期刊、电子报纸、电子出版物、电子资源、电子资讯、网上出版物、网上文献等。

为了分享人类共同的知识财富、研究成果、经验和教训，人们必须通过一种科学的方法，从取之不尽的信息源中去识别和获取所需要的或有用的那部分信息，这个过程就是检索。

文献检索，又称情报检索，是指把文献按一定方式组织和存储起来，并针对用户的需求找出所需要文献的过程，它是科研选题和论文写作的基础。本节结合文献检索的实践，就科技文献检索的类型、检索语言和科技文献检索的意义进行简要介绍。

一、科技文献检索的类型

科技文献检索可以按照不同标准划分为不同的类型。

（一）根据检索对象划分

根据检索对象的不同，科技文献的检索可以分为文献检索、数据检索和事实检索。

1. 文献检索

文献检索是指以文献（包括题录、文摘和全文）为检索对象的信息检索。即利用相应的方式与手段，在存储文献的检索工具或文献数据库中，查寻用户在特定的时间和条件下所需文献的过程。文献检索是科技文献检索的核心部分，与数据检索和事实检索相比其内容更为丰富，方法更为多样。

文献检索根据检索内容不同又可分为书目检索和全文检索。

（1）书目检索。是以文献线索为检索对象的文献检索，即检索系统存储的是“二次文献”。它是文献的外表特征与内容特征的描述，是文献的“浓缩体”。与全文检索、数据检索、事实检索比较，书目检索产生较早，发展也较为完善。

（2）全文检索。是以文献所含的全部信息作为检索内容的文献检索体系，即检索系统存储的是整篇文章或整部图书的全部内容。检索时可以查找到原文以及有关的句、段、节、章等文字，并可进行各种频率统计和内容分析。全文检索主要是用自然语言表达检索课题。全文检索是当前计算机信息检索的发展方向之一。

2. 数据检索

数据检索是指以数值或图表形式表示的数据为检索对象的信息检索，又称“数值检索”。即检索系统中存储的是大量数据，它包括物质的各种参数、观测数据、统计数据等数字数据，也包括图表、图谱、化学分子式、物质的各种特性等非数字数据，并提供一定的运算推导能力。

数据检索是一种确定性检索，用户检索到的各种数据是经过专家测试、评价、筛选过的，可直接用来进行定量分析。数据检索与文献检索有许多共同之处，文献检索的许多方法也适用于数据检索。完成数据信息检索主要是借助于各种数值数据库和统计数据库。

3. 事实检索

事实检索是以从文献中抽取的事项为检索内容的信息检索，又称“事项检索”。其检索对象既包括事实、概念、思想、知识等非数值信息，也包括一些数据信息，但要针对查询要求，由检索系统进行分析、推理后，再输出最终结果。

事实检索是信息检索中最复杂的一种，要求检索系统必须有一定的逻辑推理能力和自然语言理解功能。目前许多事实检索课题仍需靠人工来完成，但已有一些试验性的计算机具有事实检索系统。事实检索也是一种确定性检索，用户获得的是有关某一事物的具体答案。完成事实信息检索主要借助于各种指南数据库和全文数据库。

（二）按照检索方式划分

根据检索方式不同，文献检索可分为手工检索和计算机检索。

1. 手工检索

手工检索是指用人工来处理和查找所需文献信息的检索方式。手工检索是检索者与检索工具直接“对话”，它依靠检索者手翻、眼看、脑子判断而进行，不需要借助任何辅助设备。手工检索具有方便、灵活、判别直观，可随时修改检索策略，查准率较高等特点。不足之处是检索速度较慢，即比较耗时，漏检现象也比较严重，不便于进行复杂概念课题的检索。

2. 计算机检索

计算机检索是利用计算机和一定的通信设备查找所需文献信息的检索方式。它需要计算机、通信硬件设施、系统软件和应用软件等。利用这种方式能对大量的文献信息进行存储，并可以根据用户要求从已存储的信息中迅速抽取特定信息，并提供插入、删除、修改等功能。计算机检索具有速度快、效率高、查全率较高等特点。不足之处是信息量大，查准率通常不尽如人意。目前广泛使用的计算机检索系统包括光盘检索系统、联机检索系统和网络检索系统。

二、检索语言

检索语言是文献信息检索系统存储与检索所使用的共同语言。文献检索语言是一种人工语言，用于各种检索工具的编制和使用，并为检索系统提供一种统一的、作为基准的、用于信息交流的一种符号化或语词化的专用语言。因使用场合不同，检索语言也有不同的叫法。例如在存储文献的过程中用来标引文献，叫标引语言；用来索引文献则叫索引语言；在检索文献过程中则为检索语言。

检索语言的种类很多，按其构成原理一般可分为分类语言（又称分类法）、主题语言和代码语言三种。通常所用检索语言主要为分类语言和主题语言。

1. 分类语言

分类语言以学科体系为基础，将各种概念按学科性质进行分类和系统排列，并用分类号予以编排组织成一个完整的体系。分类语言的特点是集中体现学科的系统性，反映事物的从属、派生关系，便于从学科门类进行族性检索。它的基本结构是按知识门类的逻辑次序，从面到点，从一般到具体，从低级到高级，从简单到复杂的层层划分，逐级展开各个类别。分类语言由编制说明、大纲、简表、详表、辅助表、索引、附录等构成。国内外比较重要的分类语言表有《国际专利分类表》《杜威十进分类法》《中国图书馆图书分类法》《中国科学院图书分类法》等。

2. 主题语言

主题语言是以词语作为概念标识，按字顺编排检索语言。主题语言包括：标题词语言、单元词语言、叙词语言和关键词语言。

（1）标题词语言。最早使用的一种主题语言，它以规范化的自然语义作为标识，来表达文献涉及的主题概念，并将全部标识按字母顺序排列。表达主题的词语称为标题词。

（2）单元词语言。它是从文献内容中抽选出来的最基本的词汇，将代表最一般、最基本的、不可再分割的概念单元的词作为单独标引文献的单位。

（3）叙词语言。从自然语言中优选出来并经过规范化处理的名词术语。叙词语言是采用表示单元概念的规范化词语的组配来对文献内容主题进行描述的检索语言，也是目前使用最广泛的主题语言，概念组配是叙词语言的最主要特征。

（4）关键词语言。直接从文献题名、文摘或正文中抽取出来的未经规范化处理的词，是一种用自然语言作标识的检索语言。

三、科技文献检索的意义和重要性

任何科学创新都离不开前人的研究，任何研究都是在继承前人研究成果的基础上再提高、再创新的过程。科技文献检索作为从事科学活动中不可或缺的一部分，它有助于使用者从整体上认识所从事的科学研究领域的趋势、方向和成果，有助于杜绝烦琐的科学劳动，提高工作效率，节省科研经费，提高科研水平。科技文献检索是以现代信息检索技术为核心，对科技文献进行深层次分析与利用的技术。随着科学技术的发展，大量的科学文献迅速产出，它们在传播科学知识的同时，也有力地推动了科技进步。

在科技项目申报或论文选题之前，科技工作者通过检索查阅并博览文献资料，获得大量相关研究报道和知识，最大限度地吸收已有的成功经验以及失败教训，获得有益的启发或参考数据。既可有效地开展创新性、探索性的工作，又有助于获得更多、更有价值的论证依据，从而提高成果或论文的质量和水平。

正是由于科技文献检索是现今获取科技情报信息的重要手段，也是科学选题过程中最基础、最重要的工作，一旦在检索过程中出现偏差，就会影响科研的精准度和论文选题的可靠性，严重时则会造成项目重复立项、论文重复发表。可见，科技文献检索在知识的获取、科研或科技论文写作中具有非常重要的意义。

就科技文献检索的重要性而言，归纳起来主要体现在以下几方面。

1. 科研选题的重要基础

科技工作者在进行科技论文写作前需要首先确定选题，在进行科学研究前也要确定选题，可以说，选题是进行一切科研活动之前必须深思熟虑的关键性问题。确定一个好的选题并不容易，它需要大量的资料收集和对相关信息的分析，从而在自身所学的基础上对某一专业、某一领域进行全方位地了解，包括前沿领域的核心技术和发展方向、专利申请和获取情况、某一领域的专家或地域分布等。通过全面、深入地阅读文献，从而可以充分借鉴已有的研究成果，开拓思路、启发创新，找准自身要研究的关键或核心。创新是科研的灵魂，也是选题的基本原则之一。只有阅遍世界，才能有所突破，达成创新。

2. 避免重复研究的重要手段

通过文献检索，在充分掌握已有研究成果的基础上，根据自身实际选择并确定出研究课题。由于这样的课题是建立在了解全领域中相关方面的研究方向、研究进展、存在问题、技术路线等基础上，不仅具有自身特色，而且真正避免了重复性的问题，从而提高成果的创新性和有效性。

3. 提供研究思路的重要途径

通过文献检索，科技工作者可以从以往文献中获取研究的精髓，借鉴其核心研究内容，建立自己的研究思维模式、研究方法、设计方案等，使研究过程更加顺利。此外，一些文献的不同论述、不同观点还可以进一步厘清研究者的思路，使其不断调整研究方向，使研究方案更加合理，实验更加科学，成果更为突出，论文更具创新性。

4. 有利于节省获取资料的时间

精准有效的科技文献检索，可以使科技工作者快速获得自己所需要的关键信息，从而节省搜集材料的时间，以保证将更多的时间用于集中精力撰写项目申报书和进行前期的科研准备。由于一个好的科研项目的诞生，从选题立项、方案设计、数据分析到论文的撰写都离不开科技文献的支撑，故没有前期的文献查阅或研究，就是无本之源。只有真正掌握科技文献检索的这个有力工具，并快速获取资料，才能更好地开展科研，产出高质量的科研成果和论文。

5. 汇集和保存人类的科技财富

人类在改造自然的过程中，每一代人都会把自己探索大自然的过程及结果记录在文献上，它是人类认识自然和改造自然的历史见证，因为任何一项科学研究和创造，都要撰写科技文献，即科技工作者都要将其工作成果以文献形式表现出来，是科研工作的结晶。经过几千年的积累，凡是世界上有用的技术、人类的重大发明和创造，基本上都汇集在科技文献中。科技文献是全人类分享、利用知识的宝库，是人类科技事业得以发展的宝贵资源。

6. 衡量科学技术发展的水平

世界各国最新的科学技术成果大都通过最新的科学文献反映出来，而科学技术的发展是具有客观的、共同规律的，科技成果也是可以相互利用的。人们通过科学文献可以吸收大量的有用情报，充分吸收世界先进的科技成就，并为自己所用，这就加速了科学技术发展的步伐，从而推动科技进步。

科技文献反映了科学技术的发展状况，是衡量某一时期、某一国家科技发展水平的标志，是评价某一团体、某一个人成果价值的重要依据。根据科技文献的状况和数量，可以判断某一学科技术领域的发展水平和发展趋势。

7. 确认发明创造优先权

在科学技术上，任何一项重要的发明创造，总是同它的第一个发明者的名字联系在一起，这种“优先权”对科学技术的发展具有特殊意义。而科技文献是确认科技人员对某一项发明创造优先权的基本依据。

8. 科学技术发展的阶梯

人类在认识和改造自然的过程中，每一代人都把前人或别人认识的终点作为自己认识的起点，任何科学技术的发展都是在继承前人或借鉴别人研究成果的基础上进行的，人们从记载有科技成果的文献中汲取，批判地继承他人所积累的经验，所以科技文献就像梯子一样，凭借它向科学高峰攀登，通过科技文献，可以使科研人员避免重复别人做过的工作，减少人力、物力与财力的浪费，少走弯路，为开题调研、确定选题、制定科研规划提供依据。

9. 传递科技情报的最基本、最重要的手段

科技文献既可以使人类知识代代相传，又可以使人类知识在不同国家、不同民族、不同地域之间进行传递。它能克服语言在时空方面的限制，成为人类知识信息交流的重要手段。

第二节 如何进行科技文献检索

文献检索是借助检索工具或检索系统，运用正确的检索方法，从各种类型的文献中查找所需文献信息的过程。文献检索的过程是获取知识、提高认识的过程。本节从科技文献检索的基本步骤、检索原则、检索途径、检索工具和检索方法等方面进行简要介绍。

一、科技文献检索的基本步骤

文献检索是一项实践性很强的活动，它要求我们要善于动手、善于思考、善于分析、善于总结，并通过经常性的实践，逐步掌握文献检索的规律，从而迅速、准确地获得所需文献。一般来说，文献检索可分为以下步骤。

（一）分析研究课题明确检索要求

课题分析是文献检索过程中最重要的环节，课题的内容是什么，主要解决的问题就是什么，这些都需要通过对课题进行认真分析才能揭示出来。能否正确地分析课题，将直接影响到检索的质量与效率。课题分析可从以下几个方面进行。

1. 分析主题内容

所谓主题内容，就是课题研究的中心问题。如果一个课题研究的中心问题有一个或多个，那么，就有一个或多个研究主题。根据课题的内容，深入分析主题内容的目的，明确课题检索的要求，找出课题需要解决的关键，从而形成反映课题中心问题的主题概念，即拟出关键词。当课题比较生疏时，应当首先利用百科全书、图书等资料弄清楚基本概念，了解课题的有关专业知识，厘清课题的内容和要解决的问题以及解决该问题的初步设想等，进而确定检索的主题范围。

2. 分析问题和文献类型

分析问题类型的目的在于确定检索工具，而分析文献类型的目的则在于限定检索范围。由于科技文献类型繁多，而检索工具往往对文献的收集有所侧重，如果不根据文献类型选定检索工具，就不能获得最佳的检索效果。因此，在实际检索中，不仅拟检索学科和主题，还要进一步确定文献类型及范围。在分析文献类型时，一般要依据课题的性质。自然科学领域的研究通常分为基础研究、应用和开发研究。基础研究寻求对自然界的认识，所需文献类型侧重科学专著、学术期刊、学术会议论文及原始性的科学考察、实验和述评等；应用和开发研究属于解决应用工程技术问题，所需文献侧重于科技图书、技术性期刊、报告、论文、专利、手册、标准、样品和产品目录等。

3. 分析查找年代

分析查找年代的目的是为了确定检索的时间范围。由于科技文献很多，即使使用检索工具，若查找年代不当也会浪费大量的时间和精力，而且还会影响查找信心。分析查找年代，就是分析学科发展的历史背景，如学科发展有初期、高峰期和稳定期。高峰期的文献较多，且早期原始文献中的精华都已综合在后来的图书、专著和述评等文献中了，只要直接查阅这些图书及相关文献检索工具即可，这样可以节省大量的时间和精力。

综上所述，当我们要进行科技文献检索时，首先要明确自己检索的重点是什么，并对所研究的课题进行深入分析，从而确定需要查询的对象，或者对象的范围。检索的范围一般是近十年间的文献，或查找石油工程方面的前沿成果，以及查询相关期刊论文、学位论文等。这些都需要检索之前详细确定，便于提高检索效率。

（二）选择检索工具

通常手工检索文献称之为检索工具，而计算机检索文献称为检索系统。具体的检索工具种类包括目录、题录、索引和文摘四种。

一般来讲，数据库检索比较简便，但会出现漏检。所以首先在进行全面检索前需要确定检索工具。检索工具一般就是手工或者计算机程序，中文数据库还是外文数据库，综合性数据库还是专业数据库。此外，还需要考虑数据库收录的数据多少，能否满足检索需要，数据库的覆盖面是否全等因素。

（三）确定检索途径和方法

1. 确定检索途径

确定检索途径时，应根据已知条件，选取最易查获所需文献的途径，例如：若已知文献的著者、号码、分子式和地名等，可利用相应索引查获所需文献，同时，还可以通过上述途径间接核准确切的分类号或主题词。往往是要根据检索工具的具体情况选择检索途径。检索工具一般都有多种检索途径，若课题的检索泛指性较高，即所需文献范围较广，则选用分类途径较好。反之，课题检索的专指性较强，即所需文献比较专深，则选主题途径较好。

2. 选择检索方法

选择检索方法的目的在于寻求一种用时少、且检索效果好的有效方法。检索方法多种多样，究竟采用哪种方法最为合适，主要应根据检索条件、检索要求和学科的特点而定。

（1）检索条件。在没有检索工具可利用的情况下，可采用追溯法；在检索工具比较齐全的情况下，可采用常规法和分段法。这两种方法的查全性、查准性都较高。

（2）检索要求。通常要求检索快、准确、全面，而三者往往难以兼得。若以全、准为主，应采用顺查法。顺查法适合科研主题复杂，研究范围较大，研究时间较长的科学研究。新兴的课题研究以快、准为主，宜用倒查法。

（3）学科发展特点。选择检索方法还需考虑课题的学科发展特点，检索课题属于新兴学科，起始年代不太长时，一般采用顺查法（也可采用倒查法）；课题检索属于较老课题，起始年代较早或无从考查，则可采用倒查法；有的学科在一定的年代里处于兴旺发展时期，文献发表得特别多，则在该时期内采用抽查法检索效果更好。

（四）获取原始文献建立课题检索档案

确定检索目标，开始检索。一旦进入检索就要利用选择好的索引标识、途径，查询到文献的文摘号，然后依据文摘号找出文章的要素，即作者、题名、文种、出版时间、页码、参考文献等，从中详细查看，找寻符合需求的信息。

按检索策略分步进行信息查找，同时要注意根据所获资料提供的新线索，不断修正检索策略，提高查全率和查准率。

按照上述途径检索到文献出处后，可以利用各种馆藏目录、原文数据库等查阅或复制原文，以达到最终获取原始文献的目的。

每一个检索课题完成后都要建立相应的检索档案，一方面是为了加强管理，另一方面也是一种积累，为今后的工作奠定基础。有条件时可以采用文献管理软件建立检索档案，这样将更便于在论文写作时引用有关文献。

（五）注意事项

在文献检索中也要注意文献的阅读，有利于提高文献检索的准确性和针对性，为了保证检索的效率和效果，在检索过程中还需要注意如下事项：

（1）确定检索策略。通过概念或主体分析，先确定检索用词和检索途径，明确各词之间的逻辑关系，然后对查找步骤做出科学安排，在检索过程中还要不断对方案做出调整。即分析研究课题，明确检索要求，编制检索策略，使用检索工具、查找文献线索，索取原始文献、满足课题检索要求。

（2）掌握快速查找与阅读文献方法。在文献检索时往往会有大量的资料与所检索主题或关键词相类似，而我们又没有充足的时间去逐一通读，这时就要采用快速查找和阅读的方式，其基本原则是先综述后论著，先摘要后全文。多数文章看片段，少数文章看全文，对于自己感兴趣的问题，不仅要看全文，还要看它的参考文献。由于图表能够帮助我们了解主要数据和解释、讨论和结论，将图表和结论相联系，根据图表判断结论是否正确。因此，要特别关注图表。

（3）掌握快速筛查文献的能力。文献检索的过程实际上就是搜集资料的过程，在整个搜索过程中，必须保持一种辩证分析的态度，具有辨别是非的能力。同时检索过程也是不断发现问题的过程，这样就扩大了搜寻的目标和范围，所以要注意缩小关键词范围，将检索限制在一个可控的范围之内。

（4）选择适当的阅读方式。由于文献的广泛性和杂乱性，对于同一内容的文献最好要集中时间看，更有利于前后逻辑思路的衔接，这样看过的文献不会遗忘，并可根据文献的利用价值和自己的兴趣对粗读、选读和精读等阅读方式进行选择。

（5）正确确定关键词。对于没有太多经验的人来说，确定检索的关键词是一个难点。如果关键词确定不准确，就无法检索到所要找的文献资料。因此，确定关键字非常重要，必须高度重视。

（6）关注文献被引用或下载的次数。当采用网上资源进行检索的过程中会出现众多文章或图书，若要一一下载是难以做到的，具体下载或保存哪些文献，可以看下载旁标注的引用或下载频次数，它表示该文献被引用或下载的次数，被引用的次数越多，说明文献权威性就越大，被下载的次数越多，说明关注的越多，对论文写作也就越有参考价值。

（7）掌握文献的筛选方法。对于网络文献，下载容易，但是下载后看到一堆的电子书或数百篇电子文档，最好化繁为易的办法是先下载若干篇最核心的文章，其他的文献暂且不管，然后打开下载的文章，开始进行第一次初步筛选，即将原文转化为 word 形式，把毫无意义的可有可无的话全部删掉，同时删掉各种修饰词，这样筛选完的资料基本上都是核心价值的资料了。然后再根据需要进一步筛选，直至达到检索目标。

（8）做好标记和笔记。阅读时，要边阅读边做好标记和笔记，这样做不仅有利于在接下来的文献整理中提高效率，也有助于提高对已阅内容的理解和记忆。

二、科技文献检索的原则

各学科科技文献中都蕴藏着无限的知识宝藏，但是，在检索中要想做到“全”，是极其不易的。面对名目繁杂、文种多样、出版分散的科技文献资料，必须有所选择。因此，了解并掌握搜集、选择科技文献资料的原则与方法，是打开知识宝藏的金钥匙。

科技文献检索的基本方法是利用检索工具，即利用相关专著的参考书目和期刊论文的参考文献、检索工具书和数据库进行查找。为了提高检索效率，在科技文献中搜集与选择，即检索中，需要遵循针对性、计划性和积累性三个原则。

1. 针对性原则

针对性原则是指在文献检索中要紧紧围绕论文或科研选题，尽力搜集那些最新、最重要、最典型的科技文献资料，以保证文献检索的可靠性和针对性。

2. 计划性原则

按照计划性原则，在文献检索中应事先做出周密计划，逐步深化、逐步扩展，以提高效率。检索绝对不能没有计划，毫无目的地进行，否则就把握不住重点，达不到应有的目标。

3. 积累性原则

积累性原则要求科技人员应注意在日常工作中的不断积累，以保证资料系统性、连贯性和完整性。如果出现中间某一段文献的缺失，则可能会造成选题偏离方向。

基于上述原则，应在掌握部分文献检索工具的基础上，确定自己必须随时跟踪浏览重要期刊，并在阅读文献时注意参考文献的引证。

三、科技文献检索的途径

利用检索工具进行文献检索时，主要是利用它的各种索引作为检索途径，常用的索引途径有以下几种。

1. 著者途径

是通过已知著者名称来查找文献，包括“个人作者索引”“团体作者索引”。检索中，著者是一个广义的概念，是对文献内容负有责任的作者、编者、译者等，可以是个人，也可以是团体、机构、组织。通过著者途径进行检索，主要可利用著者索引。所有著者索引都采用字顺排列方式，如果著者是个人，就以个人姓名笔画排列，如果著者是机构，就以机构名称笔画排列。因此，检索应采用相应的途径。

2. 主题途径

它是根据文献所论述的主题，利用主题语言编制的主题索引而进行的信息检索，包括主题索引、关键词索引等。主题索引大多按字母排列方式检索。

3. 题名途径

检索中，文献题名是一个广泛的概念，包括文献篇名、图书书名、期刊刊名。常见的题名索引主要有篇名索引、书名索引、刊名索引等。题名索引通常按笔画排列方式检索。

4. 号码途径

号码途径也称序号途径，是经过已知号码查找文献，包括报告号、专利号、标准号等，通常按缩写字母顺序加号码次序排列。许多文献除普通的外表特征外，还具有序号特征。例如，专利文献有专利号，标准文献有标准号，馆藏文献有索书号。序号索引一般按照文献序号的大小顺序排列，如文献序号纯粹由数字组成，就按数字大小顺序排列；如果序号包含数字和字母，就按数字大小和字母顺序排列；如果前面是字母后面是数字，就先按字母顺序排列，字母相同，再按后面的数字大小排列。

5. 引文途径

利用引文而编制的索引系统称为引文索引系统，它提供从被引论文去检索引用论文的一种途径，称为引文途径。

6. 分类途径

分类途径是按照文献所属的类别检索文献，主要是利用分类索引或分类号来进行检索。它是根据文献所论述的主题内容利用分类语言的学科专业体系进行检索。大多数检索工具都采用分类语言作为正文编排体系的依据，分类目次通常是按照学科专业角度的层层逻辑划分建立的分类类目体系。

7. 其他途径

如使用分子式索引、药物名称索引等来查找文献的途径。这些索引通常只附在与之有关的某些检索工具中，在检索时，既要掌握相应的学科知识，也要了解其特定的编排方法。

四、科技文献检索工具的选定

用来查找和存储文献线索的工具称为检索工具。由于检索工具门类众多，我们必须了解各种检索工具不同的收录范围和检索方法，才能视课题的具体情况恰当选择。例如：《Chemical Abstracts》（美国化学文摘）是世界公认的权威化学化工文献检索工具书。它具有覆盖面广、内容齐全、索引多、使用方便的特点，所报道的内容几乎涉及化学家感兴趣的所有领域。但其中却不包括化工经济、市场贸易及产品目录方面的文献。若查化工市场的资料需用《Chemical Industrynote》（化学工业札记）。下面是一些相关的数据库，可以在检索中根据需要选用。

（一）光盘数据库

光盘数据库检索系统是以 CD-ROM 为数据库存储介质的检索系统。目前，也是一种重要的文献系统，国内外有几千种光盘数据库产品。

光盘数据库检索系统是一个独立的计算机检索系统，不受远程服务器的困扰，可随时检索。另外，系统软件功能齐全、操作简单、无须检索费用、可重复使用。缺点是更新周期长，受容量限制，信息量有限，目前有被网络数据库取代的趋势。

下面是几种与石油工程相关的光盘数据库。

（1）美国石油文摘（PA）光盘数据库。PA 是一个查找石油勘探、开发有关文献和专利的最权威的英文数据库，文摘来源于美国和其他 26 个国家 500 余种石油勘探、开发和开采等方面的期刊、论文集、会议录、学位论文、专利公报等出版物，其具体研究领域包括地质学、地球化学、地球物理、钻井、测井、完井和修井、油气开发、提高采收率、油藏工程和开采方法、管道及储运、生态学和污染、替代燃料和能源、辅助工艺和其他矿产等。

（2）美国化学文摘（CA）光盘数据库。CA 收录的文献以化学化工为主，其报道的内容包括纯化学和应用化学各领域的科研成果和工艺，收录报道了 136 个国家用 56 种文字出版的 14000 多种期刊及科技报告、会议录、学位论文、图书等各种类型的文献。同时还报道了澳大利亚、加拿大、中国、日本、美国、英国、德国、俄国等27个国家以及欧洲专利组织和世界知识产权组织的专利文献。

（3）石油工程师学会（SPE）技术论文全文光盘数据库。SPE 是石油工程领域的重要出版物，内容涵盖了石油工程各个研究分支。该光盘数据库是石油工程研究中最常用数据库，通过 SPE 号码或主题词，可快捷简便检索所需论文。

（4）中文科技期刊光盘数据库。它是由国家科委西南信息中心重庆维普资讯公司出版的。该数据库是目前国内最大的综合性科技类文献数据库，收录国内（包括港台）出版的中文科技期刊 600 多种。其收录的是自 1989 年开始的期刊文摘及其全文，每半年更新一次。收录的学科范围涉及了除哲学、文学、语言学和史地之外的 17 个学科，属于以科技为主并兼顾其他的综合性数据库。

（二）网络数据库

伴随着互联网的普及与发展，科技文献的检索已由单一的书本式工具书检索发展为光盘数据库检索和互联网信息检索三者并存。特别值得关注的是互联网上许多免费数据库资源已成为重要的情报源。网络信息检索一般分为数据库信息检索和文件信息检索两部分，前者称为网络综合信息检索系统，后者称为搜索引擎。网络综合信息检索系统有三种模式，即传统的远程终端式，基于局域网的客户机 / 服务式（C/S），基于 www 的浏览器 / 服务式（B/S）。搜索引擎一般有分类导航和专项搜索两种检索模式。

1. 网络综合信息检索系统

随着网络应用的发展及 internet 信息传播渠道的强大作用，在全球范围内开发了许多网络综合信息检索系统。如：美国 DIALOG 网络检索系统（网址：http://www.dialogweb.com/，http://library. dialog.com/bluesheets/）是目前世界上规模最大的综合性商业联机信息检索系统，其用户遍布 100 多个国家。创建于 1967 年的 Online Computer Library Center（美国联机计算机图书馆中心，简称 OCLC）面向图书馆服务，是一个非营利性质、成员关系的信息服务研究组织。中国科技信息研究所以“万方数据”资源系统提供信息服务（网址：http://www.wanfangdata.com.cn/ index.html）。中国高等教育文献保障系统（简称 CALIS，网址：http://www.calis.edu.cn/）1998 年正式启动。

对于专利文献检索，目前许多国内外专利数据库可以免费使用，这为我国 internet 用户提供了获取国内外专利信息的途径。常用的免费专利数据库有：美国专利与商标局的专利全文数据库、世界知识产权组织的 PCT 数据库、欧洲专利局的专利数据库和中国知识产权网专利数据库。

2. 搜索引擎

搜索引擎（Search Engine）是帮助 internet 用户查询信息的搜索工具。它以一定的策略在 internet 中搜集、发现信息，对信息进行理解、提取、组织和处理，并为用户提供检索服务，从而起到信息导航的目的。如：谷歌学术、百度学术、读秀学术，此外还有搜狗、360 搜索、新浪、网易等。

随着计算机、网络和通信技术的发展，网络数据库越来越受到重视，由于数据库资源丰富、检索方便、检索速度快、效率高、下载保存方便等特点，已成为现代文献检索的主要途径。

五、常用的文献检索方法

检索文献采用的方法常根据课题性质和研究目的而定，也可以根据可否方便获得检索工具而定，归纳起来，检索文献一般有以下几种方法。

1. 浏览法

通过检索工具搜索文献是科技人员获得文献的主要途径，只要方法得当，往往可以在短时间里获得大量切合课题需要的文献。但是，由于任何一种检索工具都只能收录有限的期刊和图书，而且检索工具与原始文献之间往往有半年左右的时间差。为了弥补这些缺陷，科技人员还必须借助其他方法来收集文献。其中，浏览法就是科技人员平时获取信息的重要方法。具体地说就是科技人员对本专业或本学科的核心期刊每到一期便浏览阅读的方法。该方法的优点是能最快地获取信息，能直接阅读原文内容，基本上能获取本学科发展的动态和水平。缺点是科技人员必须事先知道本学科的核心期刊，检索的范畴不够宽，因而漏检率较大。因此，在开题或鉴定时还必须进行系统的检索。

2. 追溯法

追溯法可分为向前追溯法和向后追溯法。向前追溯法是一种传统的方法。它是利用有关图书文献后所附的参考文献进行追溯查找的方法。向后追溯法是利用图书文献之间的互相引用关系，采用名为“引文索引”的图书文献检索工具进行的追溯查找的方法。例如有的论文期刊是根据期刊论文后面所附参考图书文献的著者姓名顺序而编排的。在索引中，被引用著者的姓名下，按年代列举了引用文献的著者及其出处。若要找到引用文献的标题，则可以再利用“来源索引”。由“来源索引”中标出的引用文献，就内容来说，肯定比被引用文献内容新。如果再以引用文献为起点，则又可以查到一些内容更为新颖的文献。继续进行检索，就能查到一批内容比原来图书文献更新颖的相关图书文献。

这一检索方法使用比较普遍，原因是数据库可方便使用，不再需要额外的检索工具，查找起来也相对简单。但也存在一定的缺陷，由于文献的引用未必齐全，因此只根据一篇文献去检索，会漏检很多其他的文献。

3. 工具法

工具法也称常规法、直接法，就是利用图书文献，索引、题录等各种图书文献检索工具的查找方法。在检索中常使用顺查、例查和抽查三种方法。顺查法是以课题研究开始时间为起点，利用图书文献检索工具，沿着时间段逐年查找，直到最近为止。逐年查找的好处是漏检较少，查出的图书文献可以及时筛选，故查全率和查准率比较高。缺点是工作量比较大，要求有齐全的图书文献检索工具和比较充裕的时间。倒查法是从最近期向远期逐年查找。倒查法检索效率比较高，花费时间少，能检索到内容较新颖的图书文献。抽查法是针对课题、学科的发展特点，抓住课题、学科发展迅速，图书文献发表较多的年代，抽出一段时间进行逐年集中检索的一种方法。优点是检索时间少，却能获得较多的有效资料。

工具法经常被用来查询新技术、新课题，某一领域最新的研究成果都会一目了然，但由于是纵向检索，也会存在一定的漏检率。

4. 交替法

交替法也称循环法或分段法，实际上是追溯法和工具法的结合。根据结合方式的不同，又可分为复合交替法和间隔交替法。复合交替法是先利用图书文献检索工具查出一批有用的资料，再利用这些资料内所附参考图书文献提供的线索追溯查找，扩大检索线索。或者先掌握一批图书文献后所附的参考资料线索，分析查找这些图书文献相适宜的各种检索途径，然后利用相应的图书文献检索工具扩大线索，获取新的资料。

间隔交替法是利用图书文献检索工具查出一批有用的资料，再利用这些资料所附参考图书文献追溯扩大线索，然后跳过几年再用工具法查找，查出一批有用的图书文献后再进行追溯，如此循环。

该法在大型科研课题的查新、查重中使用较为普遍。在交替法中，检索人员不断循环使用两种检索方式，直到满足检索要求为止。分段法的检索覆盖面较广，就算查到的书刊不全、文献缺失，也可以检索到所需时间段内的文献资料的线索，从而满足研究的需要。

第三节　科技文献的利用

文献是知识的载体，无论是纸质文献还是电子文献或网络文献，除对知识信息表现的形式不同外，揭示的仍然是知识的本质核心。文献的利用是为了获取知识，提高能力，最终奠定研究和技术工作的基础，它不仅是培养科技工作者技术素养的需要，也是研究的需要，解决问题的需要，更是社会进步的需要。

对于科技工作者来说，阅读和利用文献的能力决定了其科研和科技论文的写作水平，由于文献是知识的载体，知识是人类进步的阶梯，所以说文献利用是科研和科技论文写作的基础，必须高度重视。

一、文献的利用途径

阅读文献的最终目的是使用文献带来的知识、方法和解决问题的思路。要想做出跟上前沿或者独创的工作，仅看教科书是不够的，因为教科书中的知识得不到及时更新，也很难包含过程知识。阅读文献，尤其是最新文献，是为了找到碎片化的新知识、新思路，甚至还处于探索之中的知识和思路。通常可以通过关注如下几个方面来有效地使用文献。

（1）引文和被引情况。从所阅读的文献的引文和被引文献中，找到所需要的相关文献，减小检索文献的负担。

（2）引言。引言一般是引用文献最多的地方。在这里，文献介绍用于展示作者对现有研究动态和历史的掌握程度，通过指出不足交代所研究的问题的重要性。从文献的引言中可以看到研究背景和已有的研究成果，尤其是从综述文献可以了解归类结果，遗留问题及可以值得考虑的新问题。

（3）文献的主题。掌握文献中描述方法、描述结果和描述图表的行业习惯，借鉴好的描述，避免自己花费大量的时间及精力。

（4）不同作者的写作习惯。通过学习不同文献和不同作者分析问题的思路，逐渐形成自己解决问题的综合思路。

（5）掌握文献的创新点。获取文献中对知识和方法的新贡献，得到文献中给出的新结果和新结论，以便得以应用，从而得到超越前人的研究结果。突出原创文献，突出有最新进展的文献，突出具体用到的文献。通过对文献不同观点的总结，明确某一专业的研究历史、各种研究方法、研究方向、各种建议，以及值得引用的描述、代表的立场等。

（6）文献引用。通过合理引用文献，使自己的文章符合写作和学术规范，并体现对所引用文献作者的尊重。就文献引用而言，不仅仅是引用，而且需要对文献进行恰如其分的介绍，以展示对现有研究动态的了解，向读者介绍已有的成果，以及与自己贡献的关系。

需要强调的是，不能只在引言中介绍文献，在方法、结果、讨论和下结论时，也需要介绍文献。例如，在结果分析中，如果需要介绍与文献的相似或不同结果，并讨论与其结果的相似或不同之处时，需要通过文献的引用来使论证更加充分。

在利用文献时还需要针对课题研究性质着重考虑如下几点：

（1）带技术攻关性质的课题。对于该类课题，文献收集的重点通常是国内外的科技报告、专利、会议文献和期刊论文等。对于这类文献可以先使用相应的专门检索工具、数据库或 Internet 搜索引擎查找一批相关的科技文献资源；然后根据所查到的科技文献资源，找出核心的分类号、主题词、作者姓名、研究机构、主要学术期刊及国内外学术会议等信息，通过这些线索再使用专业数据库、专业期刊、会议录等复查，以找全主要的参考文献信息。

（2）带仿制性质的课题。对于这类课题，文献收集的重点通常是同类的产品说明书、专利说明书和标准资料、科技报告、科技期刊等。收集的步骤一般是先通过各种手册、指南等了解有关单位的名称和情况，进而利用检索工具、数据库或 Internet 搜索引擎普查相关的专利和标准，掌握专利占有和标准公布情况，摸清主要的相关单位情况；然后通过各国的专利局网站免费获取专利说明书，通过国家质量监督检验机构网站得到相关国际国内标准，通过公共网络资源及科技情报所获取产品样本、产品说明书等。

（3）带综述性质的课题。对于该类课题，文献收集的重点通常是近期发表的各种一次和三次文献，包括以期刊论文、会议文献、专著丛书、年鉴手册和科技报告等形式出版的综述、述评、进展报告、现状动态、专题论文等。收集的方法以使用专业数据库或检索工具为主，以直接查阅有关期刊、图书和手册等工具书为辅。另外还要注意最新发表的一次文献，以补充已有的三次文献的不足。

（4）带成果水平鉴定性质的课题。对于这类课题，科技文献收集的重点通常是专利文献，也包括相关的科技成果公报类期刊、专业期刊和会议文献等。收集的步骤一般分为手工检索和计算机检索两部分。手工检索部分用以摸清基本情况，计算机检索部分则是利用手工检索所得线索予以扩展和完善，以增加可靠性，这类课题对相关文献的查全率和查准率都有较高的要求，收集时应特别注意检索策略的优化和原文的获取与分析比较。

二、纸质文献及其利用

（一）纸质文献的概念

纸质文献是以载体为单位，经过加工整序后按照一定规律存放在架位上，表现出来的是一种物理实体，如一册书、一本杂志、一张报纸、一份报告等，它所反映的是一种静态信息（如文字、图表、图像、数值数据等），所提供的附载在物理实体范围内的知识内容。因此，纸质文献的信息内容是以静态形式呈现，可随身携带，随时随地直接翻阅。

（二）纸质文献的优缺点

纸质文献作为一种最广泛的文献形式，其优点可以归纳如下：

（1）观念与阅读习惯使人类更愿意接受纸质文献。数百年来人们一直与纸质文献相伴，形成一些根深蒂固的观念和习惯，且纸质文献的生产和利用已经形成一个相当完善和稳固的体系。

（2）使用纸质文献无须专用设备。纸质文献能够在各种环境下以各种方式阅读，无须专用设备。阅读时方便读者在文献上做笔记，便于人们对多种文献信息进行对照阅读，便于长时间阅读。同时不受阅读场所的限制，可以带到自己喜欢的场所以自己喜欢的方式阅读。

（3）易于获取，价格便宜。获取容易，经济实用，便于携带，直观性强，阅读方便。一次性购入后不必再支付网络及版权费用，能满足众多读者的阅读。

（4）具有权威性。纸质文献经过多年的洗礼，已建立了完善发达的编辑、印刷、发行系统。在科学评价功能方面，各书刊出版部门都建立健全了学术评审委员会或类似机构来保证出版文献的学术水平。因而纸质文献信息的可靠性得到多数人的接受和认同。所以一些重要的具有证实和确认意义的文献仍将以纸质印刷型或纸质手抄型存在，并继续发挥其特殊的社会功能。

（5）保存成本低。存储在传统纸张上的原始文献，经过上千年仍然可以使用，纸质文献的载体与信息融为一体，保存好了载体，其信息就得到了保护。长久以来，人们对其保存积累了丰富的经验，只要温度、湿度和光照等方面把握适度，纸质文献便可长期保存。

（6）有利于知识产权保护。目前纸质文献在知识产权和版权保护方面已经有较健全的法律法规，知识产权和版权受到法律的保护。

尽管纸质文献表现出上述诸多优点，但仍然存在如下一些缺点：

（1）存放需要大量的架位和库房空间，随着文献信息量的急剧增长，纸质文献的储藏空间和文献本身所含的信息量都受到不同程度的限制。

（2）容易变质和自然老化，并且其知识的复制需要大量的人力和时间，因而不易于保存。

（3）纸质文献以优质木材为信息资料载体，既占用人类的森林资源，又因制作纸张造成污染破坏人类的生存环境。

（4）纸质文献本身所含的知识量小，许多相关的知识内容需要负载于大量纸质载体上，不利于人们的检索和利用。

（5）由于主要是通过馆内借阅和馆际间互借来实现文献的传递，在这种流通方式下，一种资源只能在同一时间内为一个用户所用，这样就会因副本量的不足而无法完全体现该文献的价值；而互借资料也会因地域条件的限制而不够及时，影响流通速度，给资源共享带来不便。

（三）纸质文献的利用

纸质文献是一种“提问 - 检索”的利用模式，即带着问题进入图书馆询问或利用检索工具，获取相关书目或篇名索引，然后查找原文。纸质文献的检索多为手工检索即利用检索工具（目录、索引、文摘等二次文献检索工具）间接地获取原始文献。通常检索工作量大，比较耗时，记录也比较费劲。

三、电子文献及其利用

（一）电子文献的概念

电子文献是信息社会文献载体形成、发展、进化的必然产物，是一种新型的知识和信息载体，以磁、光、电为介质，以数码方式存储文字、图像、图形、声音等多种形式的信息，通过计算机或具有类似功能的设备阅读使用。通常将电子文献定义为，以电子形式存在的通过计算机技术存取的文献。电子文献类型按信息的载体可分为联机网络出版物和单独发行的光盘、磁盘出版物。按信息的表现形式可分为电子出版物和非电子出版物。按信息的媒体形式可分为文本、超文本、多媒体和超媒体等。

电子文献产品多种多样。从结构上看，既有学术性、商业性内容，也有文学性、教育性、娱乐性内容，既有书目型、全文型产品，也有阅读型、视听结合型和多媒体对话型产品，既有正式出版物，也有个人信函资料、档案记录等非正式出版物。正式出版的电子文献主要有电子图书、电子期刊、电子报纸、电子名录、电子地图、软件出版物、光盘数据库、联机出版物、多媒体出版物及各种网络搜索工具等，它们当中有些是以付费网站的形式出现，而相当部分是以光盘形式发布的；非正式出版的电子文献同样是重要的文献资源，主要有电子新闻、电子邮件、电子布告和电子论坛等。

（二）电子文献的特征

与传统的纸质文献相比，电子文献具有如下特征：

（1）文献资源的数字化。电子文献能够将各类传统介质的文献进行压缩并转化为数字信息，其数字化特性主要表现在：将知识和信息转换成电子形式存在，要实现对于这些电子形式文献的处理、传递和使用，必须依赖于具有高技术含量的“电子设备”，包括计算机及其相关外部设备和软件、磁盘、光盘等存储介质以及计算机网络等必不可少的物质基础。

（2）文献实体的虚拟化。在网络环境下，电子文献的虚拟化使它突破了传统文献的信息记录规模，使文献具有超常的扩展性，使超大规模信息的管理成为可能。电子文献不仅极大地压缩了文本文献的物理体积，而且现代计算机技术的存储和检索功能使建设超级数据库这种特殊的电子文献成为可能，这便催生了虚拟化的数字图书馆。

（3）文献利用的共享化。电子文献的出现带来了阅读的革命，从此阅读具有更大的开放性，即文献利用的共享化，主要表现在：在网络背景下同一种电子文献可被许多人同时访问，成为一种共享性的阅读资源；电子文献资源不易受时间、地域限制，在网络平台上可以随意将有关文献信息从一处传到另一处，不仅体现出跨地区、跨行业的资源无限的特征，还体现出跨地区、跨国界资源共建的协调化与资源共享的便捷性；人们可以在同一个工作平台上阅读和使用多种不同类型和内容的文献；只要用户有相应的编辑软件，任何电子文献都可以编辑，因而相应内容更新较快；可以实现低成本、大批量地快速复制。电子文献可以无限次地重复使用，具有便利共享的特点。

（4）文献检索的高速化。电子文献具有高速检索特性，有些电子文献在程序设计中还能提供注记功能和提供提示、导航等辅助作用，使电子文献具有互动与快速全文检索功能。

（5）文献传递的网络化。电子文献的传递可以通过以网络为主的信息基础设施来实现。电子文献既有其开放性又具安全性。电子文献可以进行商业流通，只是与传统纸质文献有所不同，而是以所谓“使用权”的方式进行下载或流通核算。文献内容的使用权由商业出版社所主导，电子文献本身由出版商或提供者设置许多制式和约定内容，提供许多安全控制装置，如域名称与 IP 地址设定以及各种密码程序设置。

（三）电子文献的优缺点

与纸质文献相比，电子文献具有如下优点：

（1）信息存储容量大、传递快、检索方便、便于复制、利于共享。体积轻小、节约空间，且制作成本低。

（2）存储介质转换为数字化的信息资源，使信息的存储传递和查询更加方便，信息以数字化的形式存在，既可在计算机内高速处理，又可借助通信网络进行远距离传播，使得共享全球信息资源成为可能。

（3）图文声像，形式多样，生动直观，交互性强。网络信息采取的是一种自下而上的方式发布，任何人都可在网上发表见解，这有助于搜集受众的反馈信息，从而提高传播效果，便于读者对文献信息内容的理解和吸收。

（4）传播速度快，范围广，出版周期短。信息通过计算机网络高速传播，获取快，更新快，凡是网络链接的用户，都可以不分国家、区域、民族共享信息资源。

（5）具有计算机检索功能、超文本功能。信息的这种组织排列为方便用户检索、统计、分析、排序，以及为提高电子信息的使用率奠定了基础。

（6）数据结构具有通用性、开放性和标准化的特点。在网络环境下可被数人同时访问，是一种共享性的信息资源。在讲求兼容性与标准化的信息社会中，数字信息资源容易实现信息资源的扩充以及各信息系统之间的互联与操作。

（7）具有高度的整合性，便于各种媒介信息的一体化。电子文献信息资源不受时间、空间的限制，可以实现跨时空、跨行业的传播。电子信息资源的相互转换和二次开发容易形成各种数据库，便于检索和使用，增大信息资源的利用价值。

尽管电子文献与纸质文献相比具有显著的优点，但也有其缺点，主要体现在：

（1）数字转换技术容易产生信息误差及载体可改写性，不能保证其内容的真实性和可靠性。一份文件或一本图书转换成数字化形式后，其内容总会有些失真，没法保持原样原味。而且由于电子文献的复制、修改极为容易，给侵权行为打开了方便之门。会影响发表权问题、跨国出版权问题等，从而影响电子文献在网络上的传播使用。

（2）对于电子出版物，目前还缺乏统一的管理机制，没有严格的审稿制度，使其信息的权威性、准确性、深度性变化莫测，很难得到同行评议或内容审查，导致人们对电子出版物学术含量产生疑虑。

（3）阅读不便。一般不能够进行随手记录，不能同时对多种文献信息进行对照阅读。

（4）光学载体的电子文献必须加保护层，而保护层的材料在使用中易受腐蚀，使得载体感光变质，信息丢失。磁性载体的电子文献也易受温度、湿度、光照、清洁度、空气污染等的侵蚀，盘片易受磁场、核辐射、机械运动等影响，进而影响磁性载体信息的可靠性，导致数据衰减。

（5）电子网络文献受网络环境的限制，如病毒、磁场、电磁脉冲等因素的影响，信息失真的可能性相对较大。

（6）长时间阅读会影响视力。

（四）电子文献的利用

电子文献是一种“浏览 - 查询”的利用模式，电子文献的检索主要是通过搜集引擎、登录，直接链接数据库获取原始文献。特别是以计算机技术和通信技术为代表的现代信息技术的迅速发展，使信息检索技术的软硬件环境有了很大程度的提高，检索技术也从纸质文献的线性检索向超文本支持的非线性检索发展，电子文献的检索正呈现智能化、可视化、简单化、多样化、个性化、商业化的发展态势，从而实现智能、高效、快速而灵活的文献信息检索，迅速获取信息。电子文献既可以是静态还可以是动态的，只有通过下载并依附于计算机和相关的阅读器才能阅览。

（五）电子文献的载体类型及其标识

对于非纸张型载体的电子文献，当被引用为参考文献时需在参考文献类型标识中同时标明其载体类型。《中国学术期刊（光盘版）检索与评价数据规范》建议采用双字母表示电子文献载体类型：磁带（magnetic tape）——MT，磁盘（disk）——DK，光盘（CD-ROM）——CD，联机网络（online）——OL，并以下列格式表示包括了文献载体类型的参考文献类型标识：[文献类型标识 / 载体类型标识]，如：[DB/OL]——联机网上数据库（database online）；[DB/MT]——磁带数据库（database on magnetic tape）；[M/CD]——光盘图书（monograph on CD-ROM）；[CP/DK]——磁盘软件（computer program ondisk）；[J/OL]——网上期刊（serial online）；[EB/OL]——网上电子公告（electronic bullet in board online）。

四、文献质量的辨别

为了保证文献有效的参考性和指导作用，在搜集到了丰富的文献资料之后，还应当对文献资料进行审查，要选用那些有价值、可靠的资料。此外，还应对获取的文献资料从核心到一般进行排列。依据文献的原始性、完备性、可靠性和影响力判断资料的价值。

1. 文献的原始性

文献的原始性与资料的来源有关，资料有直接资料与间接资料，直接资料通常来源于当事人，堪称第一手资料或原始资料，而间接资料是利用其他文献资料加工整理形成的，称为第二手资料，即非原始资料。一般直接资料比间接资料原始性更强，也更可靠，间接材料常由于加工整理后容易被更改。但有时直接资料的观点是孤立或例外的，而间接资料反而是经过精密归纳直接资料而得到的。原则上一般以最先、最近的材料视为最可信。

在研究或论文选题时应尽可能地利用直接资料，而且原始性越强越好。但是，在直接资料存在一些局限性，如比较少，不够系统，资料内容涉及面较窄等情况时，可以使用原始性和可靠程度强的间接资料予以补充说明。

2. 文献的完备性

对所检索的文献而言，参考文献的完备性直接影响其可靠性，从事科学研究必须充分地占有资料。因此，引用文献的资料越完备价值就越高。完善的文献资源是保证文献完备性的基础，故可以依据参考文献的引用情况来判断其价值。

3. 文献的可靠性

资料可靠性越强，其价值也就越高。资料的可靠程度可从研究作者、研究文献、研究出版者等几个方面进行综合判断。首先，作者的治学态度。如果作者学风严谨，那么所引用的资料将是可靠的，学术观点及所发表的论文也是可靠的。如果只是为某种目的而发表的文章，如评职称的需要，则文章的可靠性几乎没有；其次是研究文献。完备的原始资料通常是较为可靠的，同时还应具有代表性，其论点应已形成定论；最后是研究出版者或编辑者。目前有许多期刊只为了盈利出版的，文章基本不需要审查，这样的文章当然也就没有价值，更谈不上可靠了。

4. 文献的影响力

虽然资料的社会影响越大，其价值也就越高，但也不是绝对的。对于期刊文献，可以通过杂志影响力和口碑、发表时间、作者和通讯单位、文章被引用率、对领域和学科有开拓性贡献和有助于自己课题（科研思维）等方面来其影响力。

除判断文献的价值外，还要鉴别文献的真伪，只有对文献的真伪作出正确无误的鉴别，才能在科学研究中利用可靠文献，得出正确结论。

可以通过以下步骤来具体辨别：

（1）看期刊的整体水平如何。任何高水平期刊（如行业重点期刊）都会有严格的审稿程序。而水平很低的期刊，常常会不考虑质量批量发文，则文章内容的真实性就不会很高。

（2）数据、结构及其逻辑是否合理。真论文和假论文最大的区别在于，真的研究结果具有不确定性，而假论文都是先设定好一个结果之后再去写，这样就会造成一种现象，即假论文中的整体结构往往会很完美。还有部分文章，不仅整体逻辑不清晰，而且缺乏主线，行文不规范。

（3）仔细观察文章中的细节辨别论文真假。假论文必然在细节上面存在着一定程度的问题，如数据、图表和图片等。可以通过查重来判定是否存在“抄袭和造假”的现象。

第七章　常用文献检索系统及检索方法

在当今计算机和网络高速发展的信息时代，文献逐步从纸质文献向电子文献转变，传统的文献检索系统也逐步被现代磁盘、光盘和网络数据检索系统取代，尤其是网络数据库已成为文献检索系统的主流。文献检索系统是快速获取文献的重要途径，科技工作者必须掌握最基本的文献检索系统的使用方法，学会利用文献资源，快速、准确、全面地获取所需的文献资料，提高科研和技术的工作效率，以及提升科技论文写作能力和水平。

本章就常用的中文、外文检索系统及检索方法，以及常用的搜索引擎等进行简要介绍，以便于科技人员在文献检索时参考。

第一节　中文文献检索系统

中文检索系统为检索中文文献提供了极大的方便，下面对中国知网、万方数据知识服务平台、维普中文期刊服务平台、国家图书检索系统、国家科技图书文献中心数据库、汇雅书世界、中国专利文献检索系统等一些重要的中文文献检索系统及使用方法简要介绍。

一、中国知网

中国知网（CNKI）即中国知识基础设施工程，是以实现全社会知识资源传播共享与增值利用为目标的信息化建设项目，由清华大学、清华同方发起，始建于 1999 年。CNKI 是集期刊、博士论文、硕士论文、会议论文、报纸、工具书、年鉴、专利、标准、国学、海外文献资源为一体的网络出版平台，覆盖了理工、社科、经济、教育、农业和医药卫生等各行各业。

CNKI 具有强大的检索功能，提供了文献检索、知识元检索和引文检索三个检索入口。在文献检索入口中，除了提供单个数据库的检索，还提供了统一的跨库检索平台，同时对学术期刊、硕博论文、会议论文、报纸、年鉴、专利、标准和成果等多个数据库进行一框式检索，如图 7–1 所示。

图 7–1　知网网络平台

CNKI 还提供了出版物检索、高级检索、专业检索、作者发文检索和句子检索几种面向不同需求的检索方式。

下面以“钻井液处理剂”为检索词，对 CNKI 文献检索的跨库检索、高级检索和专业检索进行简要介绍。

1. 跨库检索

跨库检索提供了类似搜索引擎的检索方式，读者只需要在检索框中直接输入检索词以及检索字段，就可以在指定范围内进行检索，如图 7–2 所示。当输入检索词时，还可以通过几种方式对检索范围进行限定。

图 7–2　跨库检索界面

（1）在检索框左侧选择检索项，检索项包括“全文”“主题”“篇名”“作者”“单位”“摘要”“被引文献”“中图分类号”“文献来源”“DOI”等，如图 7–3 所示。

图 7–3　跨库检索项选择

（2）在检索框上方对数据库进行选择，可选数据库包括“学术期刊”“博硕”“会议”“报纸”“年鉴”“专利”“标准”“成果”等，如图 7–4 所示。

图 7–4　跨库检索数据库选择

（3）在检索结果界面，检索框左侧“文献全部分类”，这里列出了十个总目录，每个总目录下面都设置了更加详细的子目录，帮助读者进一步缩小检索范围，如图 7–5 所示。

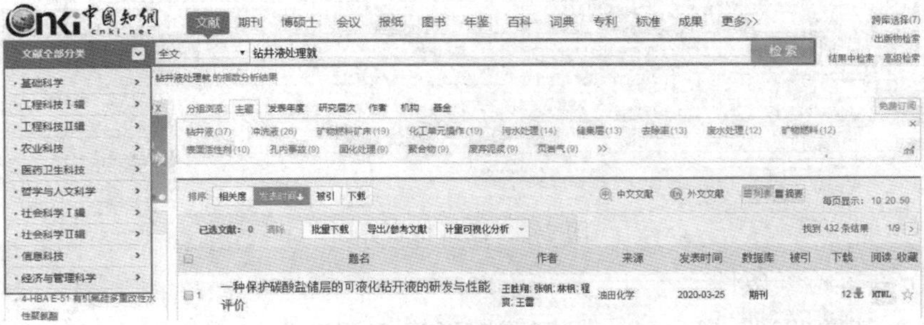

图 7–5　跨库检索文献分类选择

CNKI 发现网络平台提供了智能检索提示相关词检索和历史检索记录，帮助读者提高查全率和查准率。

以“钻井液处理剂”为检索词，检索项选择“全文”，跨库选择“学术期刊、硕博”，并在检索结果界面的文献分类选择“工程科技 I 分类下的“石油天然气工业”，检索结果如图 7–6 所示，共检索到 13306 篇相关文献。

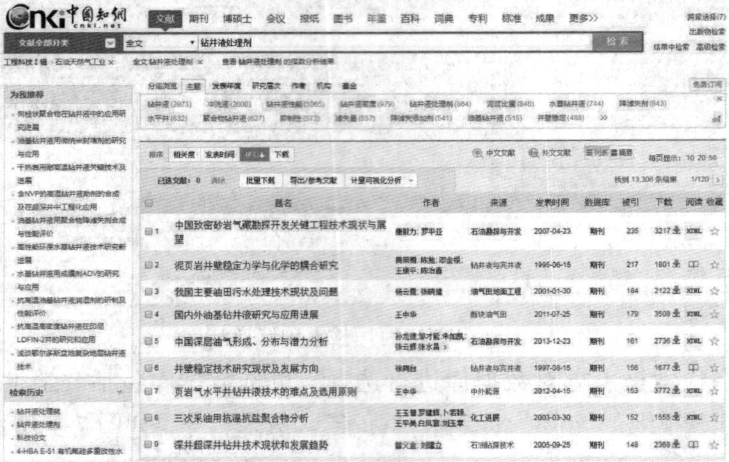

图 7–6　检索结果

2. 高级检索

对于需要专业检索和组合检索的读者可以进入高级检索模式进行检索。在检索的首页中，单击“高级检索”按钮，直接进入高级检索界面，如图 7–7 所示。在高级检索模式中，通过“内容检索条件”和“检索控制条件”两部分来限定检索内容。

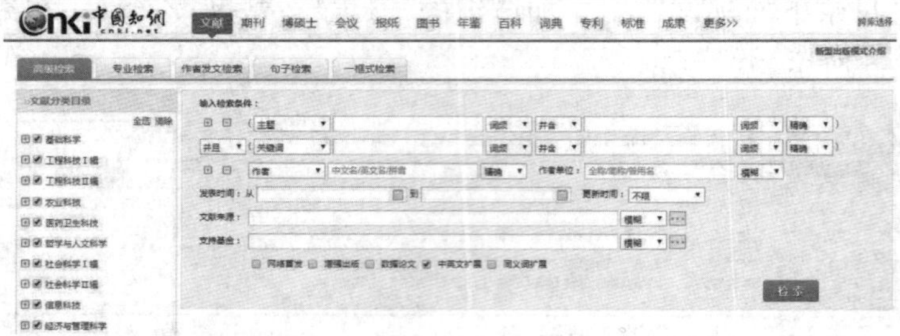

图 7–7　高级检索界面

1）内容检索条件

（1）其中的“⊞”和“⊟”按钮用来增加和减少检索条件（包括主题、篇名、关键词、摘要、全文、参考文献和中图分类号七项），检索条件之间的逻辑关系有“并且”“或者”和“不含”三种。

（2）“词频”表示该检索词在文中出现的频次，默认为 1，即至少在检索条件中出现一次。

（3）检索条件中的匹配模式包括“精确”和“模糊”。

2）检索控制条件

在高级检索中，还可以通过对“发表时间”“支持基金”“文献来源”“作者”等控制条件的组合进行限制，不断筛选修正来得到想要的检索结果。仍以“钻井液处理剂”为检索词，检索项选择“全文”，词频为默认，发表时间限定为“2009 年 1 月 1 日 ~2020 年 1 月 1 日”，第一作者限定为“王中华”，作者单位限定为“中原”，检索结果如图 7–8 所示，共检索到 45 篇相关文献。

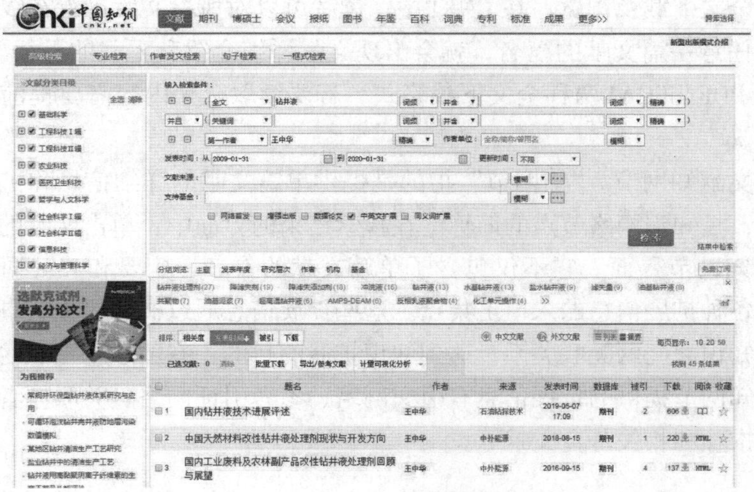

图 7–8　高级检索结果

检索结果可以按照学科、发表年度、基金、研究层次、作者机构进行分组浏览。对于检索到的文章可以先预览再下载。点击“🕮”按钮，出现“预览”界面，如图 7–9 所示。

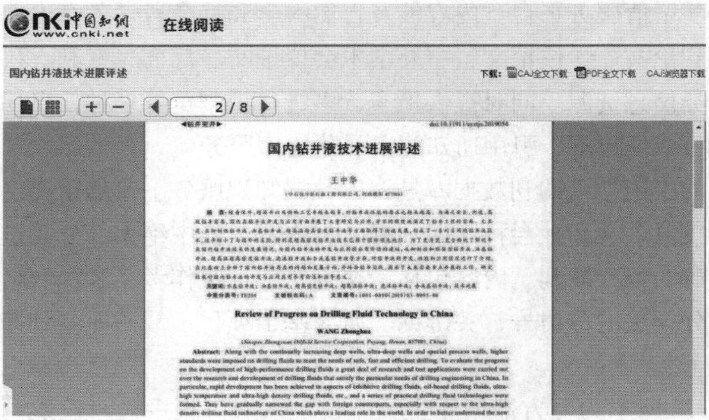

图 7–9　预览界面

3. 检索结果处理方式

（1）结果中检索。如果在得到的检索结果中检索到的文献过多，需要进一步缩小范围时，可以选择“在结果中检索”，输入限定词，就可以缩小检索文献量，使检索结果更为精确。

（2）分组排序。CNKI 的检索结果可以按照主题和发表年度分组，还可以按照相关度和发表时间排序，以方便读者查看所检文献。

（3）全文下载及浏览。在 CNKI 中，读者可以对所检文献进行在线浏览和下载。单击任意一篇文献的篇名，就会出现文献详细介绍和下载的界面。CNKI 主要提供了 PDF 和 CAJ 两种全文下载格式，若要读取全文内容需要提前安装相应的阅读器。

（4）文献知网节。“知网节”指的是提供单篇文献的详细信息和扩展信息的浏览界面，是知识网络节点的简称。在检索结果的界面中，单击文献的题目，就可以进入知网节界面。它不仅包含了单篇文献的作者、摘要和关键词等详细信息，还是各种扩展信息的入口汇集点。这些扩展信息通过概念相关、事实相关等方法提示知识之间的关联关系，达到知识扩展的目的，有助于新知识的发现和获取。目前知网节提供的扩展信息有引文网络、参考引证网络、关联作者、相似文献、读者推荐和相关基金文献等。

二、万方数据知识服务平台

万方数据知识服务平台是北京万方数据股份有限公司推出的，以中国科学技术信息研究所（万方数据集团公司）全部信息服务资源为依托建立起来的品质知识资源出版、增值服务平台。内容涉及自然科学和社会科学各个专业领域，包括中外学术期刊论文、学位论文、中外学术会议论文、标准、专利、科技成果和特种图书等各类信息资源。同时提供检索、多维知识浏览等多种信息揭示方式及知识脉络论文相似性检测、引用通知等多元化增值服务。

万方中的中国学术期刊数据库是万方数据知识服务平台的重要组成部分，集纳了多种科技及人文和社会科学期刊的全文内容。其中绝大部分是进入科技部科技论文统计源的核心期刊。内容包括论文标题、论文作者、来源刊名、论文的年卷期、中图分类法的分类号、关键词、所属基金项目、数据库名和摘要等信息，并提供全文下载。

如图 7–10 所示为万方数据库主页。在检索入口直接输入检索词，单击“检索”按钮，出现检索结果后，就可选择所需的文献。

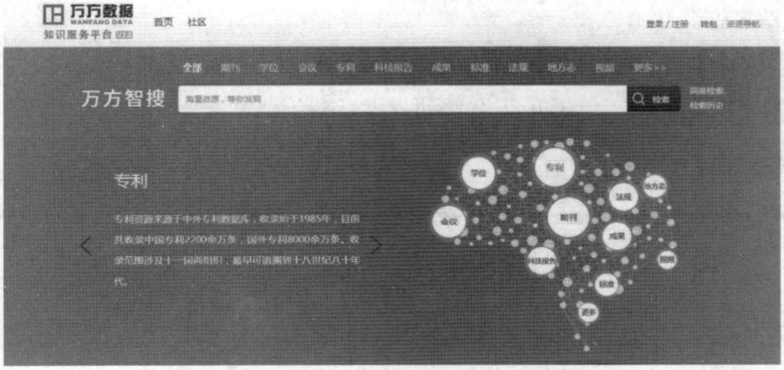

图 7-10　万方数据库主页

1. 检索功能

万方数据知识服务平台提供一站式检索和高级检索（其中包括专业检索）两种面对不同需求的检索方式。

2. 检索步骤

下面以“油基钻井液”为检索词，对万方数据知识服务平台的一站式检索、高级检索和专业检索进行简要介绍。

1）一站式检索

在万方数据知识服务平台首页的检索框内直接输入检索词，就可以对所收录的各类文献进行检索，通过选择文献类型来检索所需文献，可选择的文献类型有全部、期刊、学位论文、会议论文、专利、科技报告、成果、标准、法规、地方志和视频等。以“油基钻井液”为检索词，检索项选择“全部”，进行一站式检索，检索结果获得 1120 篇相关论文（图 7-11）。

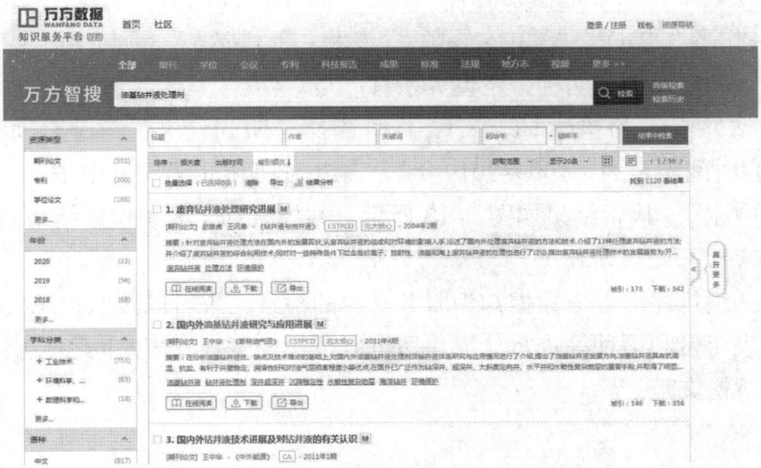

图 7-11　万方数据库一站式检索结果

2）高级检索

对检索要求比较精准的读者，可以进入高级检索模式进行检索。在检索的首页中，单击“高级检索”按钮，直接进入高级检索界面，如图 7–12 所示。

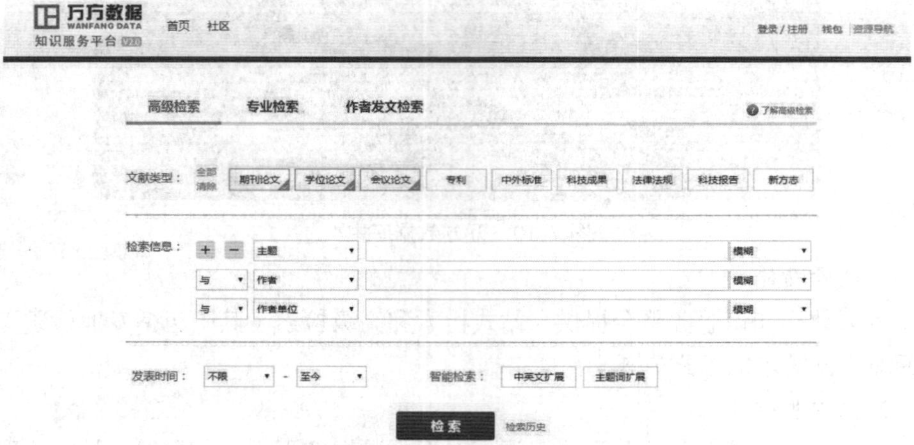

图 7–12　万方数据库高级检索界面

在高级检索模式中，可以通过选择文献类型和组合检索项两种方式来限定检索内容。

（1）选择文献类型。高级检索模式提供了“期刊论文”“学位论文”“会议论文”“专利”“中外标准”“科技成果”“法律法规”“科技报告”和“新方志”九种文献类型，可以根据需求选择一种或多种来限定检索内容。

（2）组合检索项。万方数据知识服务平台高级检索模式可以通过增加特定逻辑关系的检索条件来限定检索内容。其中，检索条件包括“主题”“题名或关键词”“第一作者”“DOI”“学位 - 导师”“专利 - 专利权人”等 51 项，匹配模式包括“精确”和“模糊”两种，逻辑关系有“与”“或”“非”三种。

以“钻井液”为检索词，文献类型选择“期刊论文”，检索项选择“主题”，发表时间限定为“1999~2019 年”，第一作者限定为“王中华”，作者单位限定为“中原”，检索结果如图 7–13 所示，共检索到 138 条检索结果。

3. 检索结果处理方式

（1）分组排序。万方数据知识服务平台的检索结果可以按照资源类型、学科分类、发表年份和语种等进行分组，还可以按相关度、发表时间和被引量排序，方便查看所检文献。

图 7-13　万方数据库高级检索结果

（2）全文下载、浏览及分享。万方数据知识服务平台检索结果的全文浏览和下载非常方便，在检索结果界面直接单击“在线阅读”或“下载”按钮就可以完成。如果需要对文章的详细信息进一步了解，可以单击篇名查看文章详细信息，同样在这一界面也可以在线查看或下载全文。万方数据知识服务平台的全文格式为 PDF 文件，需要下载相关阅读器。如果想要把这篇文章推荐给更多的人，可以单击“分享”按钮，通过“万方学术圈”“微信”“新浪微博”和“QQ 空间”等多种方式与大家分享。

（3）检索文献相关信息。在文章详细信息界面还提供了很多与该文章相关的内容，包括“参考文献”“引证文献”“相关论文”“相关博文”和“相关视频”等。

三、维普中文期刊服务平台

重庆维普资讯有限公司的前身为中国科技情报研究所重庆分所数据库研究中心，是中国第一家进行中文期刊数据库研究的机构，自主研发并推出了中文科技期刊篇名数据库，成为中国第一个中文期刊文献数据库，也是中国最大的自建中文文献数据库。

维普中文期刊服务平台（http: //qikan. cqvip. com/）是维普资讯新推出的期刊资源型产品，收录期刊总数 14000 余种，其中核心期刊 1983 种，文献总量 5900

余万篇，收录时间从 1989 年至今（部分期刊回溯至创刊年）全文采用国际通用的 PDF 格式制作及传播。

维普中文期刊服务平台可以提供快速检索、高级检索、期刊导航、学科导航、地区导航和期刊评价报告六种检索方式。以“钻井液处理剂”为检索词对快速检索方式进行简单介绍。进入维普中文科技期刊数据库的首页，默认的检索方式就是快速检索。只要选择检索项之后输入检索词，单击“搜索”按钮就可以进行检索（图 7–14）。

图 7–14 维普中文期刊服务平台

以“钻井液处理剂”为检索词，检索项为“题名”进行检索，得到 162 条检索结果，如图 7–15 所示。如果对检索结果不满意，可以使用“在结果中检索”或“在结果中去除”功能进行修改。

图 7–15 维普数据库检索结果

在检索结果展示区，提供了文章的标题、文摘、作者、刊名、出版年期等信息供浏览。如果想浏览更详细的文章信息或者下载全文，可点击文章的标题，进入单篇文章的详细信息展示页面进行阅读。

如图 7–16 所示，单篇文章的详细信息展示页面上，除了有文章的基本信息（文章标题、作者及所在机构、文章所属期刊、文摘、关键词、文章所属学科分类、文章的相关文献）以外，还提供了相关作者、相关机构、相关主题、文章分享给别人等附加功能。

图 7–16　维普中文期刊单篇文章的详细信息页面

四、国家图书检索系统

（一）图书馆联机公共目录查询系统

利用图书馆联机公共目录查询系统（OPAC，Online Public Access Catalogue）查找馆藏图书。读者可以利用计算机网络实现对馆藏图书的查找和借阅。检索结果为图书线索。根据自己的需要，在 OPAC 中选择检索途径，输入所要查找的内容，计算机则在书目数据库中寻找与之相匹配的图书并给出结果。读者根据检索结果中的索书号和该书的馆藏位置，到相应的书架上找书，最终获得图书全文。

利用国家图书馆 OPAC 查找国家图书馆馆藏图书，如，查找能同时满足题名中含有“钻井液”，作者中含有“王中华”的图书信息。具体步骤如下：

（1）登录国家图书馆主页（http://www.nlc.cn/），如图 7–17 所示。

图 7–17　国家图书馆主页

（2）单击主页右侧的“馆藏目录检索”按钮，进入 OPAC 界面，如图 7–18 所示。

图 7–18　国家图书馆 OPAC 界面

（3）单击右侧的“高级检索”按钮，选择“字段检索”选项，进入多字段检索界面，如图 7–19 所示，分别在“著者”字段中输入“王中华”，在“题名”字段中输入“钻井液”，如图 7–20 所示，单击“确定”按钮。

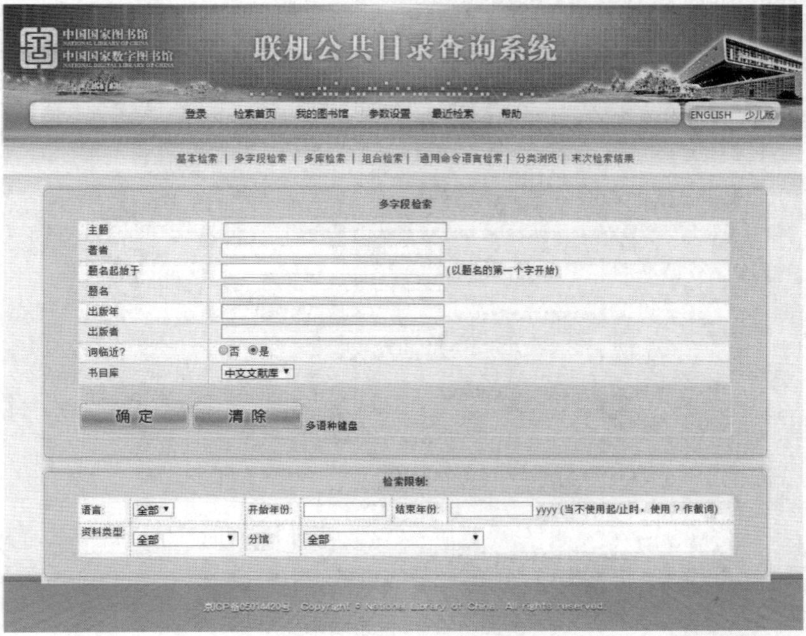

图 7–19　多字段检索界面

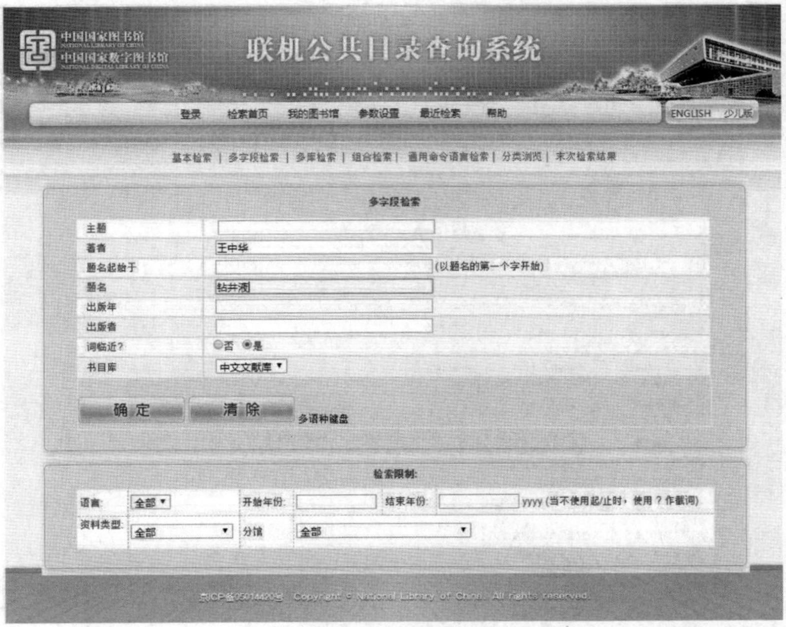

图 7–20　输入检索词

（4）得到检索结果，如图 7–21 所示。

图 7-21　检索结果

（5）单击“查看所有馆藏单册信息”超链接，获得该书在各个馆藏位置的详细信息、索书号及保存位置，如图 7-22 所示。

图 7-22　馆藏信息界面

利用图书目录进行检索时需要注意如下三点：

（1）检索 OPAC，著者、书名、分类和主题是主要的检索途径。

（2）OPAC 检索界面和检索途径没有统一标准可循，各种机读目录提供的检索界面和检索途径都有所不同，有的 OPAC 图书检索系统只提供简单检索。国家图书馆的 OPAC 图书检索系统既提供简单检索，也提供复合检索（多字段检索或组合检索）。

（3）从主题途径或从分类途径进行检索时，需要输入规范化的主题词或分类号（或类目），即输入的主题词或分类号（或类目）必须和检索系统中使用的主题词和分类号（或类目）相一致。因此，在使用分类检索或主题检索前，应掌握相关的主题词和分类号。

（二）中国国家图书馆数字资源

中国国家图书馆的数字资源建设开始于 20 世纪 80 年代，1987 年开始建设中文书目数据库，1999 年开始有计划地进行数字资源库建设。目前国家图书馆数字资源的内容涵盖文本、图片、音频、视频和网络资源等，主要包括电子图书百万余种，电子期刊、电子报纸约数十万种，学位论文约 400 万篇，音频资料约 101.6 万首，视频资料约 8.9 万小时。中国国家图书馆的数字资源内容主要有五大来源：馆藏特色资源数字化、外购数据库、网络导航和网络资源采集、数字资源征集和电子文献呈缴 / 交换。

自建特色资源数据库包括文献系列、特藏系列和专题导航三部分，内容涉及：中文电子图书、博士论文、民国文献、在线讲座、在线展览、甲骨实物与甲骨拓片、敦煌文献、金石拓片、地方志、西夏文献、年画、老照片和音像资源等，其中全文数据内容超过 2 亿页，并实现互联网免费访问。

检索步骤：进入国家数字资源图书馆主页，单击“查找更多数字资源”按钮，在资源列表中单击“特色资源”就可以进入各个自建特色资源数据库，如图 7–23 所示。

网页资源获取系统是国家图书馆开发的网络资源工作平台，系统注重数字保存，将网络文档保存为符合 ISO 标准的文档，实现了网络资源的长期保存。同时是系统集网络资源的采集、保存、编目和发布、服务的功能于一身，为图书馆员提供了一个流畅的网络资源采编存阅的一体化平台。

国家图书馆的数字资源可以通过数字资源门户、读者门户和文献搜索三种方式来访问。其中访问数字资源门户仅限于国家图书馆到馆的读者使用；读者门户面对的是注册认证过的馆外读者；文献搜索是面向所有到馆和馆外读者的访问方式，但在线阅读功能需要在读者门户系统中登录才能使用。

图 7–23　国家数字资源图书馆的数字资源

五、国家科技图书文献中心数据库

国家科技图书文献中心（NSTL）是于 2000 年 6 月 12 日组建的一个基于网络环境的科技信息资源服务机构，中心由中国科学院文献情报中心、中国科学技术信息研究所、机械工业信息研究院、冶金工业信息标准研究院、中国化工信息中心、中国农业科学院农业信息研究所、中国医学科学院医学信息研究所、中国标准化研究院标准馆和中国计量科学研究院文献馆组成。

NSTL 的访问网址是 https://www.nstl.gov.cn/，所拥有的资源包括印刷本文献资源和网络版全文文献资源。

NSTL 是我国收集外文印本科技文献资源最多的，是面向全国提供服务的科技文献信息机构，初步建成了面向全国的国家科技文献保障基地。学科范围覆盖自然科学、工程技术、农业科技和医药卫生四大领域的 100 多个学科和专业。以国家许可、集团购买和支持成员单位订购等方式，购买开通网络版外文现刊近 12000 种，回溯数据库外文期刊 1500 余种，中文电子图书 23 万余册。提供的服务包括：文献检索和原文提供、网络版全文数据库、期刊分类目次浏览、联机公共目录查询、文献题录数据库检索、网络信息导航、专家咨询服务和专题信息服务等。

输入网址 http: //www. nstl. gov. cn，进入文献检索界面，可以看到，NSTL 的文献检索有期刊、会议、学位论文、报告、专利、文集、图书、标准和计量规程等文献检索方式，可根据需要选择一种或多种（打“√”为选定），如图 7–24 所示。

图 7–24 “文献检索”界面

1. 普通检索

进入文献中心的首页，默认的检索方式就是普通检索（图 7-24）。只要选择检索项之后输入若干检索项，选择相应数据库，是最常用的检索方式。同时还可以对检索的文献类型、查询范围和查询年限进行设定，在输入检索词之后，也可以在检索结果的基础上加入新的限定条件，进行“二次查询”。

2. 高级检索

高级检索是比较复杂的一种检索方法，检索结果精准。选择“高级检索”选项，进入高级检索界面，如图 7–25 所示，通过选择限定条件可以保证检索结果精准。

图 7–25　高级检索界面

3. 专业检索

选择“专业检索”选项，进入专业检索界面，如图 7–26 所示，通过选择限定条件可以保证检索结果精准。

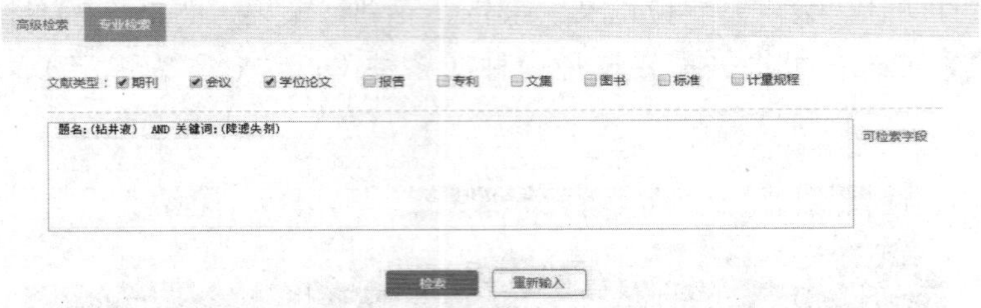

图 7–26　专业检索界面

首先利用系统提供的数据库“可捡字段对照表”（如图 7–27）选择字段，所选字段自动在检索框生成，在检索式文本框中，将第一个检索词输入后，选择该词与第二个检索词之间的逻辑关系（如“and”），则“and”也会自动添加到检索式文本框中（如图 7–26 所示）；然后再选择下一个检索词的字段并输入检索词……若不用“字段对照表”选择字段而直接输入查询内容，表示在全部字段中查询。

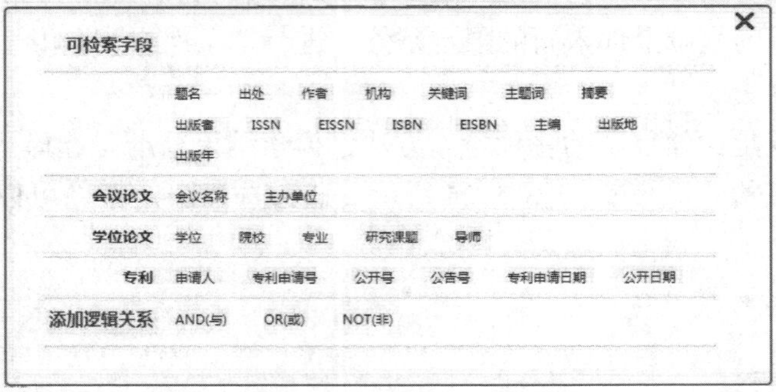

图 7–27　检索字段列表

六、汇雅书世界

汇雅书世界（原超星数字图书馆）是目前国内最大的中文电子图书数据库，拥有电子图书 100 多万种，收录范围从 1977 年至今，图书内容涵盖中图法 22 大类，包括石油工程、储运工程、地球科学与勘探技术、能源科学与技术、环境科学与工程、生物工程、化学化工、机械工程、材料科学与工程、计算机科学与软件工程、电子信息工程、建筑工程、物理学、数学、经济管理科学、人文社会科学、法学、外语教学与语言学、体育科学等各个学科门类。

汇雅书世界的检索方法有分类检索、快速检索和高级检索三种，如，利用汇雅电子图书全文数据库检索有关“油田化学品”方面的图书，阅览图书前需先下载“超星阅读器”，具体步骤如下：

（1）进入汇雅电子图书全文数据库检索界面（http://www.sslibrary.com/），如图 7-28 所示。

图 7-28　汇雅电子图书全文数据库检索界面

（2）在主页左侧“图书分类”中单击具体类目，选择子类，在确定的子类中选择合适的图书，如图 7-29 所示，再单击图书信息下方的“阅读器阅读”按钮，阅读器会自动弹起，便可阅览图书全文。

图 7-29　分类浏览图书

或在其检索系统中选择给定的检索字段（包括书名、作者、目录、全文检索）后输入检索内容，如选择“书名”字段后输入“油田化学品”，如图 7–30 所示。

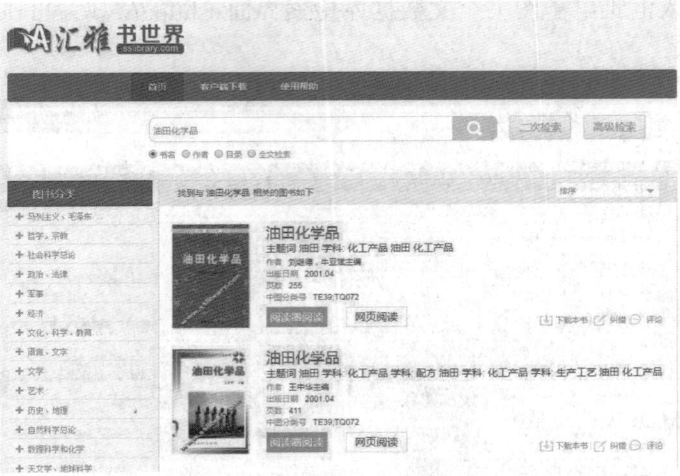

图 7–30　图书检索

（3）选择王中华主编的《油田化学品》，单击“阅读器阅读”按钮，显示该书中的目录，如图 7–31 所示。

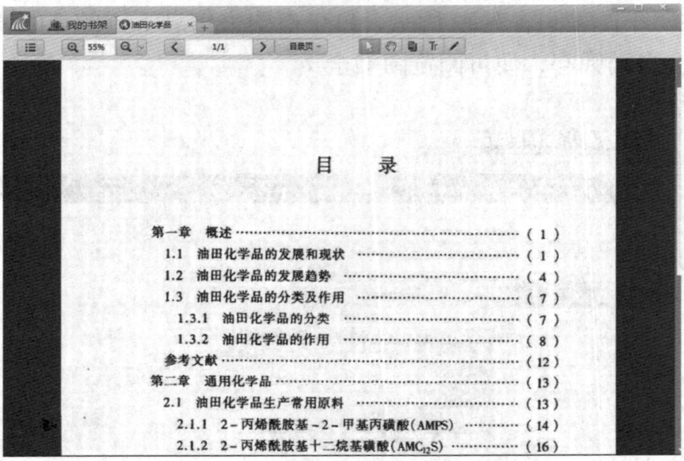

目　录

图 7–31　图书目录

（4）任选某页，进行全文阅览，如图 7–32 所示。

（5）单击鼠标右键，在弹出的菜单中对全文阅览进行其他操作，包括前后翻页、缩放、下载图书和打印等，如图 7–33 所示。

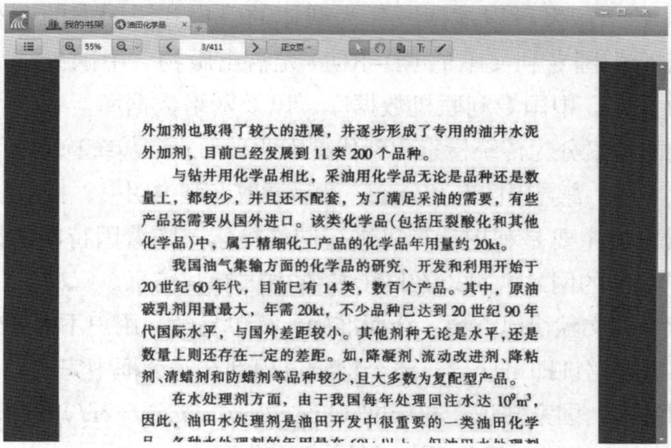

图 7-32　阅览全文

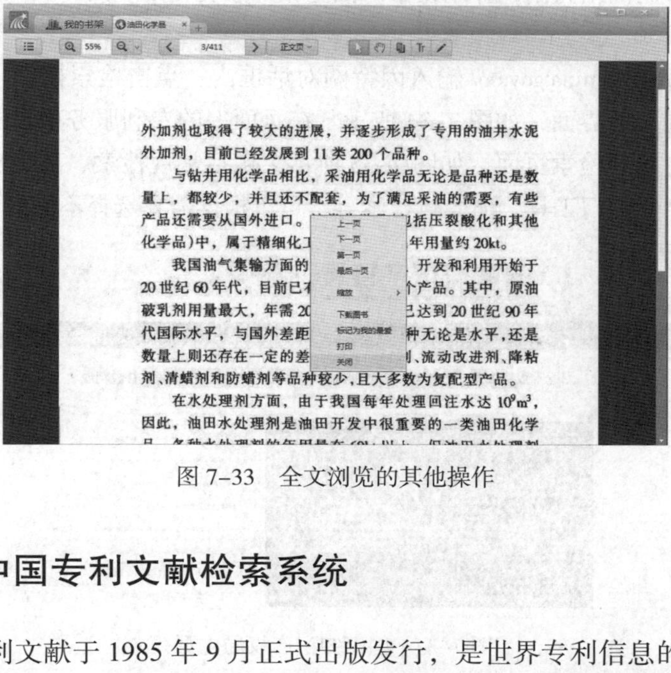

图 7-33　全文浏览的其他操作

七、中国专利文献检索系统

中国专利文献于 1985 年 9 月正式出版发行，是世界专利信息的重要组成部分，专利内容丰富，发展十分迅速。中国专利文献反映了我国人民改造自然与社会的聪明才智和科学技术发展水平与成果，已成为中国发展经济、繁荣科学、推动社会进步的重要信息资源。

中国专利文献是由中国专利出版社出版发行。专利文献主要包括：发明专利公报、实用新型专利公报和外观设计专利公报，发明专利申请公开说明书、发明专利说明书，实用新型专利说明书，专利年度索引。1985 年以纸质版出版发行，1987 年开始出版发行以缩微胶片为载体的公报和说明书的专利文献。1992 年开始出版发行中国专利文献的 CD-ROM 光盘出版物。中国专利数据库包括中国专利光盘数据库、中国专利联机数据库，以及网络数据库。

中国专利的检索分为传统检索和现代检索两种形式。传统检索方法通常是利用中国专利检索工具，查寻中国专利公报，然后索取专利说明书，目前已很少采用。

现代检索方法主要是利用计算机进行网络检索。随着因特网的快速发展，我国相继建立了自己的网站，可以在网上检索中国专利信息。

网上检索专利文献快捷方便，全面准确，简单易学。用户不需要懂得过多的专利知识，也不需要培训即可使用。整个检索过程都在对话框中完成。目前国内检索专利信息的网站有：国家知识产权局网（https://www.cnipa.gov.cn/）；中国知识产权网（http://www.cnipr.com/）；中国发明专利技术信息网（http://www.1st.com.cn/）。现以国家知识产权局网站为例，介绍检索"油基钻井液乳化剂"的专利文献步骤。

1. 输入网址

将 https://www.cnipa.gov.cn/ 输入因特网对话框内，点击检索按钮，便出现"国家知识产权局"的界面，如图 7-34 所示。在页面上的专利服务项目中点击"专利检索"按钮，出现检索页面，如图 7-35 所示，包括常规检索、高级检索、导航检索、药物检索、热门工具、命令行检索等。可以根据需要选择不同的检索途径。

图 7-34　国家知识产权局主页

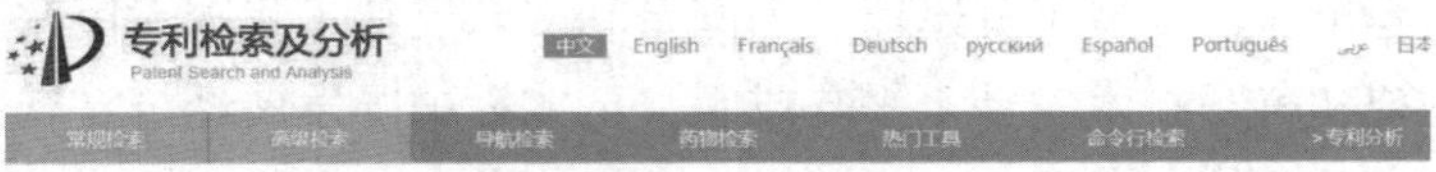

图 7-35　专利检索页面

2. 检索方法

利用常规检索，检索范围选择"中国"，检索项选择发明名称，以"油基钻井液乳化剂”为检索词，将这个词输入检索词框内，点击检索按钮，在页面上立刻显示出 7 条专列题目信息，如图 7-36 所示。

图 7-36　检索结果

3. 下载全文

通过浏览专利题目信息，选择需要的专利，点击“详览”，便显示出专利著录项目和文摘内容，如图 7-37 所示，通过阅读专利文摘，确认信息价值后，点击“全文文本”或“全文图像”，界面上显示出专利说明书全文，阅读后如果需要下载，点击“下载”即可。

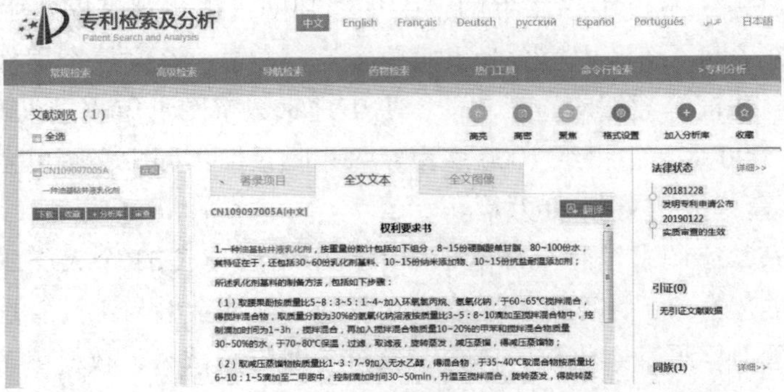

图 7-37　专利信息浏览界面

八、其他数据库及检索系统

（一）中国石油文献数据库（CPA）

中国石油文献数据库是由中国石油集团公司经济和信息研究中心自行开发建

设的大型、综合性中文石油科技文献数据库。收录了1985年以来与石油行业上下游有关的中文期刊560余种，以及国内公开发表的各种不同类型的文献，如期刊、会议论文、汇编统计、著作、报告等。

收录石油文献的专业范围：包括了石油工业上下游12个专业大类，石油工业概况和石油经济与法规、油气地质与勘探、物探、测井、钻井、油气田开发与开采、油气田建设工程、海上油气勘探与开发、石油炼制与石油化工、油气储运、石油机械、环境保护与综合利用。

（二）国外石油文摘数据库（FPA）

国外石油文献数据库（简称FPA）是由中国石油天然气集团公司石油经济技术中心开发建设的综合性、文献型数据库。数据以《石油与天然气文摘》期刊为基础，主要收录与石油行业上下游有关的外文期刊近200种，以及国外公开发表的多种类型的文献，如期刊、会议论文、专著、论文汇编、专利等。

收录石油文献的专业范围与中国石油文献数据库相同。

（三）书生之家数字图书馆

书生之家数字图书馆是由北京书生数字技术有限公司于2000年正式推出的中文图书、报刊网上开架交易平台。它集成了图书、期刊、报纸、论文、CD等各种载体的资源，下设中华图书网、中华期刊网、中华报纸网、中华资讯网和中华CD网等子网。资源内容分为书（篇）目、提要、全文三个层次，并提供全文、标题、主题词等数据库检索功能，书生之家数字图书馆收录入网出版社500多家，期刊7000多家，报纸1000多家，每年收录新出版中文图书45000种，刊文献60多万篇，报纸文章90万篇。

书生之家数字图书馆将全部电子图书按中图法分成31个大类，包括：文学艺术A、文学艺术B、计算机及通信与互联网、经济金融与工商管理A、经济金融与工商管理B、语言文化教育体育、教材参考与考试A、教材参考与考试B、生活百科、少儿图书、综合性图书与工具书、法律、军事、政治外交、社会科学、哲学宗教、历史地理、科普知识、知识信息传媒、自然科学、农业科学、医药卫生、一般工具技术、矿业工程、冶金与金属、石化与能源动力、电工技术、轻工业与手工业、电子及电信与自动化、其他工业技术、建筑及交通运输与环境。每个大类下面又有若干小的类目依次逐级细分，共有四级。例如，在文学艺术A类下细分为文学理论、中国文学、世界文学、经典名著四个子类；在文学理论下又细分为总论、文艺美学、文学理论的基本问题、文艺工作者等几个子类。

第二节　外文文献检索系统

本节重点介绍EI Compendex数据库、Web of Science数据库、Elsevier ScienceDirect数据库、Springer电子期刊数据库、IEEE/IET Electronic Library（IEL）全文数据库、美国专利数据库、欧洲专利检索系统和OnePetro综合数据库等数据库及其检索方法。

一、EI Compendex数据库

EI Compendex是《工程索引》（The Engineering Index）的网络版数据库，是世界上最全面的工程领域文摘数据库，也是目前最常用的文摘数据库之一。侧重于工程技术领域文献的报道，涉及核技术、生物工程、交通运输、化学和工艺工程、照明和光学技术、农业工程和食品技术、计算机和数据处理、应用物理、电子和通信、控制工程、土木工程、机械工程、材料工程、石油、宇航、汽车工程以及这些领域的子学科。每周更新所收录的工程类期刊和会议录。

数据库为用户提供了快速检索（Quick Search）、专家检索（Expert Search）、叙词检索（Thesaurus Search）三种检索方式，并提供了Author、Author affiliation、Controlled term、Source title、Publisher索引辅助浏览。输入https://www.engineeringvillage.com/，登录后系统默认为Quick Search界面，如图7–38所示。

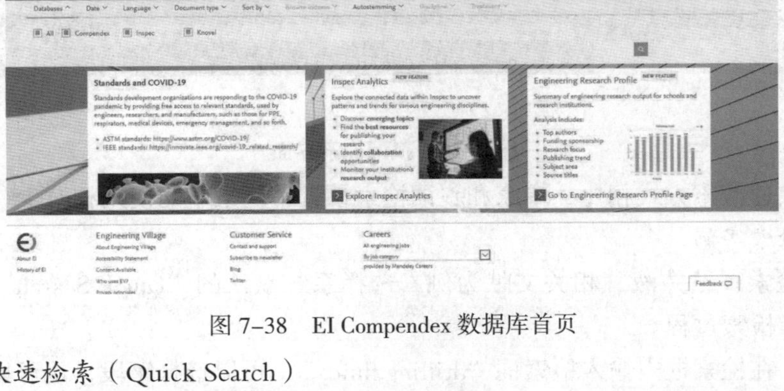

图7–38　EI Compendex数据库首页

1. 快速检索（Quick Search）

快速检索是最常用的检索的方式。快速检索时，可在检索框中输入检索

词，并选择需要检索的检索字段，系统提供 All fields、SubjectTitle/Abstract、Abstract、Author 等 20 个检索字段。当系统检索时，按从左到右的顺序进行检索，然后再执行逻辑匹配。当检索条件不够时，可以增加检索条件，目前系统最多可增加到 12 条。

2. 专家检索（Expet Search）

如图 7–39 所示，专家检索是运用逻辑运算符、字段标识符、括号和位置算符来构建检索式进行检索，提供出版年的限定。这种检索方式适合于专业检索人员或对系统检索方法十分熟悉的检索者，该检索方式可以灵活运用各种检索技巧，系统虽然只提供一个检索框，却可以在其中同时输入多个检索词及逻辑组配符，组成一个专业的检索式输入其中而执行检索。在检索时，需要用到一些字段的代码及文献类型的代码。

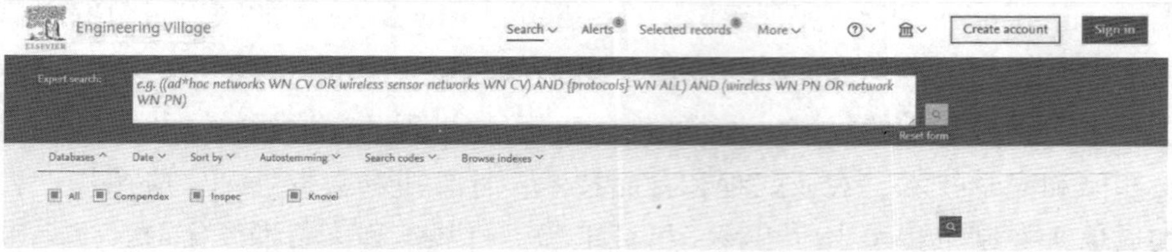

图 7–39　专家检索界面

3. 叙词检索（Thesaurus Search）

如图 7–40 所示，叙词检索是通过主题词表进行检索，单击“Thesaurus”打开叙词表，输入关键词，单击“Search Index”系统显示与之相应的叙词勾选后，系统将所选的叙词调检索框。选完词后，单击“Search”检索，这种方式可以提高检索率。

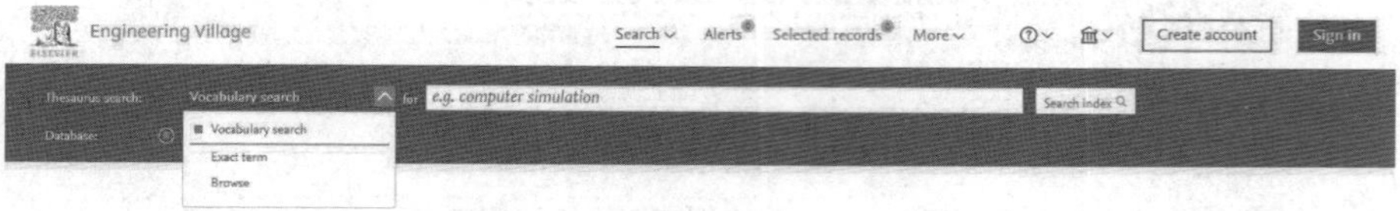

图 7–40　叙词检索界面

与快速检索方式相比，专家和叙词检索在日常检索中的使用相对少一些。

4. 检索实例

以检索“钻井液”相关文献为例。选择系统默认的“Quick Search”方式，介绍具体检索过程。

（1）在检索框内输入检索词“drilling fluids”，可以选择字段，也可以限定文献类型、文献处理类型、时间跨度和文献语言等，单击“Search”，得到检索结果，如图 7–41 所示。检索结果提供相关度、出版时间、作者、来源和出版者等几种排序方式，还提供作者、作者单位、控制词表、分类代码、国家和年度等多种途径精炼检索结果。

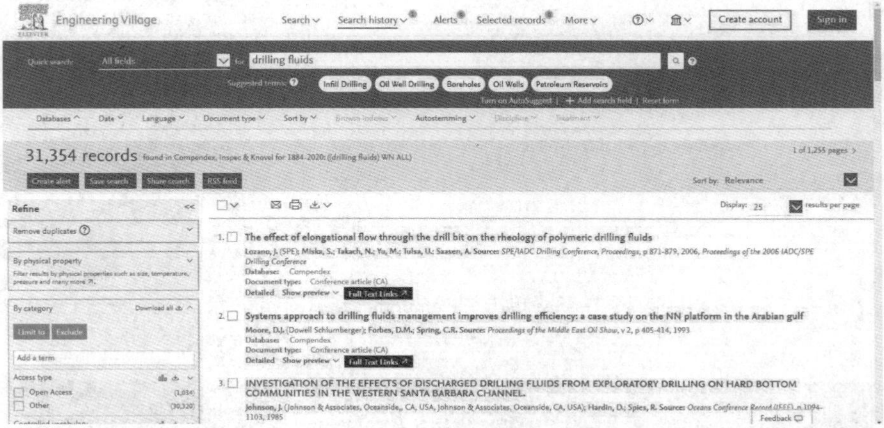

图 7–41　检索结果

（2）在检索结果界面，单击“Detailed”显示该记录的详细著录信息，如图 7–42、图 7–43 所示，单击“full text links”，如机构购买了资源则会链接到全文信息。

（3）对于目标文献，单击文献标题前的小方框，选中文献，选中的文献数量显示在“Selected Records”后，如选中四篇，则显示为“ Selected Records(4)”，如图 7–44 所示，单击“ Selected Records(4)”后，显示所选择的记录，如图 7–45 所示，可选择“Email”“Print”“Download”等方式对检索结果进行保存。

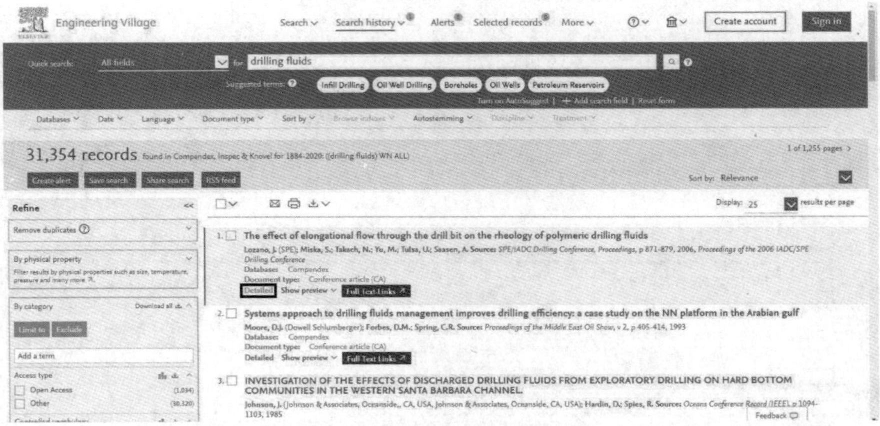

图 7–42　单击“Detailed”

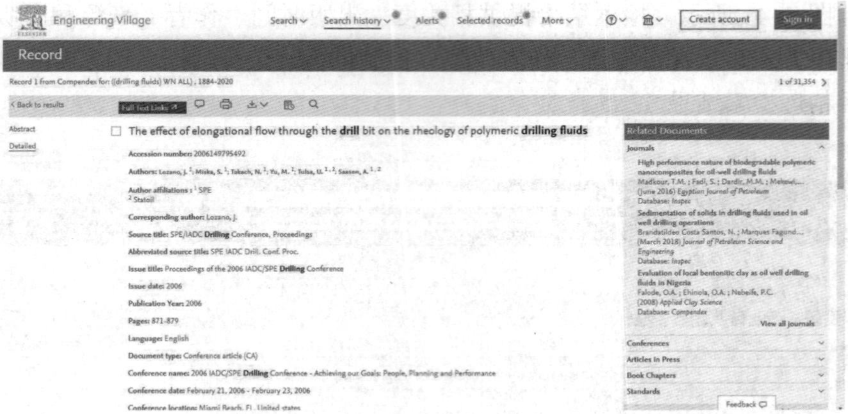

图 7–43　单击“Detailed”显示内容

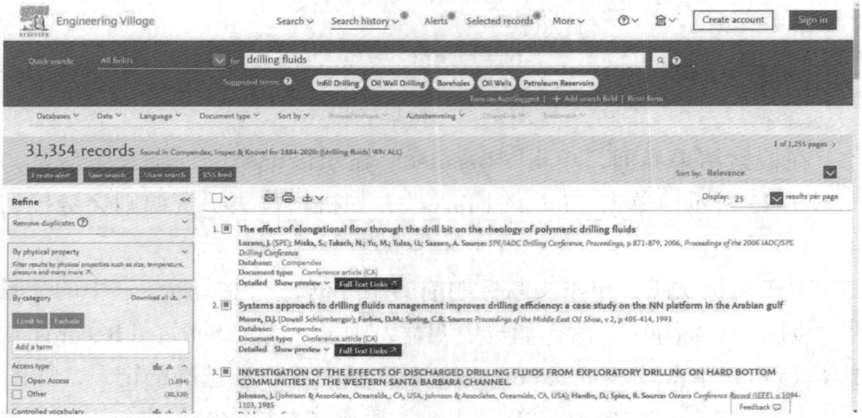

图 7–44　Selected Records 操作

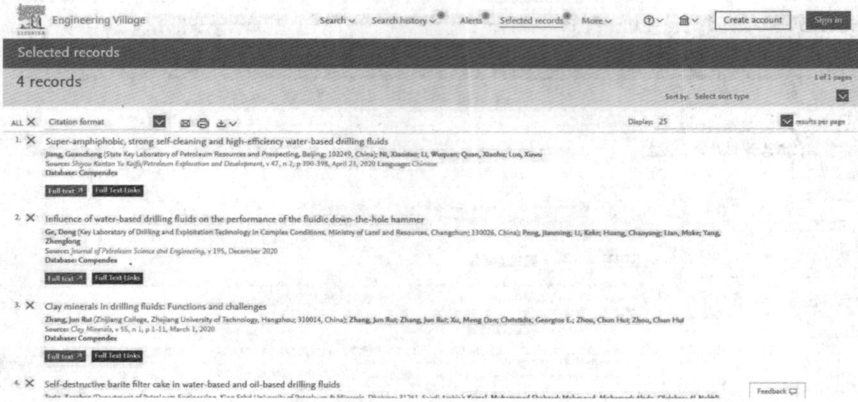

图 7–45　Selected Records 记录

（4）在检索结果中选择自己要导出的文献，单击“⤓”，出现如图 7–46 所示界面。

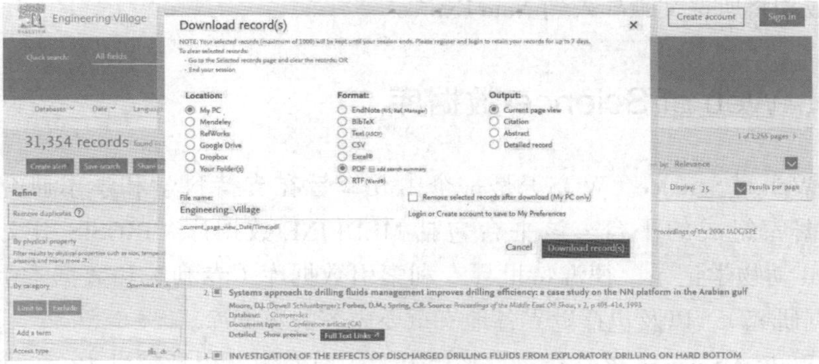

图 7–46　Download records（s）选项界面

（5）在 Format 选择“PDF”，最后单击“Download records 按钮，如图 7–47 所示。

图 7–47　导出文件

点击“直接打开”按钮，如图 7–48 所示。

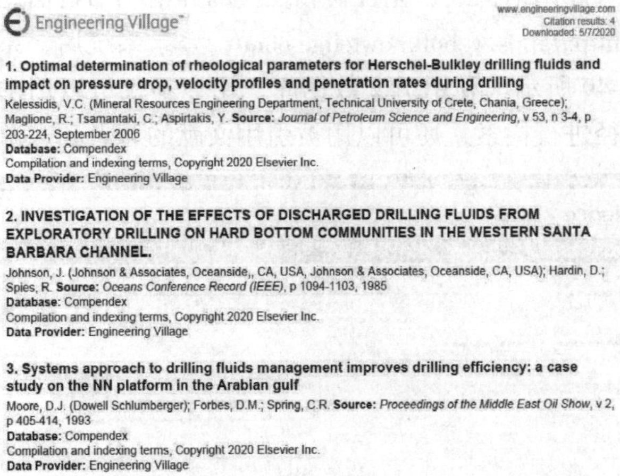

Engineering Village™

www.engineeringvillage.com
Citation results: 4
Downloaded: 5/7/2020

1. Optimal determination of rheological parameters for Herschel-Bulkley drilling fluids and impact on pressure drop, velocity profiles and penetration rates during drilling
Kelessidis, V.C. (Mineral Resources Engineering Department, Technical University of Crete, Chania, Greece); Maglione, R.; Tsamantaki, C.; Aspirtakis, Y. **Source:** *Journal of Petroleum Science and Engineering*, v 53, n 3-4, p 203-224, September 2006
Database: Compendex
Compilation and indexing terms, Copyright 2020 Elsevier Inc.
Data Provider: Engineering Village

2. INVESTIGATION OF THE EFFECTS OF DISCHARGED DRILLING FLUIDS FROM EXPLORATORY DRILLING ON HARD BOTTOM COMMUNITIES IN THE WESTERN SANTA BARBARA CHANNEL.
Johnson, J. (Johnson & Associates, Oceanside,, CA, USA, Johnson & Associates, Oceanside, CA, USA); Hardin, D.; Spies, R. **Source:** *Oceans Conference Record (IEEE)*, p 1094-1103, 1985
Database: Compendex
Compilation and indexing terms, Copyright 2020 Elsevier Inc.
Data Provider: Engineering Village

3. Systems approach to drilling fluids management improves drilling efficiency: a case study on the NN platform in the Arabian gulf
Moore, D.J. (Dowell Schlumberger); Forbes, D.M.; Spring, C.R. **Source:** *Proceedings of the Middle East Oil Show*, v 2, p 405-414, 1993
Database: Compendex
Compilation and indexing terms, Copyright 2020 Elsevier Inc.
Data Provider: Engineering Village

图 7–48　导出的 pdf 格式列表

如果安装了 Note Express 软件，可以在 Format 选择“EndNote”格式，最后单击“Download records”按钮，点击“直接打开”按钮，单击“开始导入”按钮，即成功将所选文献导入到 Note Express。

二、Web of Science 数据库

ISI Web of Science（WOS）是一个由几个旨在支持科学和学术研究的文献检索数据库组成的平台。该平台包括 MEDLINE 数据库、BIOSIS 引文索引和 Zoological 动物学记录，德温特世界专利索引数据库（专利）和数据索引（数据集和数据研究），以及包括世界各地有重要内容的数据库。

ISI Web of Science 核心合集是平台上的主要资源，包括超过 18000 个同行评审出的高品质学术期刊（包括开放存取期刊），超过 16000 个会议文献，80000 本以上专业编辑挑选的图书。目前核心合集包括八部分内容：三个引文数据库，即科学引文索引扩展版（Science Citation Index Expanded，SCIE），社会科学引文索引（Social Science Citation Index，SSCI），艺术和人文科学索引（Arts & Humanities Citation Index，A&HCI）；一个会议论文引文数据库，即会议论文引文数据库（Conference Proceedings Citation Index–Science，CPCI）；一个图书引文索引，即图书引文索引（Book Citation Index，BCI）；一个新兴的引文数据库，即新兴资源引文索引（Emerging Sources Citation Index，ESCI）及两个化学数据库，化学数据库（Current Chemical Reactions）收了来自期刊和专利文献的一步或多步新合成方法，Index Chemicus 则收录世界上有影响的期刊报道的新颖有机化合物，两个化学数据库可以用结构式、化合物和反应的详情和书目信息进行检索。

输入网址：http://apps.webofknowledge.com/，登录系统后，系统默认为基本检索界面，如图 7–49 所示。利用引文数据库，用户不仅可以用主题、著者、刊名和著者地址等途径进行检索，还可以用被引用文献的著者和来源进行检索。

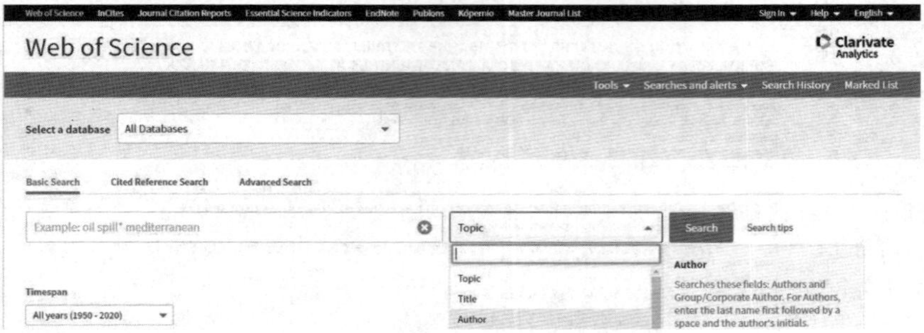

图 7–49　Web of Science 检索界面

数据库的界面语言包括简体中文、繁体中文、英文、日文、韩文等，这里选择简体中文，数据库选择所有数据库，如图 7–50 所示。数据库为用户提供了三种主要检索方式，分别为基本检索（Basic Search）、被引参考文献检索（Cited Reference Search）、高级检索（Advanced Search）。

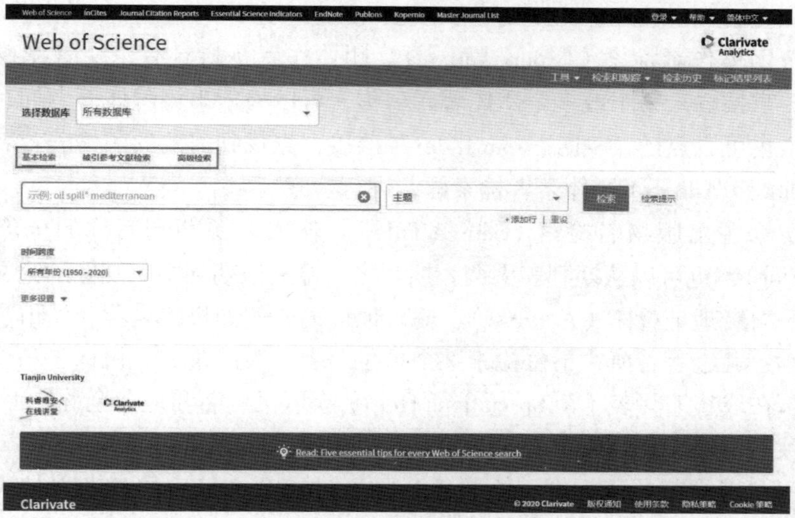

图 7–50　三种检索方式

1. 基本检索（Basic Search）

基本检索是通过主题、标题、作者、出版物名称、出版年、地址、作者识别号、DOI、编者和团体作者等检索字段来检索来源文献，如图 7–51 所示。

图 7–51　基本检索界面

（1）主题检索（Topic Search）。输入检索词或词组，在文献篇名（Title）文摘（Abstract）及关键词（Key words）字段中进行检索，可使用算符（and、or、 not、same 或 sent）连接词或词组，也可用截词符进行截词检索。

（2）作者检索（Author）。输入作者、编者姓名，姓在前，后跟一个空格和名的首字母，名的首字母最多取 5 个。如果著者名的首字母不能完全确定，可以在已知的首字母后用截词符号“*”截断（如 HOFFMAN*），没有名的首字母也可只输入姓。

（3）团体作者检索（Group Author）。团体作者是指具有论文著作权的机构或学会。直接输入一个或多个团体著者名称，可以检索出该团体著者拥有著作权的论文，也可以点击“Select from Index”链接，查找到需要的团体著者名称，选中后添加到（Add to）团体著者检索框，进行检索。

（4）来源出版物名检索（Source Title）。输入来源期刊名称的全部或部分（可用截词），也可以从期刊表中调入期刊名，检索该期刊中所刊登的论文记录。

（5）著者地址检索（Address）。输入地址词，例如机构名称、城市、国家或邮政编码，通过著者所在单位检索某个单位著者发表的论文。机构名和地名通常用缩写，在线查缩写表（Abbreviations Help）获取机构名和地名全称。

2. 被引参考文献检索（Cited Reference Search）

被引参考文献检索，即引文检索，是通过来源文献后的参考文献检索论文被引用的情况。系统提供被引作者、被引著作和被引年份等检索字段。在进行被引作者检索时，一般以第一作者进行检索，若以其他作者进行检索，如 Web of Science 数据库未收录将得不到检索结果，并且被检索文献的非标准著录格式也会检索不到，如图 7–52 所示。

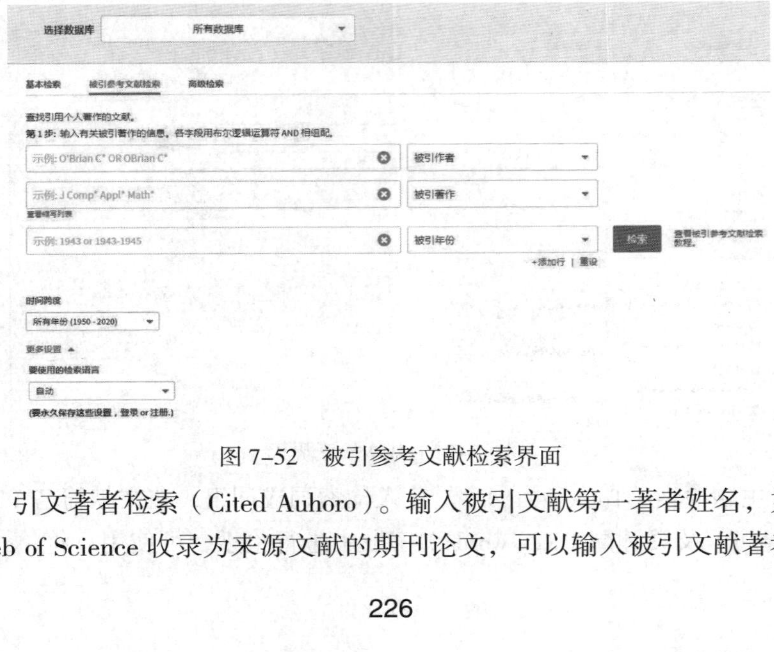

图 7–52　被引参考文献检索界面

（1）引文著者检索（Cited Auhoro）。输入被引文献第一著者姓名，如果引文涉及 Web of Science 收录为来源文献的期刊论文，可以输入被引文献著者中任何著者姓名。著者姓最长不能超过 15 个字符，15 个字符后进行截词，姓后跟空格和最多 3 个名的首字母，第一个首字母后可用截词符。

（2）引文出版物检索（Cited Work）。通过刊登被引文献的期刊名称检索被引文献。被引出版物名称最多只能输入 20 个字符，期刊名使用缩写，图书可以输入书名中前面一些重要的字符。对于专利，可以在被引出版物框中输入专利号。

（3）引文年代检索（Cited Year）。通过引文出版物的出版年代检索文献。输入 4 位数字的出版年，或者输入用 or 逻辑运算符连接的一系列出版年。专利文献使用专利公布日期。

3. 高级检索（Advanced Search）

检索系统对高级检索中检索表达式的书写有一定的要求，所以一般能熟练运用逻辑算符和字段标识符的读者使用该检索方法比较合适。高级检索可将多个字段或历次检索步号组配检索，熟练掌握检索字段代码和检索技术的用户，可直接在检索输入框中构造检索式。在检索表达式中可以使用逻辑运算符、括号等。不熟悉的用户参照高级检索界面的右侧列出字段标识符和布尔逻辑算符构造检索式，同时还可以用文献的语种和文献类型进行限定。

高级检索界面提供独立的检索文本输入框（图 7-53），用户可在文本框中直接输入一个较为复杂的检索提问式。检索提问式可由前置字段代码的检索词或前次结果的集合号组成，检索词之间可用逻辑算符连接，检索词中也可用截词算符。例如，TS=（nanotub* AND carbon）NOT AU=Smalley RE ；#1 NOT #2。各种检索限制设置与一般检索方式相同。

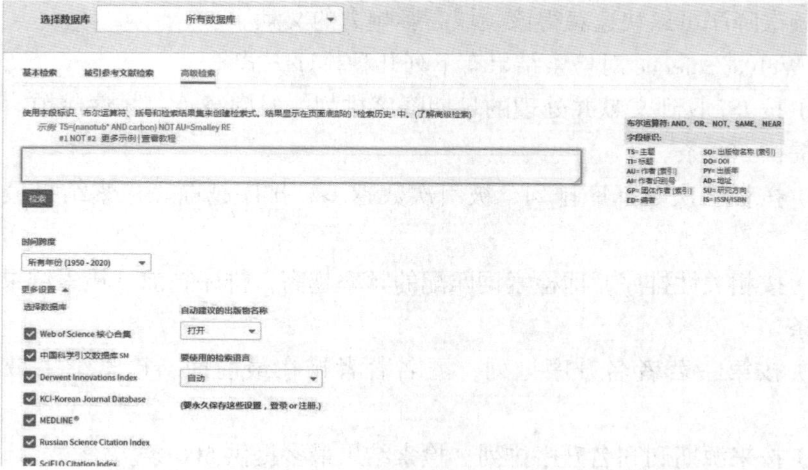

图 7-53　高级检索界面

4. 检索实例

以基本检索为例，在基本检索界面，选择检索字段为“主题”，在检索框内输入检索词“Drilling Fluids”，可以限定文献时间跨度、选择数据库，单击“检索”按钮得到检索结果，如图 7–54 所示，得到 61330 篇文献。

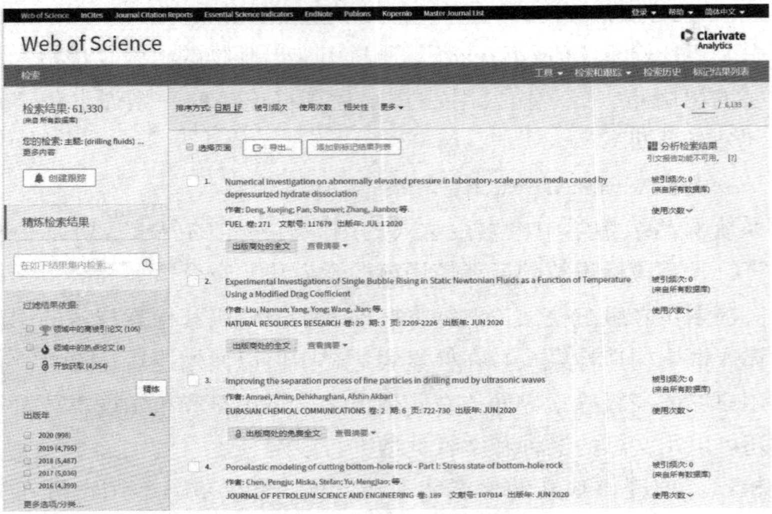

图 7–54　检索结果

在检索结果界面，利用“排序方式出版日期降序”下拉框，选择出版日期降序或升序、最近添加、被引频次降序或升序、相关性、第一作者升序或降序、来源出版物名称升序或降序、会议标题升序或降序等对检索结果进行重新排序。通过被引频次降序可以快速获得该领域高影响力的文献。

ISI Web of Science 对检索结果有下列几种排序方式：

（1）按 ISI 收到文献并处理的日期降序排列，时间越近，排序越前。检索结果最多提供 500 条。

（2）按被引次数降序排列，被引次数越多，排序越前。检索结果最多提供 300 条。

（3）按相关性排序，即检索词匹配的频率越高，排序越前。检索结果最多提供 500 条。

（4）按第一著者名升序排列，匿名著者排在最前面。检索结果最多提供 300 条。

（5）按来源期刊刊名升序排列。检索结果最多提供 500 条。

这些排列方式对于检索结果的多重分析或归类整理统计都很有意义。

Web of Science 提供下列几种输出方式：

（1）打印。打印前可选择打印项目（有九个项目供选择，即引文、语种、文献类型、作者地址、出版项、关键词、文摘、国际标准刊号和被引文次数）和打印排序的方式，但有些项目，如著者名、篇名和刊名等是每次都输出的。

（2）打印记录。将所选记录设置为可供打印的格式。

（3）保存至文献管理工具。可将结果保存至 Endnote Online 或 Endnote Desktop 等管理工具中。

（4）直接进入电子信箱。在输入需要的电子邮件地址后，检索结果可直接进入有关的信箱。

在检索结果界面，单击检索结果界面上方的分析检索结果，进入分析选项界面。提供作者、丛书名称、会议名称、国家 / 地区、出版年、来源出版物、文献类型、机构、基金资助机构、授权号、团体作者、语种、学科类别、编者、组织、组织扩展和研究方向等分析选项。选择分析字段为“来源出版物”，设置显示结果记录数及排序方式，得到该领域发文量排在前 10 位的期刊，通过作者分析可以发现该领域的研究历史和发展。

支持二次检索，可在检索框内输入检索词进行二次检索。系统提供 Web of Science 类别、文献类型、研究方向、作者、来源出版物等多途径限定，如在精练检索框内输入“additives”，进行二次检索。检索结果如图 7–55 所示，文献数量减少至 3403 篇。

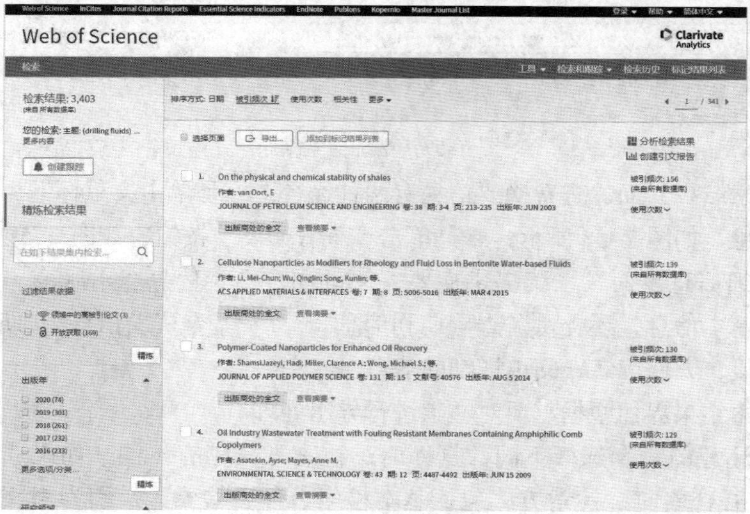

图 7–55　精练检索结果

如果想对该领域的进展进行快速了解，可以通过“文献类型”精炼方式，将“文献类型”限定为“review”，得到综述性文献69篇，如图7–56、图7–57所示。

图 7–56　精炼文献类型

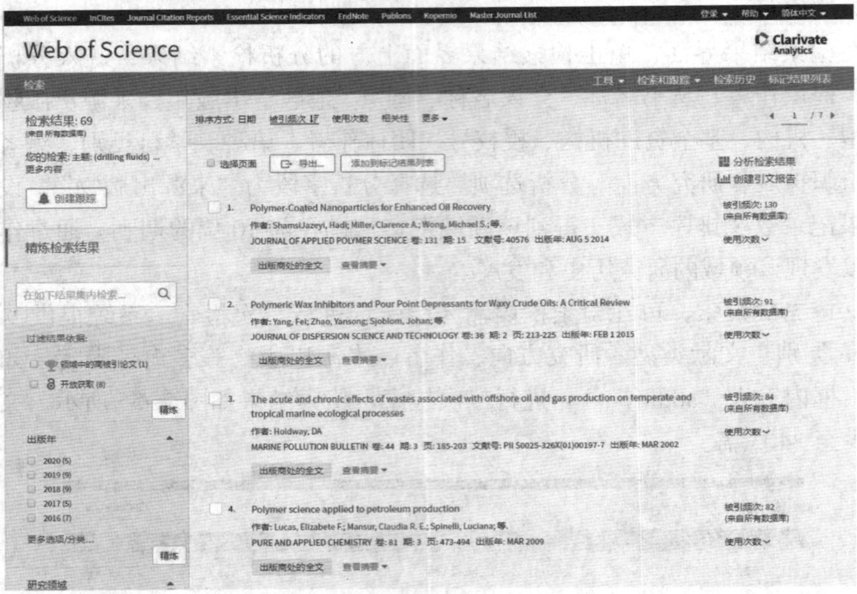

图 7–57　精炼检索结果

在检索结果界面，查看摘要信息有两种途径：一是单击文献标题，显示文献的详细信息，如图 7–58 所示；二是单击“查看摘要”按钮，如图 7–59 所示。

在详细信息界面，系统提供摘要、关键词、作者信息、出版商、类别和文献信息等基本信息，还提供“查看期刊信息”“查看基金资助信息”“期刊引证报告”等链接，方便读者查阅更详细的信息。

在检索结果界面根据需要对文献进行导出处理。

需要注意的是，选择不同数据库时，检索方式稍有不同，如果选择 Web of Science 核心合集时，检索方式包括基本检索、作者检索、被引参考文献检索、高级检索和化学结构检索，如图 7–60 所示。

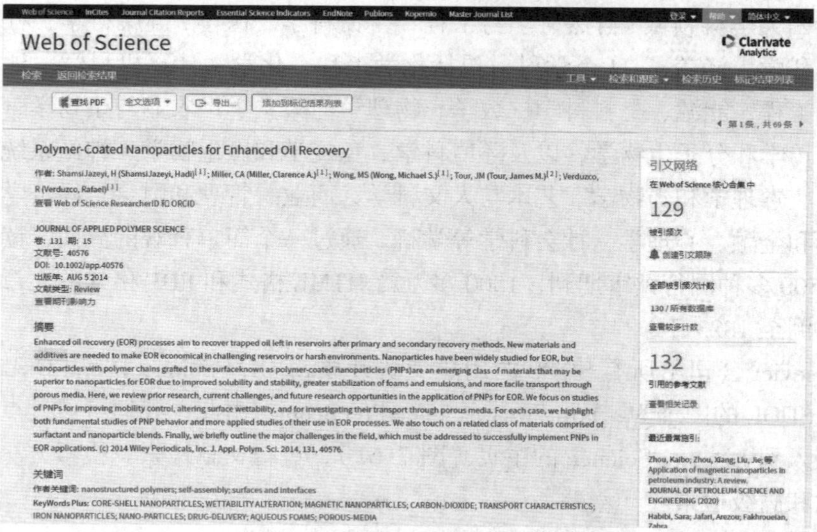

图 7–58　显示文献详细信息

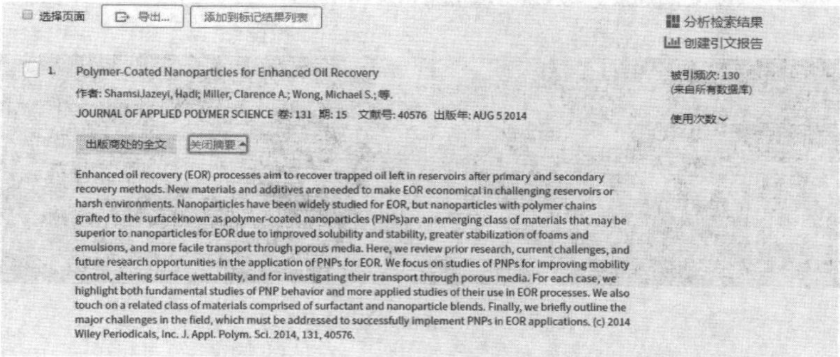

图 7–59　查看摘要

图 7–60　选择 Web of Science 核心合集时检索界面

三、Elsevier ScienceDirect 数据库

Elsevier ScienceDirect 数据库（简称 Elsevier SD）是荷兰爱思唯尔（Elsevier）出版集团建设的世界著名的科学文献全文数据库之一。ScienceDirect 平台上的资

源分为四大学科领域：自然科学与工程、生命科学、医学/健康科学、社会科学与人文科学，涵盖了24个学科，包括化学工程、化学、计算机科学、地球与行星学、工程、能源、材料科学、数学、物理学与天文学、农业与生物学、生物化学、遗传学和分子生物学，以及环境科学、免疫学和微生物学、神经系统科学、药理学、毒理学和药物学、艺术与人文科学、商业、管理和财会、经济学、计量经济学和金融、心理学、社会科学等学科。通过一个简单直观的界面，读者可以浏览2500多种同行评审期刊，1500多万篇HTML格式和PDF格式的文章全文，最早回溯至1823年。

Elsevier公司给所有SDOS的用户免费开放SDOL（ScienceDirect OnLine）数据库。SDOL的网址为：http://www.sciencedirect.com，由此，我们可通过点击这一网址进入到Elsevier Science的主页（图7–61），进行文献检索。检索方法包括简单检索和高级检索。

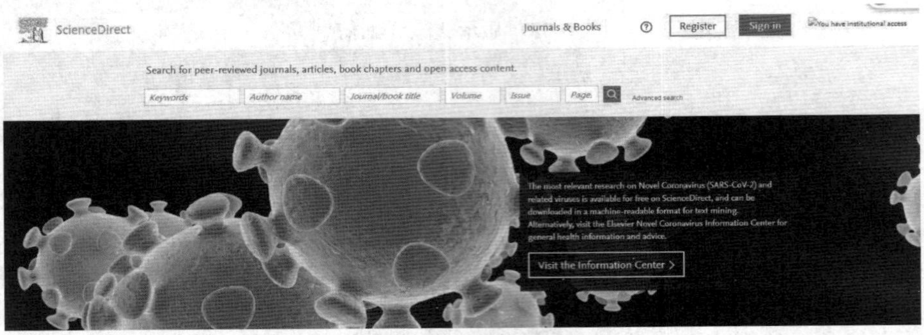

图7–61 ScienceDirect主页

1. 简单检索（Simple Search）

简单检索界面如图7–62所示，可以输入检索条件进行检索。

图7–62 简单检索界面

1）快速浏览（Quick Search）

如需查某一原始文献资料，在主页简单检索栏目中输入关键词、作者名、杂志名、卷、期、页，点击搜索，即可查到原始文章（图7–62）。若查阅关键词“drilling fluids”的文章，按栏目要求输入drilling fluids点击搜索，出现含有“drilling fluids”的文章列表（图7–63）。继续搜索，则可查找到相应的文章，通过点击“Download PDF”可直接浏览、打印或下载原文。

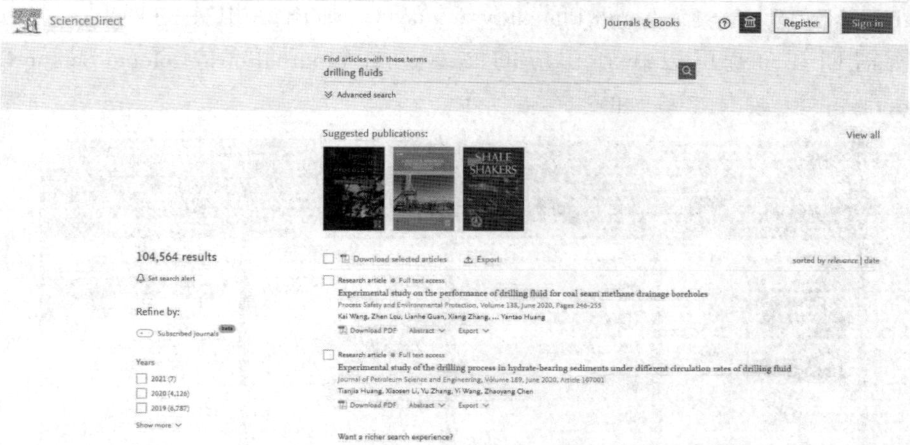

图 7-63　检索结果

2）通过主题浏览（Browse by Subject）

如图 7-64 所示在“Explore scientific，technical，and medical research on ScienceDirect”下包括如下内容：Physical Sciences and Engineering，Life Sciences，HealthSciences，Social Sciences and Humanities 等。其中：

Physical Sciences and Engineering：Chemical Engineering；Chemistry；Computer Science；Earth and Planetary Sciences；Energy；Engineering；Materials Science；Mathematics；Physics and Astronomy.

Life Sciences：Agricultural and Biological Sciences；Biochemistry，Genetics and Molecular Biology；Environmental Science；Immunology and Microbiology；Neuroscience.

Health Sciences：Medicine and Dentistry；Nursing and Health Professions；Pharmacology，Toxicology and Pharmaceutical Science；Veterinary Science and Veterinary Medicine.

Social Sciences and Humanities：Arts and Humanities；Business，Management and Accounting；Decision Sciences；Economics，Econometrics and Finance；Psychology；Social Sciences.

图 7-64　主题浏览界面

如果查找与石油相关的期刊或文章，可以直接在 Physical Sciences and

Engineering 中点击 Earth and Planetary Sciences，则出现相关的期刊，继续点击所需期刊，就可以找到相应的文章。如《Journal of Petroleum Science and Engineering》，如图 7–65 和图 7–66 所示。

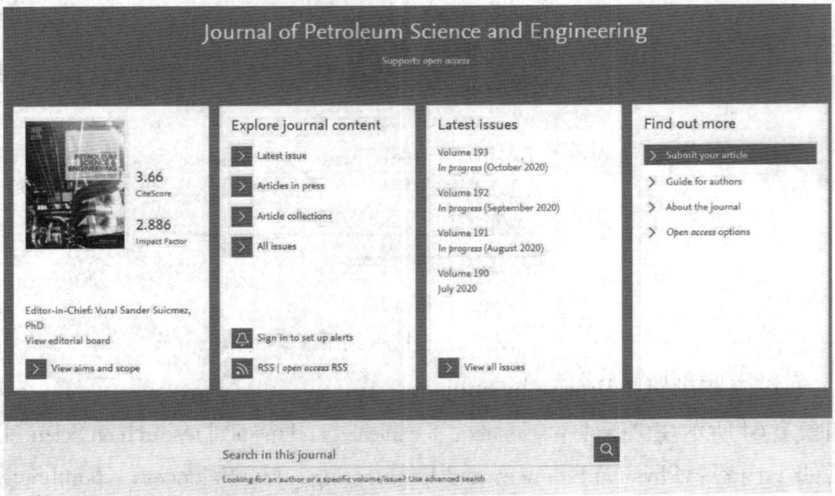

图 7–65　期刊页面

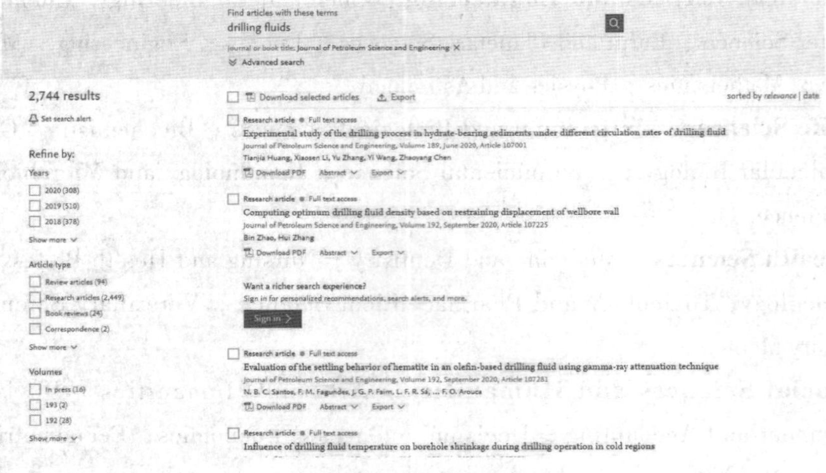

图 7–66　查询结果

可以根据需要阅读摘要或 PDF 文本等。

3）出版物题目浏览（Browse by Publication Title）

可以按字母查找有关的杂志，如要查 Analytica Chemica Acta，先在“Browse by Publication Title”栏中点击 A，在“Domain”下拉栏选择“Chemistry”，在“Subdomain”下拉栏选择“Analytical Chemistry”，在发现的期刊列表中找到

“Analytica Chemica Acta”（图 7–67a），点击“Analytica Chemica Acta”，在左边栏目点击“All issues”（图 7–67b），浏览相应的年、卷、期，就能查到相应的文章。如查找 Volume 668，Issue 2，P87~214 的文章，结果如图 7–68 所示。

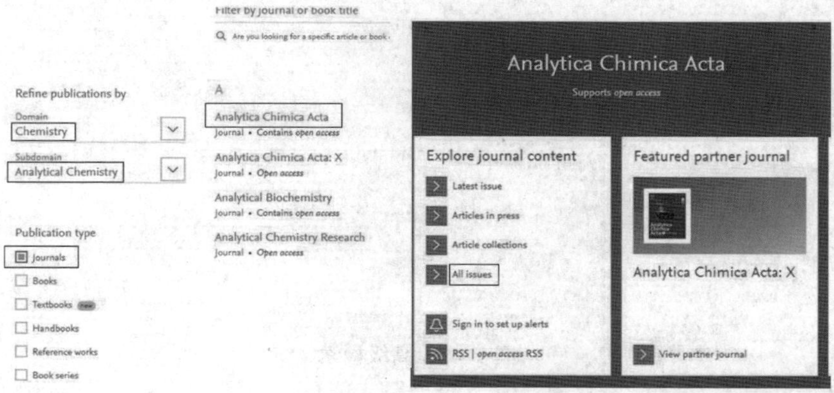

a　　　　　　　　　　b

图 7–67　查找过程界面

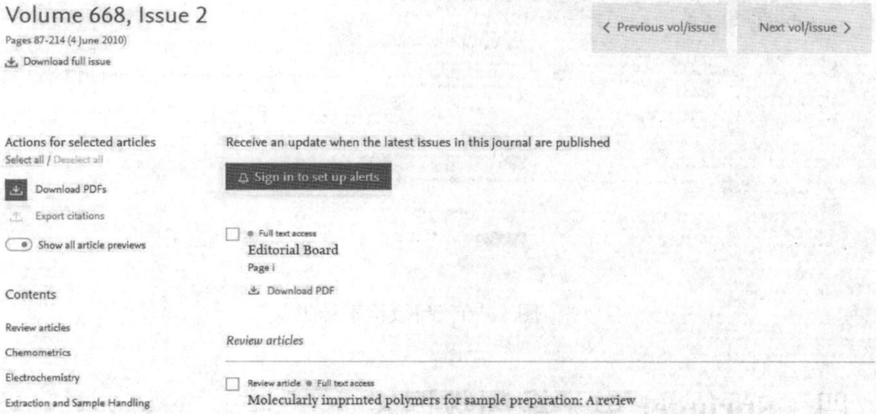

图 7–68　题目浏览界面

2. 高级检索（Advanced Search）

如果需要进行更详细的检索，在简单检索的界面单击“Advanced search”按钮，如图 7–69 所示。

高级检索提供期刊或书名、年份、卷、期、页、DOI、ISSN 等检索入口，还提供文献类型限定等方式。在高级检索界面输入 Journal or book title: Journal of Petroleum Science and Engineering，Year: 2012–2019，Authors: Abo Taleb T.，Title，abstract，keywords: drilling fluids，点击搜索，得到如图 7–70 所示检索结果。可以根据需要阅读摘要或“PDF”文本等。

图 7-69　高级检索

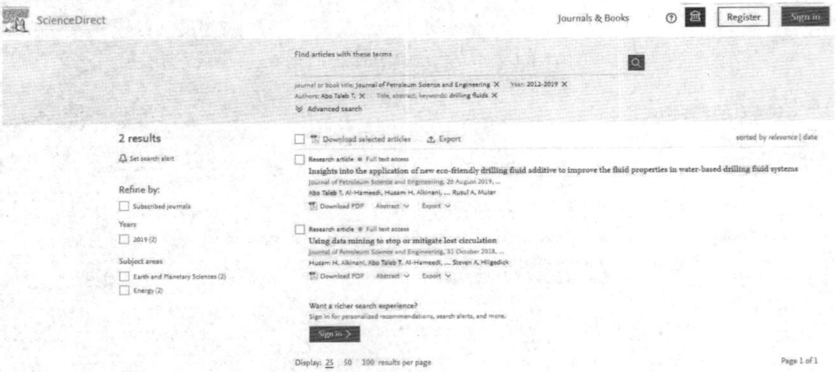

图 7-70　高级检索结果

四、Springer 电子期刊数据库

德国施普林格（Springer-Verlag）是世界上著名的科技出版集团，通过 Springer Link 系统发行电子图书并提供学术期刊的检索服务。通过 Springer Link 可以免费阅览文摘，但获取全文需是注册订阅用户和期刊订购用户。

Springer 每天都会新增高品质的内容，如学会刊物、参考工具书、会刊、专著、手册、实验室指南及更多内容。当然，这不仅仅是内容数量的多少问题，Springer 的内容全部提供参考文献链接、检索结果、社群书签以及最新的语义链接等功能，使用户可于更短时间内获得更精确的搜索结果和相关内容。

Springer 电子书与电子期刊共同整合在 Springer Link 平台上提供 PDF 全文下

载以及 HTML 在线浏览，此外还提供 PDF 预览功能，读者可以快速浏览电子图书的各个章节，在确认内容后再下载。检索方式支持简单关键词检索和高级检索，例如作者名检索，检索结果可以列表查看，E-mail 发送，以 CSV 格式导出，以及 RSS 推送。Springer 电子书可以与 Springer 电子期刊等产品互相链接，并且可以提供 Open Url，进而和图书馆的自由馆藏进行链接。读者可以对 Springer 电子书进行个性化设置，保存检索结果、数目和关键词、设计书签、设置电子邮件提醒等。提供语义链接功能、“相关文献”功能。检索方法如下：

输入网址 https://link.springer.com/，进入 SpringerLink 主页，如图 7-71 所示。SpringerLink 系统主界面提供一框式检索和高级检索，以及按学科类别浏览、按出版物（期刊、图书等）名称浏览等检索方式。

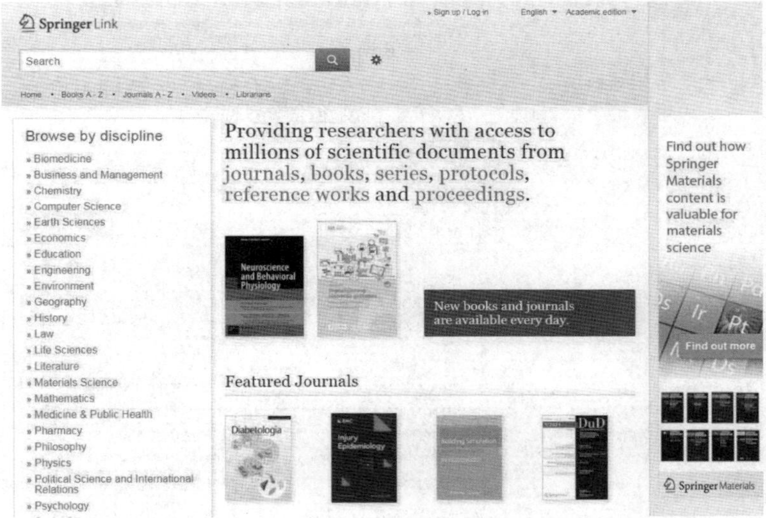

图 7-71　Springer 主界面

1. 按学科类别浏览

单击 SpringerLink 主页左侧的某一学科名称链接，即可得到与该学科相关的所有文献，也可以在得到的某一学科类别的检索结果中进行二次检索，以得到更加专指的文献。例如，限定在“Chemistry”类别中二次检索包含“Engineering”的文献，检索结果页面如图 7-72 所示。

2. 按出版物名称浏览

可按照期刊或图书名称浏览，如通过期刊查找文献，点击“期刊（Journals）”则出现从 A~Z 按字母次序编排的期刊名（图 7-73）。

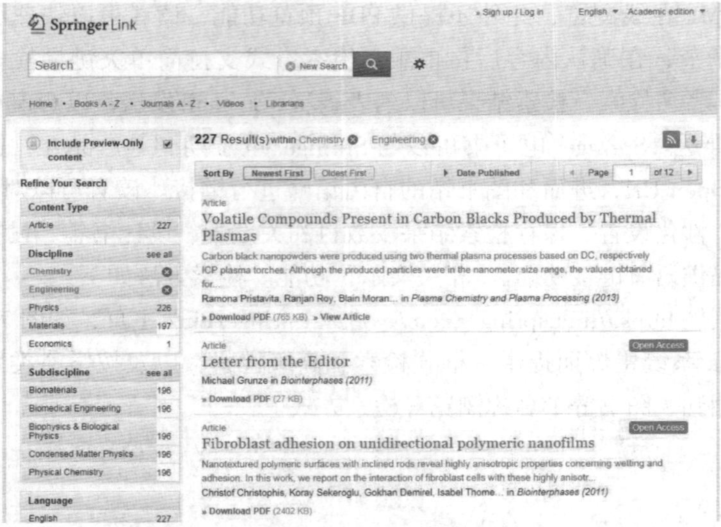

图 7–72　按学科浏览检索界面

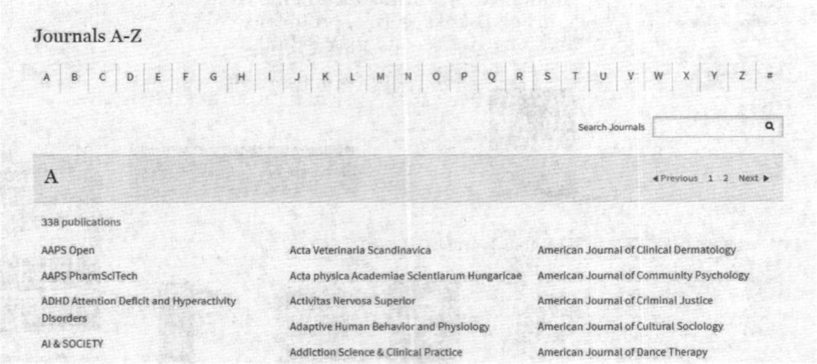

图 7–73　期刊浏览界面

也可在图 7–73 的界面的右框期刊检索中输入期刊名，如查找“Journal of Petroleum Exploration and Production Technology”，结果如图 7–74 所示。

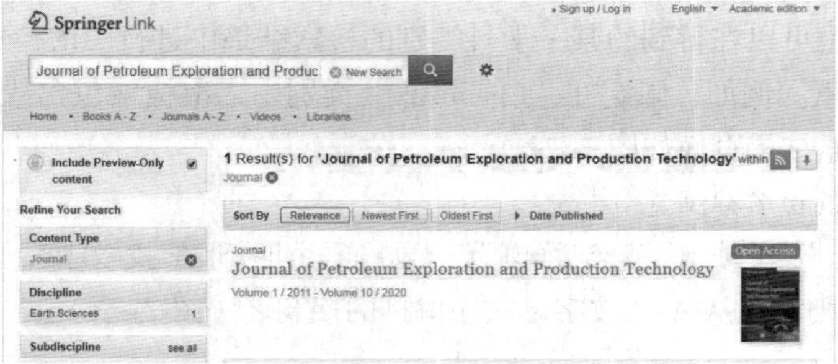

图 7–74　期刊浏览检索结果

3. 快速检索

读者可以直接在如图 7–71 所示主页默认的检索框中输入检索词（词或词组皆可），即可进行快速检索。多个检索词之间系统默认的是布尔逻辑“与”的关系，检索词可以出现在命中文献的任何检索字段中。

4. 高级检索

单击如图 7–71 所示页面中快速检索输入框右侧的“”按钮，即可显示“Advanced Search”选项，当需要准确查找某一方面的文献时，可以选择高级检索。高级检索页面如图 7–75 所示。多个检索项之间默认的是布尔逻辑“与”的关系。

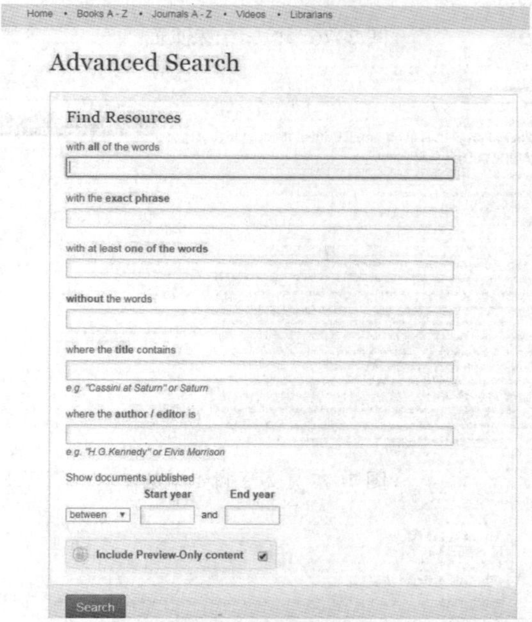

图 7–75　高级检索页面

5. 检索实例

以简单检索为例，在检索框输入检索词“oil based drilling fluids”后，得到 19557 篇相关文献，如图 7–76 所示。在检索结果界面可以按文献类型、学科、子学科和语言等进行二次精炼，同时可以按照相关性、出版时间进行排序，可以下载全文的文献，在每篇文献之后直接显示“Download PDF”，点击即可下载,。

点开欲浏览的文章标题，可以浏览文章的摘要、题目、期刊、关键词和 DOI 等相关信息，如图 7–77 和图 7–78 所示。

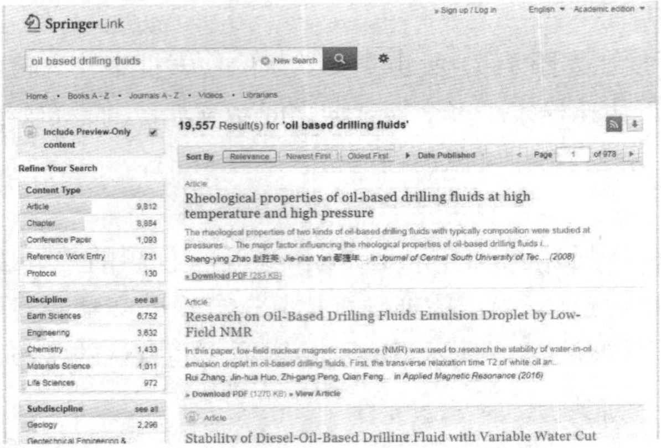

图 7–76　检索结果页面

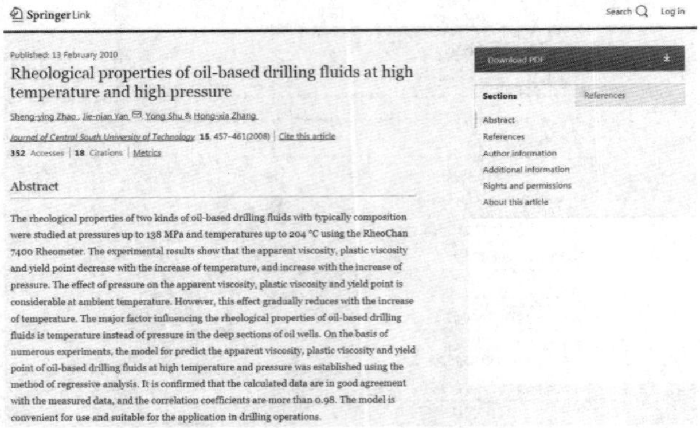

图 7–77　文章摘要浏览

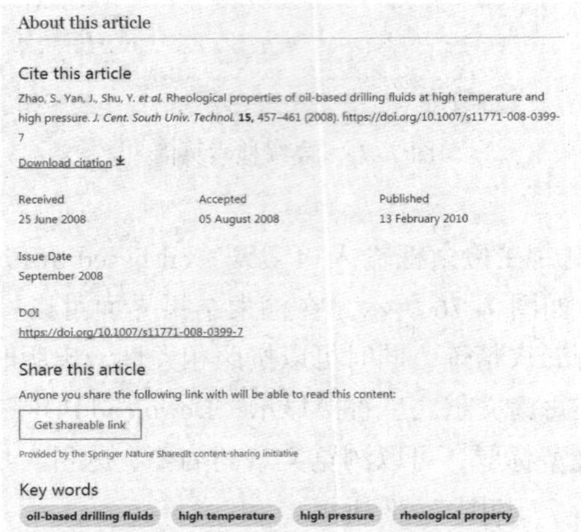

图 7–78　文章关键词浏览

五、IEEE/IET Electronic Library（IEL）全文数据库

IEEE/IET Electronic Library（IEL）是 IEEE 旗下最完整、最有价值的在线数字资源，通过智能的检索平台提供创新的文献信息。其权威内容覆盖了电气电子、航空航天、计算机、通信工程、生物医学工程、机器人自动化、人工智能、半导体、纳米技术、机械工程、石油化工、水利水电、能源与核科学等各种技术领域。

IEEE/IET Electronic Library 是其以前的名称。原来的英国电气工程师学会（IEE）已经于 2006 年 3 月与英国企业工程师学会（IIE）合并组成英国工程技术学会（IET）。IEEEXplore 新平台采用智能检索工具，可全方位聚类检索结果。

平台提供新的个性化服务功能，增加了学科主题浏览及热点浏览，并提供在线帮助功能，如图 7–79 所示。系统主界面提供各种电子图书、会议文献和期刊文献等分类浏览，提供基本检索、高级检索及其他检索选项。

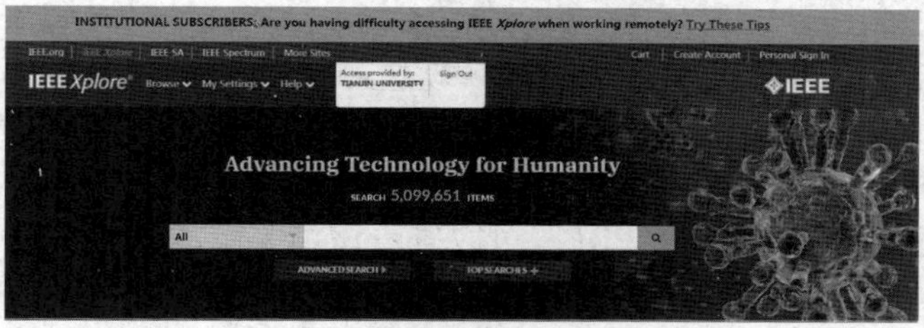

图 7–79　主界面

1. 基本检索

直接在检索框输入检索词，单击检索图标。具体检索步骤如下：

（1）输入检索词。在检索框输入检索词“Oil based Drilling Fluids”，单击“Search”得到一次检索结果，如图 7–80 所示。

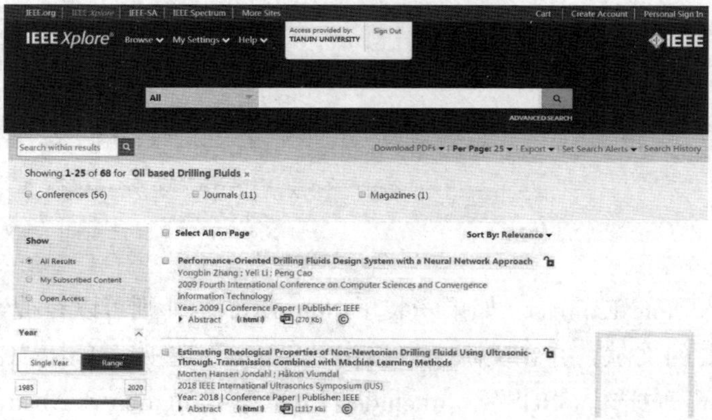

图 7–80　检索结果

（2）进行二次检索。在二次检索框内输入“additives”，单击“Search”，得到二次检索结果，如图 7-81 所示。还可以限定出版年、作者、作者单位、出版物名称和会议地点等进行二次检索。

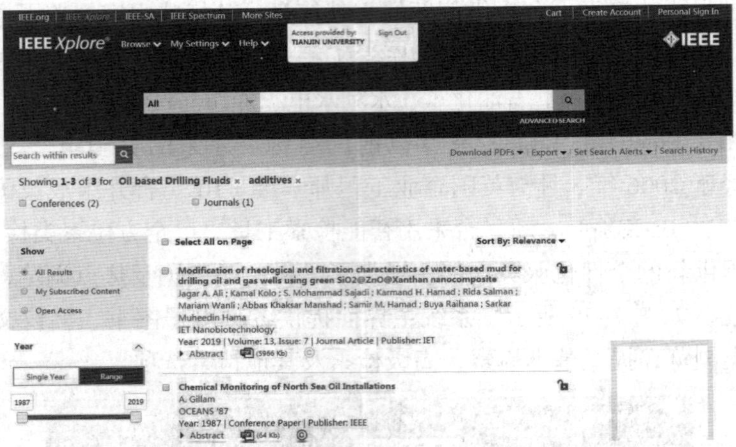

图 7-81　二次检索

（3）检索结果的浏览、下载。单击检索结果下方的“Abstract”，可以快速浏览文献的摘要信息，单击“PDF”可以查看该篇文献的详细信息，如机构已购买，界面会提供全文下载，如图 7-82 所示。

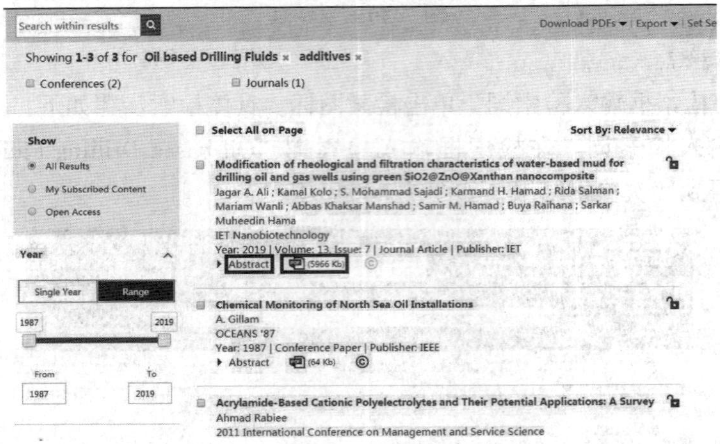

图 7-82　文章下载

（4）导入 Note Express。如果安装了 Note Express，则可以在搜索到相关文献中，选择需要的文献，并在文献上方单击“Export”选项，单击“Citations”，分别在“Format”中选中“RIS”，“Include”中选中“Citation & Abstract 或 Citation Only，如图 7-83 所示。然后点击“Export”即可。

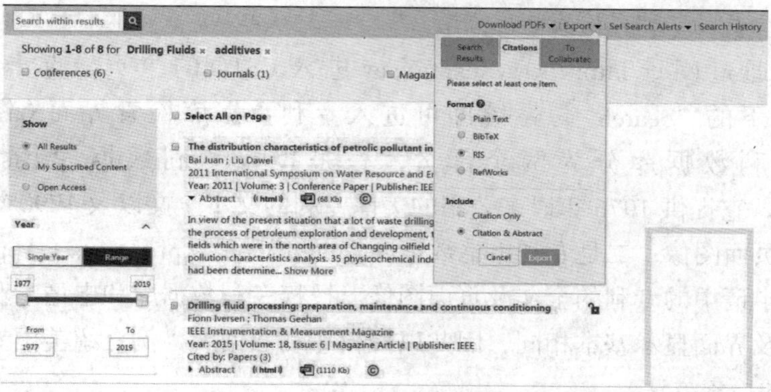

图 7–83　导出文献

2. 高级检索

高级检索可以提供更详细的检索选项，如图 7–84 所示。从而更精准地进行文献检索。具体检索过程与其他检索系统基本相同，这里不再赘述。

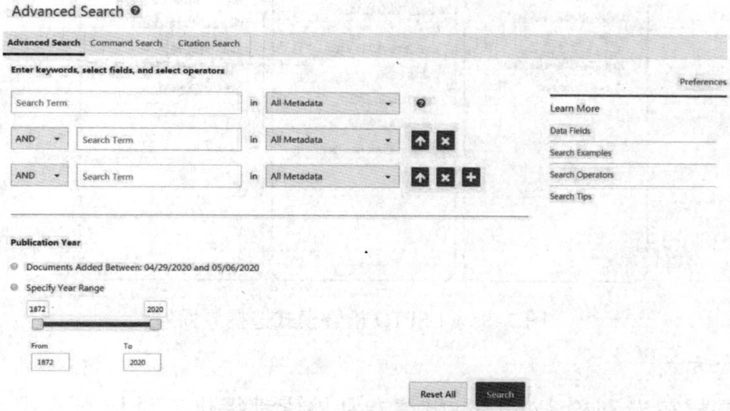

图 7–84　高级检索

六、美国专利数据库

1790 年美国颁布第一部专利法，1836 年成立美国专利局，1952 年颁布现行专利法。美国专利是世界上拥有专利最多的国家，目前已有六百多万件。美国专利法从专利审查到专利文献的分类具有其独特性。美国专利商标局（http: //www. uspto. gov/）免费提供 1976 年以来最近一周发布的美国专利库，该库由全文库专利、全文扫描图像组成。可通过关键词、专利号、发明人、发明单位、发明国家、发明时间等检索。不过要下载相应的 TIFF 插件。有三种检索方式：布尔检索，高级检索，专利号检索。

用户通过网址 http: //www. uspto. gov 进入 USTO 的主页，点击主页左侧“Patents”下的“Search”，系统即可进入专利数据库检索界面（图 7–85）。USPTO 专利数据库分为两个部分，一是授权专利数据库［Issued Patent（PatFT）］，它提供 1976 年以来公布的美国专利的文本全文以及 1790 年以来公布的专利的页面图像；二是专利申请数据库［Published Applications（AppFT）］，它提供尚在申请中的专利的全文及页面图像。授权专利数据库和申请专利数据库的检索方法及界面显示基本相同，因此以授权专利数据库为例介绍美国专利数据库（Uspto）的检索方法。

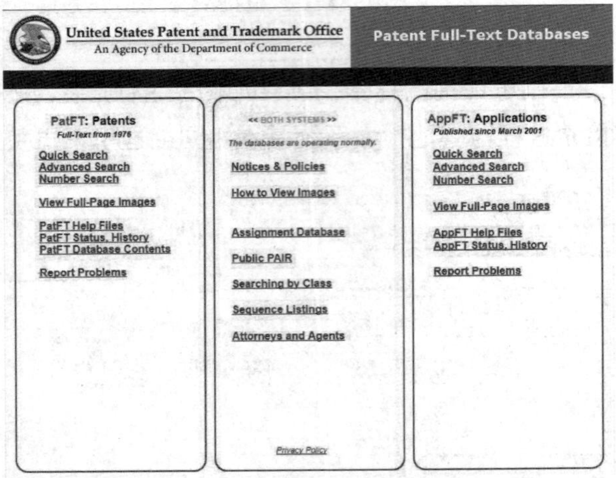

图 7–85　USPTO 检索模式选择界面

1. 检索方式

无论是授权专利检索，还是申请专利检索都提供三种检索方式，即快速检索、高级检索和专利号检索。

1）快速检索（Quick Search）

快速检索模式又称布尔逻辑检索（Boolean Search）模式，如图 7–86 所示，快速检索模式提供两个检索词输入框（Term1、Term2），以及两个对应的字段选择下拉列表框（Field1、Field2）。检索时，用户在“Term1”框中输入检索词，并在对应的“Field1”下拉列表中选择所要检索的字段，如果不需要特别指定某一字段，就选择“All Fields”选项在所有字段中检索。需要进行多词检索时，再在“Term2”中输入第二个检索词，并在对应的“Field2”中选择字段，同时在上下两框之间的布尔逻辑运算符下拉列表中选择适当的运算符，这里提供三种逻辑算符，即 And、Or 和 Andnot。输入框下方还设有检索年代范围选择（Select years）下拉列表框，年代范围包括 1976 to present、1790 to present、1790~1975 年三个年代区间。然后点击“Search”按钮，进行检索。注意，其中 1790~1975 年的专利只能以专利号和当前的美国专利分类号进行检索。

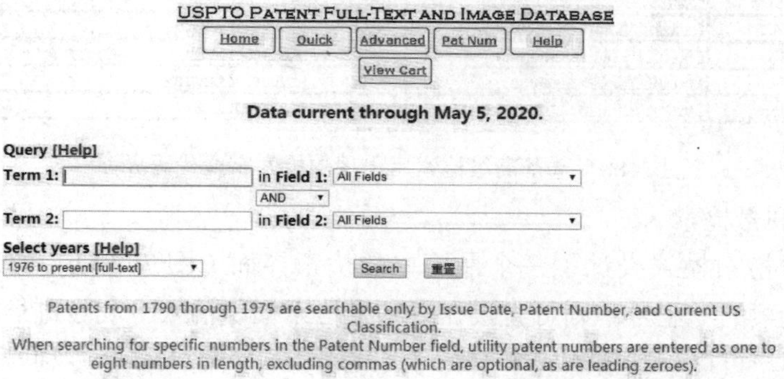

图 7–86　USPTO 快速检索界面

2）高级检索（Advanced Search）

高级检索模式又称指南检索（Manual Search）模式。如图 7–87 所示，高级检索模式提供检索提问输入框“Quary”，检索年代范围选择“Select Years”下拉菜单和 Uspto 数据字段代码（Field Code）与字段名称（Field Name）对应表。检索时，用户可使用命令行检索语法在检索提问框构建一个复杂的检索提问式。这些命令语法包括布尔逻辑关系式、字段限定检索、词组检索、截词检索等。在检索提问框下有各字段的代码和含义（图 7–88），供读者在构建检索式时参考使用，点击字段名，会列出该字段的详细说明及使用帮助。高级检索方式可分三步进行：

（1）从“Select years”下拉菜单中选择所要检索的年代范围。

（2）在“Quary”提问输入框中输入检索提问表达式。

（3）点击“Search”按钮，进行检索。

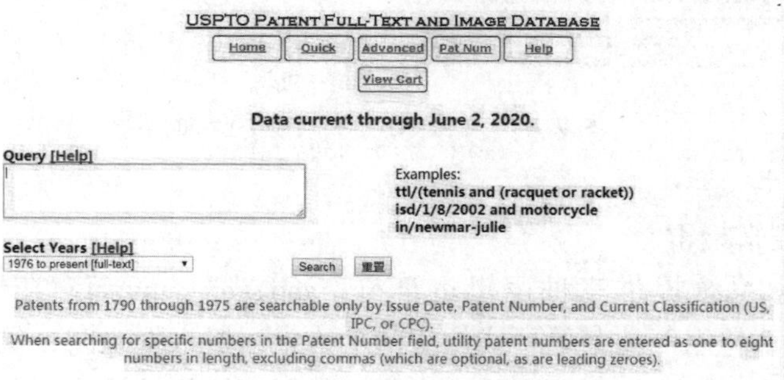

图 7–87　USPTO 高级检索界面

Field Code	Field Name	Field Code	Field Name
PN	Patent Number	IN	Inventor Name
ISD	Issue Date	IC	Inventor City
TTL	Title	IS	Inventor State
ABST	Abstract	ICN	Inventor Country
ACLM	Claim(s)	AANM	Applicant Name
SPEC	Description/Specification	AACI	Applicant City
CCL	Current US Classification	AAST	Applicant State
CPC	Current CPC Classification	AACO	Applicant Country
CPCL	Current CPC Classification Class	AAAT	Applicant Type

图 7–88　选择高级检索后出现的检索字段代码界面

3）专利号检索

专利号检索模式设计了一个最简单的检索界面（图 7–89）。如果用户已经知道所要检索的专利号，则可直接在专利号检索框中输入专利号进行检索。在输入框中，用户可以一次输入一个专利号，也可以一次输入多个专利号进行检索。一次输入多个专利号时，两个号码之间要用一个空格隔开。号码中有无逗号及号码中的字母是否大小写均不影响检索结果。例如：6923014 与 6，923，014；D339，456 与 d339456 的检索结果是一样的。

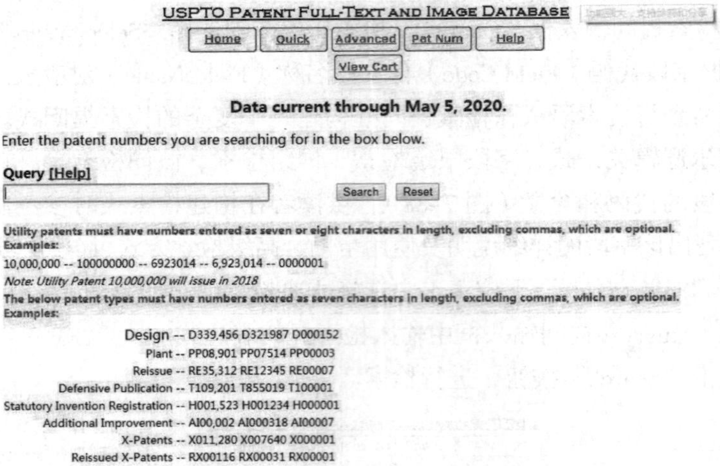

图 7–89　USPTO 专利号检索界面

2. 检索技术

1）布尔逻辑检索

Uspto 检索系统提供三种逻辑运算符：and、or、andnot。在快速检索模式中，三种逻辑算符以下拉菜单形式位于两个检索词输入框之间，供用户选择。在高级检索模式中，用户可直接在检索词之间使用逻辑算符构成复杂的逻辑组配检索式。该系统规定，一个检索表达式中含有多个逻辑算符时，所有逻辑算符按照从左到右的顺序执行。如果要改变某个逻辑算符的执行次序，用括号将该逻辑算符及前后检索词括住，系统优先执行括号中的运算。

如 tennis and(racquet or racket)，表示先执行“or”运算，再执行“and”运算；

Television or (cathode and tube)，表示先执行“and”运算，再执行“or”运算；Needle andnot ((record and player) or sewing)，表示先执行“and”运算，再执行 or”运算，然后执行 andnot 运算。

2）字段限定检索

在 Uspto 的快速检索模式和高级检索模式中均可使用指定字段进行检索，但在两种检索模式中指定字段检索的用法不尽相同。在快速检索模式中，字段表是以下拉菜单的方式位于检索词输入框右边，用户通过下拉菜单选择所要指定的检索字段；在高级检索模式中，用户可用字段代码对检索词进行限制，字段检索输入格式为：字段代码 / 检索词，如 TTL/computer。如果不采用字段限定检索，则系统将在整个专利文本中查找输入的检索词。

3）截词检索

高级检索模式的检索提问中允许使用右截词。在检索词右边使用截词符号“$”可以检索出同根词后的所有变化词。在限定字段中使用截词检索，词根至少应有 3 个字符；不作字段限定使用截词检索时，词根至少应有 4 个字符。不能在有引号括住的短语中截词，如 AN/“general mot $”会导致检索错误。

4）短语检索

使用双引号“”括住的词组，将被系统处理成一个单独的检索词。用这种方法可以检索多词短语的固定形式。但需注意，在引号括住的短语中不能使用截词。

5）日期字段检索

用户可以指定一个自己感兴趣的日期段以缩小检索范围。该功能仅限于日期字段使用，如公开日期（Issue Date）和申请日期（Application Date）。两个日期之间用右箭头“→”连接。例如 :ISD/9/15/2016 → 9/30/2020，表示可检索出 2016 年 9 月 15 日到 2020 年 9 月 30 日期间公布的所有专利。

6）改进检索

每次检索结果显示页面下边都会出现一个改进检索（Refine Search）的界面框。用户根据对前次检索结果浏览后的满意程度，考虑是否改进以前的检索式。如需改进，在 Refine Search 框中输入对原检索式进一步限定的检索词或检索式。

3. 检索结果

快速检索模式执行检索命令后，显示篇名列表（图 7–90），每页显示 50

条专利，按专利号排序。点击专利号或篇名，可以显示该专利的文本格式的全记录（图 7–91），包括著录项、摘要、参考专利文献（可链接到原文）、权利要求（Claims）、说明书全文（Description）。点击全文显示页面上方或下方的“Images”按钮，可以显示 TIFF 图像格式的专利全文，这种格式是将专利的原始说明书扫描而形成，可以看到专利的附图，但必须安装“alterna–tiff”浏览器插件。除了提供文本格式的专利全文显示，还可以通过浏览器的保存功能将专利全文进行保存；图像格式的专利全文可利用“alterna–tiff 浏览器插件的保存功能进行保存，但需要一页一页保存。

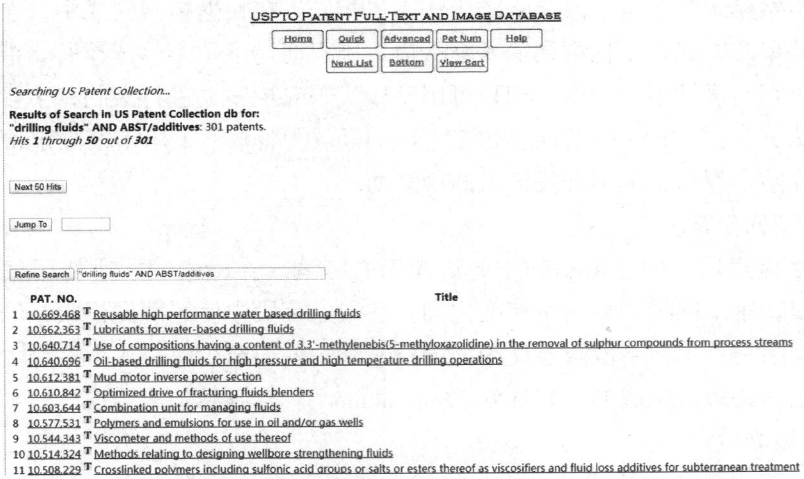

图 7–90　USPTO 检索结果列表显示页面

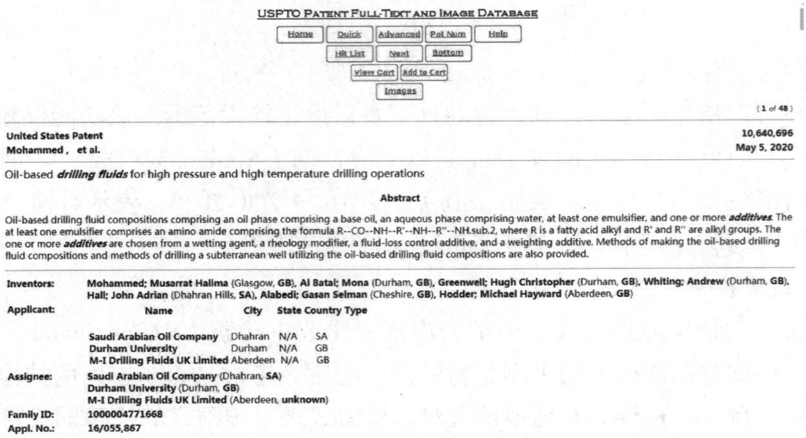

图 7–91　USPTO 全文显示页面

七、欧洲专利检索系统

欧洲专利局（European Patent Office，EPO）是由澳大利亚、英国、芬兰、法国、德国、比利时、丹麦、瑞士、西班牙等 14 个缔约国组成（至 1995 年已有 17 个缔约国）。申请文件可使用英、德、法三种语言。授权专利的条件必须具有新颖性、创造性、工业实用性。

从 1998 年开始，欧洲专利局的 Espcenet 开始向 Internet 用户提供免费的专利服务，esp@cnet 可以免费访问全球 70 多个国家，近 4500 万份专利，其服务内容包括：检索最近两年内由欧洲专利局及其成员国出版的专利；世界知识产权组织 WIPO 出版的 PCT 专利的著录信息及扫描图像；1920 年以来欧洲专利局收集的世界各国专利信息以及 1970 年以来收集的专利的英文标题与摘要。

Espacenet 专利检索平台由欧洲专利局（EPO）管理，其数据来自世界 90 多个国家和地区的 1 亿多件专利文献，其中大部分是递交的专利申请而非已授权的专利。可以检索 EP、WO 及世界范围内的专利文献，可以进行专利全文说明书的浏览、下载和打印。具体检索方法如下：

1. 进入方式

（1）进入欧洲专利局的官网 http://www.epo.org/，如图 7–92 所示。

图 7–92 欧洲专利局主界面

（2）在“Search for patents”中点击“Espacenet–patent search”，进一步点击“Open Espacenet”进入检索平台，如图 7–93 所示。在“Related links”选择中文用户界面，如图 7–94 所示。

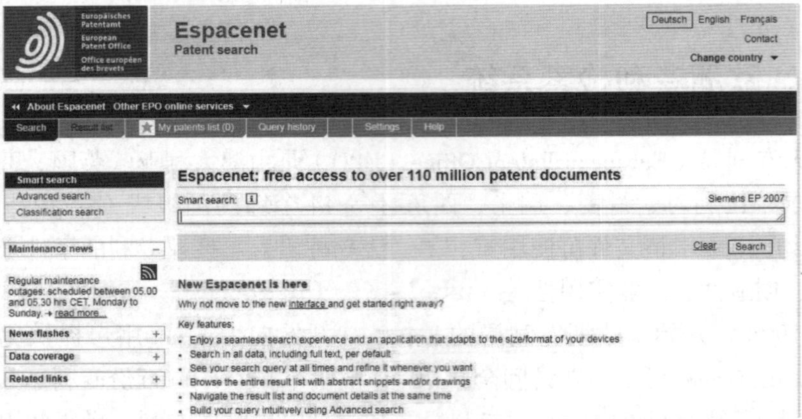

图 7–93　检索界面

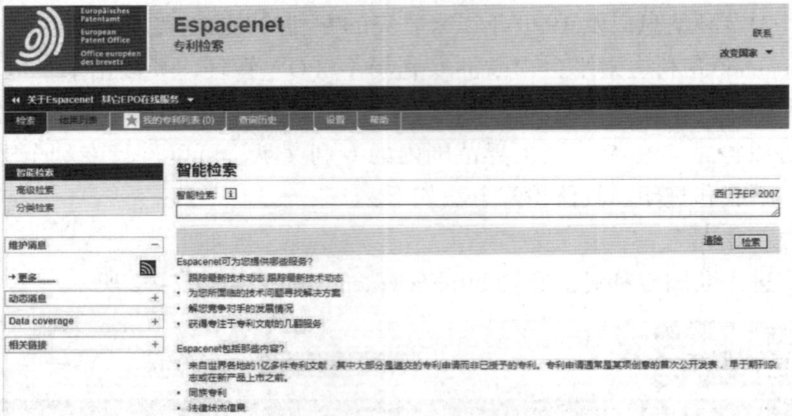

图 7–94　中文检索界面

2. 检索方式

Espacenet 专利检索平台可以提供三种检索方式，分别是智能检索、高级检索和分类检索，另外，用户可以点击图中右上方“改变国家”改变界面语言。

1）智能检索

如图 7–89 所示，Espacenet 智能检索可以输入最多 20 个检索词，并以空格或者适当运算符隔开即可。此方法适用于专利检索目标没那么清晰，只能提供个别检索词的用户，因为系统可以自动识别字段标识符。

2）高级检索

如图 7–95 所示，Espacenet 高级检索提供了 4 个检索集合，总集合是“100 多个国家已公开申请的完整集合”，另外还提供了英文、法文、德文的集合，用户选择不同集合，检索语言会发生相应变化。高级检索栏中主要有题目或文摘中的关键词、授权专利号、申请号、优先国别与优先号、授权日期、申请日、发明者、欧洲专利分类号与国际专利分类号。

Espacenet 高级检索方法与其他专利数据库的高级检索一样，用户根据实际情况输入相关检索条件并点击“Enter”执行检索。

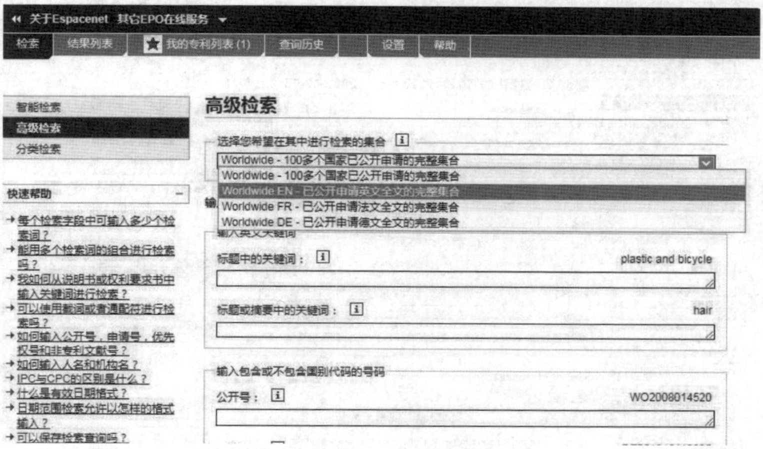

图 7–95　高级检索界面

3）分类检索

Espacenet 分类检索是按照联合专利分类体系（CPC）进行分类的，分类号将专利文献分为很多类，每一类中均为技术内容上相似或者相近的专利文献。点击方框中的“S”图标，可以具体查看每一种分类的详细内容，如图 7–96 所示。

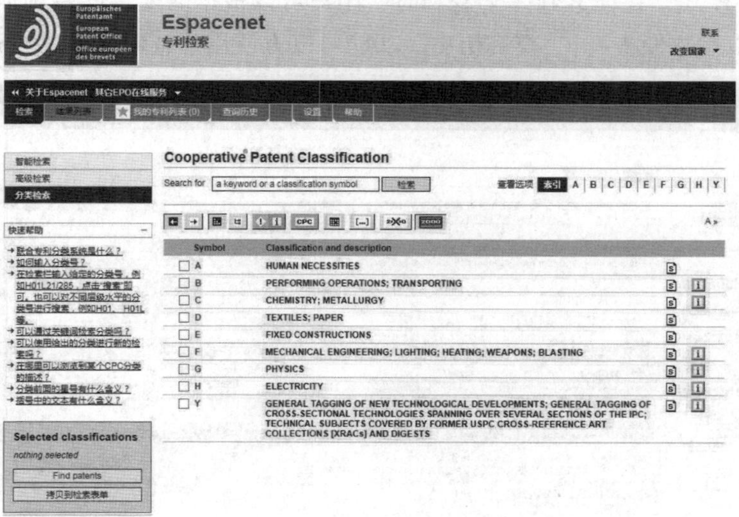

图 7–96　分类检索界面

3. 检索结果

如图 7–97 所示，在检索界面中除了基本的专利信息，Espacenet 还提供了专利摘要的多种语言查看功能，用户可以选择汉语、法语、日语等 27 种语言查看专利摘要信息，下载专利全文。

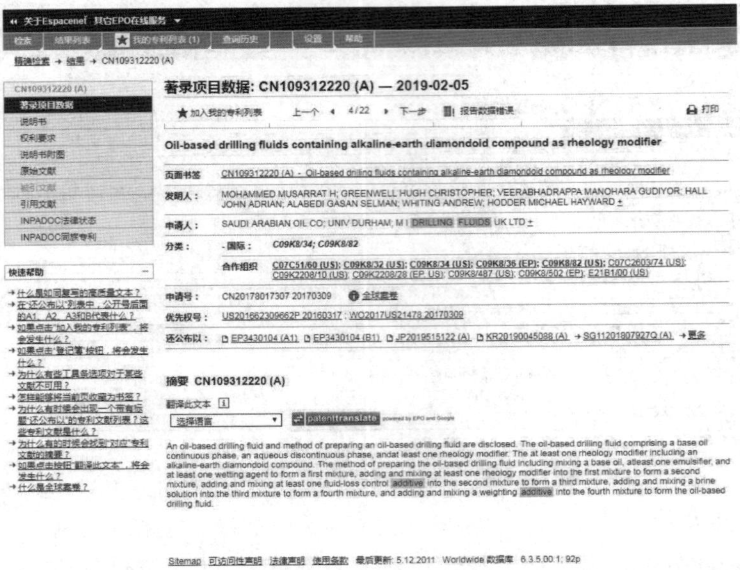

图 7–97　检索结果

如图 7–98 所示，Espacenet 平台设置了“我的专利列表”，并且可以导出 csv 和 xls 文件模式，在搜索到一个专利时，用户可以根据需要将此专利加入我的专利列表，以后方便查看。“查询历史”功能可以方便用户查看之前的搜索历史。

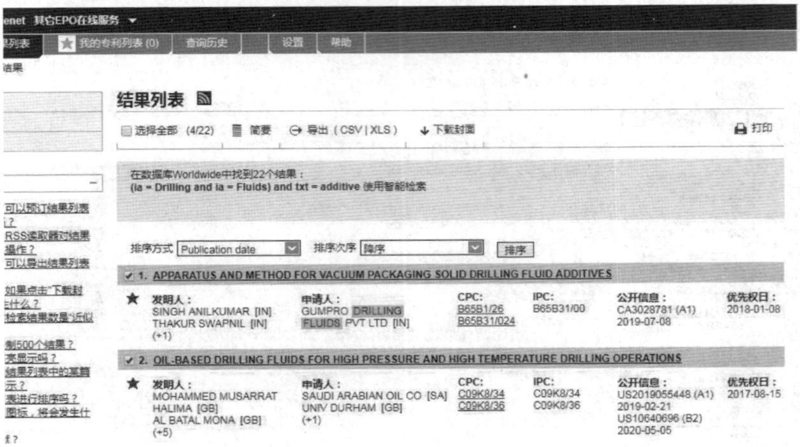

图 7–98　检索结果列表

八、OnePetro 综合数据库

美国石油工程师协会（Society of Petroleum Engineers）是一个拥有 73000 多名成员的专业协会。其成员在世界各地从事能源资源的开发和生产。

SPE 是提供有关石油和天然气勘探和生产技术信息的重要资源。从 2009 年 4 月起，对 SPE 电子资源进行了较大的扩充，扩充后的 SPE 电子资源称为 OnePetro 综合数据库。OnePetro 综合数据库包括美国石油协会、美国岩石力学协会、美国安全工程协会、石油工程师协会等 13 个子数据库。

收录范围：矿藏勘探、地质学、钻井、测井、油藏工程、采油工艺、油井完井、管道运输、矿场机械设计、自动化仪表、计算机应用、海洋开发技术等，对石油专业人员具有较大的参考价值。

OnePetro 综合数据库包括 13 个子数据库：API（American Petroleum Institute）美国石油协会；ARMA（American Rock Mechanics Association）美国岩石力学协会；ASSE（American Society of Safety Engineers）美国安全工程师协会；NACE（The National Association of Corrosion Engineers）国际腐蚀工程师协会；OTC（Offshore Technology Conference）海洋技术会议；SPE（Society of Petroleum Engineers）石油工程师协会；SPWLA（Society of Petrophysicists and Well Log Analysts）石油物理学家和测井分析家协会；SUT（Society for Underwater Technology）水下技术协会；WPC（World Petroleum Congress）世界石油会议；IPTC（International Petroleum Technical Conference）国际石油技术会议；ISRM（International Society for Rock Mechanics）国际岩石机械协会；PETSOC（Petroleum Society of Canada）加拿大石油协会；SPEE（Society of Petroleum Evaluation Engineers）石油评估工程师协会。

首次使用 OnePetro 检索时要先注册，具体注册步骤如下：

（1）登陆 www.onepetro.org，点击页面右上角的［Login］按钮，选择［New user registration］，输入 Email 地址（注意：必须是合法的学校邮箱，后缀为 cup.edu.cn），填写注册所要求的信息。

（2）登陆状态下去往：http://www.onepetro.org/mslib/protected/entitlement/RequestEntitlement.jsp

（3）在显示出来的页面中，再次填入你的学校邮箱地址。

（4）在学校邮箱里，查收 OnePetro 发来的确认信，点击信里的链接即可确认。

检索包括基本检索和高级检索。默认界面为基本检索，如图 7–99 所示。高级检索界面如图 7–100 所示。可以视具体情况选择基本检索或高级检索。

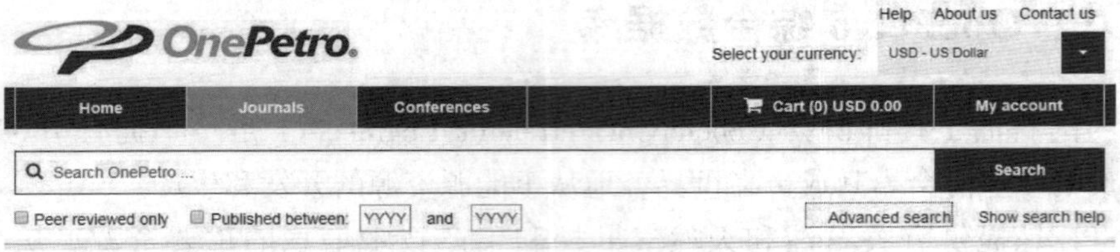

图 7-99　基本检索界面

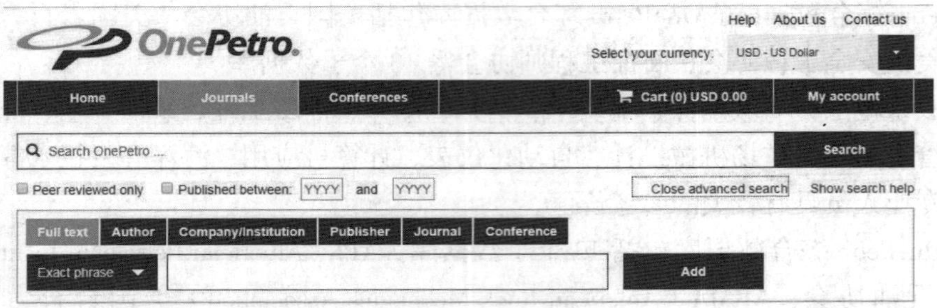

图 7-100　高级检索界面

九、其他有关数据库

（一）SciFinder Scholar 数据库

1. SciFinder Scholar 的主要栏目

SciFinder Scholar 是关于化学及相关学科（包括生物医学、工程、材料、农业等）研究的重要信息来源。用户通过 SciFinder Scholar 可以访问美国化学文摘社（CAS）的多个数据库和 MEDLINE。其主要栏目如下：

（1）物质信息（Substance Information）可以查找化合物结构图示、CAS 化学物质登记号（ CAS Registry SM）和特定化学物质名称。 CAS Registry SM 中包含 2500 多万个化合物，包括合金有机物、络合物、矿物、聚合物、盐类，此外还有相关的化学性质和计算数据。因此，可以通过输入化学物质名称、CAS 化学物质登记号或结构式进行检索。

（2）管控化学品（Regulatory Chemicals）是查询管控化学品信息的工具。用户可以利用这个数据库了解管控化学品的物质的特征、性质、来源与纯度、安全规范。可根据结构式、CAS 化学物质登记号、化学名称（包括商品名、俗名等同义词）和分子式进行检索。该数据库每周更新，每周约新增 50 种物质。

（3）化学反应（Chemical Reactions）帮助用户了解某些化合物的反应途径，

包含多个反应步骤不同的途径。可以用结构式、CAS化学物质登记号、化学名称（包括商品名、俗名等同义词）和分子式进行检索。该数据每周更新，每周新增600~1300个新反应。

（4）专利与期刊（Patent and Journal References）主要包含世界上50多个专利发行机构的专利、期刊论文、图书、评论、学位论文、会议录、技术报告、会议摘要、电子期刊等文献。可以通过主题词、著者姓名、机构名称、文献标识号进行检索。该数据库每日约增3000条记录。

（5）化学品供应信息（Chemical Supplier Information）提供有关化学品供应商的联系信息、价格情况、运送方式、物质的安全和操作注意事项等信息。对于所销售的化学品还包括化学品目录名称、订购号、化学名称和商品名、化学物质登记号、结构式、质量、物理性质、等级等。检索者可用结构式、CAS化学物质登记号、化学名称（包括商品名、俗名等同义词）和分子式进行检索。

（6）医药（Medline）是美国国家医学图书馆出品的包含70多个国家3900多种期刊的生物医学书目型数据库，主要收录1951年以来与生物医学相关的期刊文献。

2. SciFinder Scholar检索方式

（1）信息检索（Explore）包括文献检索（Literature）、物质检索（Substaces）、反应检索（Reactions）三种方式。文献检索用于研究主题、作者、组织机构的检索。物质检索通过输入化学结构或分子式进行检索，进一步了解化学物质的商业来源、管制化学物质列表及反应信息。反应检索为输入已知物质，进行其作为产物、反应物、试剂、催化剂、溶剂等作用的一系列反应的检索。

（2）定位检索（Locate）常用于检索特定的文献或物质。其中Locate Literature主要检索期刊信息。如杂志名与题目（Journal Name，Title）、文献标识（Document Identifier）、专利号（Patent Number）与CA文摘号（CA Abstract Number）；Locate Substance主要检索物质标识（Substance-dentifier）。如化学品名称、CAS登记号（Chemical Name，CAS Registry）。

（3）最新期刊目次浏览（Browse）。提供最新1990余种最近期刊，单击Browse Journal Table of Contents直接浏览1800多种核心期刊的摘要及其引文等编目内容，部分期刊还可以获取全文。

使用时，可以用注册的用户名和密码登录SciFinder：http://scifinder.cas.org。

（二）《美国石油文摘》数据库

《美国石油文摘》（Petroleum Abstracts，简称PA）数据库是美国俄克拉何马州塔尔萨大学情报服务编辑出版的一个石油专业的数据库，该数据库创立于1961年包括印刷版、光盘、网络数据库。收录全球范围内关于石油、天然气方面的信息，是石油专业的重要检索工具。文摘材料选自700余种美国和其他20~30个国家石油勘探和开采等方面的期刊、论文集、会议录、政府报告、学位论文、专利公报等出版物，文种涉及28种，以英文为主。主要内容涉及地质学、地球化学、地球物理、钻探、钻井、完井与维护、储入工程与回收方法、储运、管道铺设、运输与储存、补充技术等。

（三）世界知识产权组织专利检索系统

世界知识产权组织（World Intellectual Property Organisation，WIPO）是一个致力于促进使用和保护人类智力作品的国际组织，总部设在瑞士日内瓦，是联合国组织系统中的16个专门机构之一。它管理着涉及知识产权保护各个方面的24项国际条约，现今成员国有184个国家。该组织主要职能是负责通过国家间的合作促进对全世界知识产权的保护，管理建立在多边条约基础上的关于专利、商标和版权方面的23个联盟的行政工作，并办理知识产权法律与行政事宜。中国于1980年6月3日加入该组织。

世界知识产权组织官方网站提供了可供检索的网上免费数据库，通过该数据库可以检索PCT申请公开、工业品外观设计、商标和版权的相关数据。如进行检索专利，输入https://ipportal.wipo.int/进入门户，点击菜单中的专利，或者输入https://patentscope2.wipo.int/search/en/search.jsf进入检索系统，即可进行专利搜索。

（四）德温特专利检索体系

德温特专利检索体系简称德温特专利出版物（Derwent Patent Publication），德温特专利出版物收录了世界知识产权组织主要成员国的专利文献，具有权威性，其刊物语言是英语。德温特专利出版物的总体结构分为索引、文摘两部分。索引指专利权人索引、国际专利分类索引、专利号索引、登记号索引。文摘包括中心专利索引（实为文摘）；世界专利文摘杂志。

DII数据库即德温特创新索引（Derwent Innovations Index），该数据库将原来的德温特世界专利索引（WPI）与专利引文索引（PCI）加以整合。DII数据库是世界上国际专利信息收录最全面的综合数据库，来源于世界上四十多个国家的专利信息，包括化学、电子与电气、工程三大类，数据库收录起始于1963年。DII采用与Web of Science连接，可通过Web of Science、Web of Knowledge系统以及联机检索系统Dialog数据库和STN联机检索。

第三节 常用搜索引擎或下载工具

一、普通搜索引擎

在互联网上有大量的搜索引擎可以使用。国内常用的有百度、360、必应、搜狗搜索引擎等。这些搜索引擎不仅支持中文，还具有较高的搜索效率，即搜索速度快、分类清晰、查询方便。

1. 百度（https://www.baidu.com/）

百度是全球最大的中文搜索引擎、最大的中文网站。2000 年 1 月创立于北京中关村。从创立之初，百度便将“让人们最便捷地获取信息，找到所求”作为自己的使命，自成立以来，公司秉承“以用户为导向”的理念，不断坚持技术创新，致力于为用户提供“简单，可依赖”的互联网搜索产品及服务，其中包括：以网络搜索为主的功能性搜索，以贴吧为主的社区搜索，针对各区域、行业所需的垂直搜索，Mp3 搜索，以及门户频道、IM 等，全面覆盖了中文网络世界所有的搜索需求。

2. 360 搜索（http://www.360.com/）

360 搜索，原好搜搜索。2016 年 2 月 1 日，好搜搜索更名为 360 搜索。360 搜索属于全文搜索引擎，是目前广泛应用的主流搜索引擎。360 搜索包括新闻、网页、问答、视频、图片、音乐、地图、百科、良医、购物、软件、手机等应用。

3. 必应（http://cn.bing.com/）

必应是由微软公司推出的网络搜索引擎，前身为 Live Search，为符合中国用户使用习惯，Bing 中文品牌名为“必应”。在 Windows Phone 系统中，微软也深度整合了必应搜索，通过触摸搜索键引出，相比其他搜索引擎界面也更加美观，整合信息也更加全面。

4. 搜狗（http://www.sogou.com/）

搜狗是搜狐公司于 2004 年 8 月 3 日推出的全球首个第三代互动式中文搜索引擎。其网页收录量已达到 100 亿页，并且每天以 5 亿页的速度更新。凭借独有的 SogouRank 技术及人工智能算法，使用搜狗可以最快、最准、最全的进行信息搜索。

二、学术搜索引擎

1. Google 学术搜索（http://scholar.google.com/）

谷歌学术是一个可以免费搜索学术文章的 Google 网络应用。2004 年 11 月，Google 第一次发布了 Google 学术搜索的试用版。包括了世界上绝大部分出版的学术期刊，是可以广泛搜索学术文献的简便方法。可以从一个位置搜索众多学科和资料来源，如来自学术著作出版商、专业性社团、预印本、各大学及其他学术组织的经同行评论的文章、论文、图书、摘要和文章。利用 Google 学术搜索可在整个学术领域中确定相关性最强的研究。当无法直接登录时，可以通过镜像登陆（https://ac.scmor.com/）。

输入网址（http://google.seek68.cn/），进入 Google 学术，如图 7–101 所示，将拟检索文献的关键词输入搜索框，点击搜索即可。

图 7–101 Google 学术界面

2. 百度学术搜索（http://xueshu.baidu.com/）

百度学术搜索是一个提供海量中英文文献检索的学术资源搜索平台，涵盖了各类学术期刊、学位、会议论文。百度学术搜索可检索到收费和免费的学术论文，并通过时间筛选、标题、关键词、摘要、作者、出版物、文献类型、被引用次数等细化指标提高检索的精准性。

输入网址，进入百度学术，如图 7–102 所示，将拟检索文献的关键词输入搜索框，点击百度一下即可。

图 7–102 百度学术界面

3. 读秀学术搜索（https://www.duxiu.com/）

读秀学术搜索是超星数字图书馆以 270 万种中文图书资源为基础组成的知

识库系统，为用户提供全文级的检索服务，检索到的图书可直接定位到“本馆电子全文”下载至本地阅读，或链接到本馆书目 OPAC 系统查阅纸质图书，或借助自动文献传递功能通过个人邮箱获取图书的全文链接，实现知识搜索、文献服务（友情提醒：读者每次文献传递不得超过本书的 20% 或单次不超过 50 页）。读秀学术搜索另外还有期刊、报纸、学位论文、会议论文等频道，检索深度均可达到全文级别，借助自助全文传递系统可以在线查看全文信息。读秀学术搜索每月更新，年更新 10 万册图书。

输入网址，进入读秀学术，如图 7-103 所示，将拟检索文献的关键词输入搜索框，点击搜索即可。

图 7-103　读秀学术界面

4. Open Access Library 搜索（https://www.oalib.com/）

Open Access Library（OA 图书馆）在线数据库，里面的所有的文章都来自顶级著名的出版商和数据库，可以满足各个领域学者的需求。同时，那些已经评审或者未发表的文章都可以在线查看。读者可以用关键词在 Open Access Library（OA 图书馆）搜索下载完整的 PDF 格式的文章，这是不需要注册和交任何费用的。

输入网址，进入 Open Access Library 搜索，如图 7-104 所示，将拟检索文献的关键词输入搜索框，点击“Search”即可。

图 7-104　Open Access Library 界面

5. 比菲尔德（BASE）学术搜索（https://www.base-search.net/）

BASE 是世界级海量内容的搜索引擎之一，专注于学术开放获取网络资源。由比菲尔德大学图书馆负责 BASE 营运。BASE 提供超过来自 6000 个信息源 1.4

亿文献，能获取60%经过索引后的文件全文。

输入网址，进入BASE学术，如图7–105所示，将拟检索文献的关键词输入搜索框，点击搜索即可。

图7–105　BASE界面

6. Semantic Scholar 搜索（https://www.Semanticscholar.org/）

Semantic Scholar是美国艾伦人工智能研究所2015年11月2日推出的一款基于人工智能新的学术搜索引擎，其检索界面如图7–106所示。

Semantic Scholar利用“机器阅读”技术从文本中挑选出最重要的关键词和短语，而且不需要依赖作者或出版商键入这些关键词，该引擎还可以判断文章所论述的主题，也可以从论文中提取图表，将它们呈现在检索结果中，帮助用户快速理解论文内容。Semantic Scholar可以辨别一篇文章引用的参考文献是否具有重要的参考价值，基于此评价论文的学术影响力，可快速获得重要文献。

图7–106　Semantic Scholar界面

7. Microsoft Academic Search 搜索（https://academic.microsoft.com/home）

2006年，Microsoft公司推出了学术搜索引擎Microsoft Academic Search（简称MAS）。MAS检索界面如图7–107所示。MAS按照领域对文献信息进行组织和检索，主要包括：农业科学、艺术和人类、生物学、化学、计算机科学、经济和商业学、工程学、环境科学、地理科学、材料科学、数学、医学、物理学、社会学和交叉学科15个领域。MAS的检索范围目前只局限于英语。

而MAS的结果呈现方式主要是在对结果进行分类的基础上，以集合和图形的形式呈现给用户，而不再只是传统的网页列表。MAS 通过数据挖掘，将学者之间的合著情况和学者之间的引证关系用合著者网络图、合著路径图、引证关系图表示出来。MAS 的个性化功能包括提供可视化、订阅和移动服务功能。

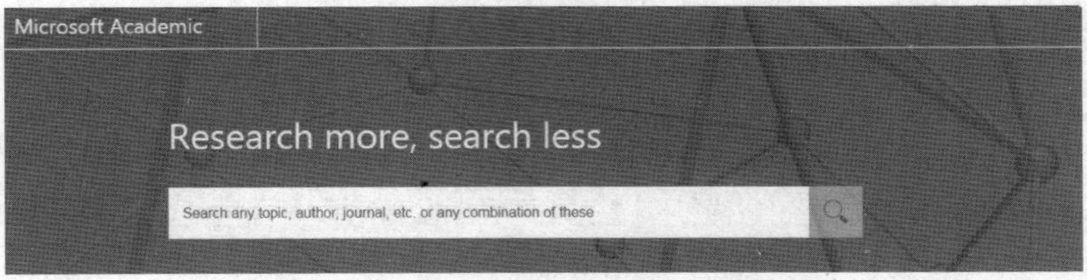

图 7-107　Microsoft Academic Search 界面

8. Socolar 搜索（http://www.socolar.com/）

新版 Socolar 平台内容涵盖来自全球 100 多个国家，近 7000 家出版社的近 3 万多种学术期刊资源。其中开放获取文章超过 1000 万篇，付费获取文章超过 4500 万篇。

内容广泛被 SCI、SSCI、SCIE、AHCI、EI、PubMed、DOAJ 收录，文章语种包括中文、英语、西班牙语、德语、葡萄牙语、法语等 40 种语言。其检索界面如图 7-108 所示。

图 7-108　Socolar 界面

三、专利搜索引擎

1. Innojoy 专利搜索引擎（http://www.innojoy.com/search/index.html）

Innojoy 专利搜索引擎是一款集全球专利数据检索、分析、下载、管理、转化、自主建库等功能于一体的专利情报综合应用平台，一站式实现专利数据信息资源的有效利用和管理。

Innojoy 专利搜索引擎提供方便快捷的全球数据获取通道，高度整合专利文献资源，涵盖全球 105 个国家和地区 1 亿多条专利数据，如专利文摘、说明书、法律状态、同族专利、引证引用等信息。

输入网址，进入 Innojoy，如图 7-109 所示，将拟检索专利文献检索词输入搜索框，点击检索即可。

图 7–109 Innojoy 专利搜索界面

2. Soopat 专利搜索引擎（http://www.soopat.com/）

Soopat 立足专利领域，致力于专利信息数据的深度挖掘，以及专利信息获得的便捷化。Soopat 提供中国专利和世界专利的搜索，其中世界专利包含 99 个国家和地区、超过 9500 万专利文献，时间跨度超过 350 年。

输入网址，进入 Soopat，如图 7–110 所示，将拟检索专利的关键词输入搜索框，点击搜索即可。

图 7–110 Soopat 专利搜索界面

3. 利用药物在线下载专利（https://www.drugfuture.com/）

DrugFuture 药物在线是广泛、专业的药物信息提供平台。聚焦于全球药物研发信息，提供药物信息资讯、药物科学数据库、药物开发资源共享、专利信息检索下载等。

输入网址，打开网页，点击专利数据，如图 7–111 所示，然后可以选择中国专利全文下载或美国专利全文下载或欧洲专利全文下载，中国专利输入申请号或专利公开（公告）号、美国专利公开号或授权号、欧洲专利输入专利号即可进行下载。

图 7-111　DrugFuture 药物在线界面

四、其他搜索引擎或学术资源

1. 百度文库（https://wenku.baidu.com/）

百度文库是最大的教育开放平台，日均 5000 万精准学习用户。拥有超过 2 亿份高价值文档资源，内容涵盖资格考试、人文社科、经营管理、工程技术、IT 计算机、医药卫生、农林渔牧等 53 个行业。

2. 百链云图书馆文献传递系统（https://www.blyun.com/）

百链云图书馆文献传递系统实现与 600 多家图书馆 OPAC 系统、电子书系统、中文期刊、外文期刊、外文数据库系统集成，读者直接通过网上提交文献传递申请，即可以实时查询申请处理情况，以在线文献传递方式通过所在成员馆获取文献传递网成员单位图书馆丰富的电子文献资源。该系统的服务内容包括文献传递申请和文献传递处理。

目前百链云图书馆拥有 2.7 亿条元数据（包括文献有：中外文图书、中外文期刊、中外文学位论文、会议论文、专利、标准等），并且数据数量还在不断增加。其中收录有 310 万中文图书书目，中文期刊 5820 万篇元数据，外文期刊 8972 万篇元数据。中文期刊论文全文满足率 96%，外文资源全文保障率 86%。

输入网址，进入百链，如图 7-112 所示，将拟检索文献的关键词输入搜索框，点击搜索即可。

图 7–112　百链界面

3. 超星发现（https://www.chaoxing.com/）

超星发现以近十亿海量元数据为基础，利用数据仓储、资源整合、知识挖掘、数据分析、文献计量学模型等相关技术，较好地解决了复杂异构数据库群的集成整合、完成高效、精准、统一的学术资源搜索，进而通过分面聚类、引文分析、知识关联分析等实现高价值学术文献发现、纵横结合的深度知识挖掘、可视化的全方位知识关联。

输入网址，进入超星发现，如图 7–113 所示，将拟检索文献的关键词输入搜索框，点击搜索即可。

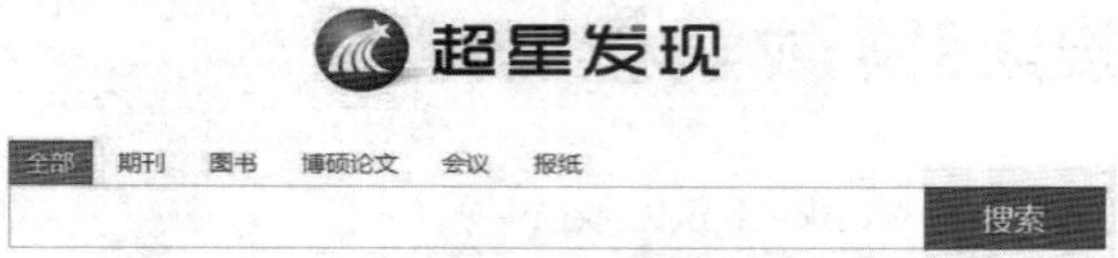

图 7–113　超星发现界面

4. 全国图书馆参考咨询联盟（http://www.ucdrs.superlib.net/）

“全国图书馆参考咨询联盟”拥有我国目前最大规模的中文数字化资源库群：电子图书 120 万种，期刊论文 4000 多万篇，博硕士论文 300 万篇，会议论文 30 万篇，外文期刊论文 500 万篇，国家标准和行业标准 7 万件，专利说明书 86 万件，以及全国公共图书馆建立的规模庞大的地方文献数据库和特色资源库，提供网络表单咨询、文献咨询、电话咨询和实时在线咨询等多种方式的服务。

输入网址，进入检索页面，如图 7–114 所示，将拟检索文献的内容输入搜索框，点击搜索即可。

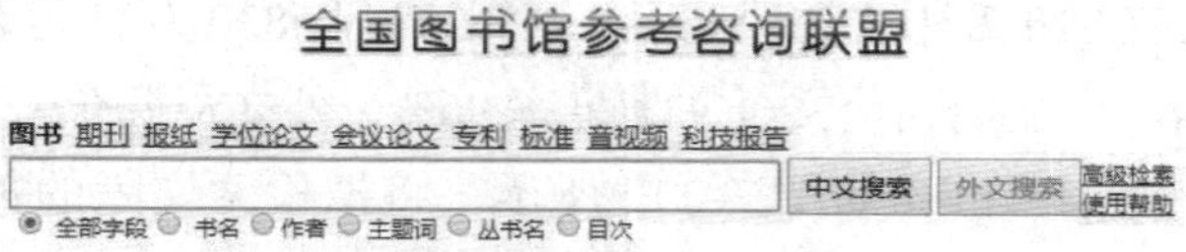

图 7–114　全国图书馆参考咨询联盟检索界面

5. 全国报刊索引数据库（https://www.cnbksy.com/home）

收录了全国包括港、台地区的期刊 8000 种左右。内容包括我国与各省市自治区党政军、人大、政协等重大活动、领导讲话、法规法令、方针政策、社会热点问题、各行各业的工作研究、学术研究、文学创作、评论综述以及国际、国内的重大科研成果等。

《全国报刊索引数据库》源于期刊《全国报刊索引》，收录的内容以及收录范围与《全国报刊索引》相同，但在数量与收录报刊品种上都多于报刊索引。该数据库收录了自 1857 年至今的内容。

输入网址，进入检索页面，如图 7–115 所示，将拟检索文献的内容输入搜索框，点击搜索即可。

图 7–115　全国报刊索引数据库检索界面

6. Information Bridge（http://www.osti.gov/scitech/）

Information Bridge 是由美国能源部 DOE 下属的科学与技术信息办公室 OSTI 开发维护的搜索工具，提供美国能源部 1994 年以来研究成果的全文文献和目录索引，涉及的学科领域包括物理、化学、材料、生物、环境科学、能源技术、工程、计算机与情报科学和可再生能源等。检索功能有基本检索和高级检索两种。

输入网址，进入 Information Bridge 搜索界面，如图 7–116 所示，将拟检索文献的关键词输入搜索框，点击搜索即可。

图 7–116　Information Bridge 搜索界面

7. 其他学术资源网站

（1）免费论文下载中心：http://www.hi138.com/

（2）Idata 中文检索：https://www.cn–ki.net/

（3）CiteSeerX：http://citeseerx.ist.psu.edu/index

（4）Scielo 科技在线电子图书馆：http://www.scielo.org/

（5）Hindawi 出版公司：http://www.hindawi.com/journals
（6）DOAJ：https://doaj.org/
（7）发展中国家联合期刊库：http://www.bioline.org.br/
（8）Open J-Gate 开放获取期刊门户：http://www.openj-gate.com/
（9）OA 期刊文献检索系统：http://www.doaj.org/
（10）Library Genesis：http://gen.lib.rus.ec/
（11）Thèses：https://www.theses.fr/
（12）Scientific Research Publishing：http://www.scirp.org/
（13）PDF 搜索引擎：http://www.sopdf.com/zh-hans
（14）SciSeek：http://www.sciseek.com/
（15）ZLibrary：http://zh.b-ok.org/
（16）Printfu：http://printfu.org/
（17）Docjax：http://docjax.com/
（18）Find Articles：http://findarticles.com/
（19）CnpLinker：http://cnplinker.cnpeak.com/
（20）Find-pdf-doc：http://www.findpdfdoc.com/
（21）Chemblink：http://www.chemblink.com/
（22）XERFI：http://www.xerfi.com/
（23）Chemistry Central：http://www.chemistrycentral.com/
（24）中国科学引文数据库：http://sciencechina.cn/scichina2/index.jsp
（25）ABC Chemistry：http://www.abc.chemistry.bsu.by/current/fulltext.htm

参考文献

[1]王中华.钻井液监督与工程师读本[M].北京：中国石化出版社，2020.

[2]王雨磊.学术论文写作与发表指引[M].北京：中国人民大学出版社，2017.

[3]王红军.文献检索与科技论文写作入门[M].北京：机械工业出版社，2018.

[4]赵碧岩.信息检索原理与方法教程[M].北京：化学工业出版社，2005.

[5]王立诚.科技文献检索与利用[M].5版.南京：东南大学出版社，2014.

[6]赵鸣，丁燕.科技论文写作基础[M].北京：科学出版社，2014.

[7]刘冠军，尹世久，王蒙.科学素养与科技论文写作[M].北京：首都经济贸易大学出版社，2014.

[8]王生荣.科技论文写作基础[M].兰州：甘肃科学技术出版社，2006.

[9]吴成福.科技论文写作[M].郑州：黄河水利出版社，1998.

[10]王大锐.油气勘探开发科技论文写作基础与技巧[M].北京：石油工业出版社，2006.

[11]毕润成.科学研究方法与论文写作[M].北京：科学出版社，2008.

[12]裘玉平.专业技术论文与科研报告撰写[M].2版.北京：人民交通出版社股份有限公司，2017.

[13]孙平，伊雪峰.科技写作与文献检索[M].2版.北京：清华大学出版社，2016.

[14]吴勃.科技论文写作教程.2版[M].北京：中国电力出版社，2014.

[15]徐有富.学术论文写作十讲[M].北京：北京大学出版社，2019.

[16]穆安民.科技文献检索实用教程[M].4版.重庆：重庆大学出版社，2015.

[17]陈琼，朱传方，辜清华.化学化工文献检索与应用[M].2版.北京：化学工业出版社，2019.

[18]高瑞卿.学术论文写作[M].长春：吉林文史出版社，1991.

[19]赵东元，查长松，雍明远，等.科技写作[M].北京：国防工业出版社，2008.

[20]苗绍慧，黄中艳，王灿宇.科技论文的基本特性及其撰写与创作要点[J].中外企业家，2013(7):147-149.

[21]王燕军.现代科技文献的特点和作用[J].中国出版，1996(9):44-46.

[22]刘灵芝.怎样撰写科技论文[J].天津科技，2020，47(1):92-94，97.

[23]王雪萍，李富军，门可，等.加强科研设计提高论文质量[J].中国科技期刊研究，2004，16(2):234-236.

[24]郭海鸥.从编辑的角度看科技论文选题[J].河南教育学院学报:自然科学版，2018，27（4）:49-50.

[25]张国富，张琪.科技期刊论文的选题原则与撰写策略——基于《燃料与化工》的审稿视角[J].燃料与化工，2018，49（6）:1-4.

[26]科研文献应该这样去研读[EB/OL].（2020-08-03）[2020-10-15] https://mp.weixin.qq.com/s/PkvP_YZpxf_CBUtYc6KHqg.

[27]任强.学术论文和学术报告的起、承、转、合[EB/OL].（2018-10-27）[2020-09-22] https://mp.weixin.qq.com/s/JdzejdIO10q2KuEN9uto4Q.

[28]王洪娟.科技论文论点确定的方法和要求[J].河北电力技术，2008，27（1）:59.

[29]王克黎.浅议科技论文写作的逻辑构成[J].北京建筑工程学院学报，2006，22（1）:73-75.

[30]周新年，沈嵘枫，周成军.学术论文写作流程与写作技巧[J].吉林农业科技学院学报，2012，21（2）:67-70.

[31]教你六步写好一篇学术论文[EB/OL].（2020-10-28）[2020-11-03] https://mp.weixin.qq.com/s/jW6gP8eZPjTz2oqbH6EmMQ.

[32]陈淦，杨新玲.科技期刊论文插图的一般要求[J].中国科技期刊研究，2004，15(6):740-742.

[33]李德根.科技论文插图的技术要求与软件编辑技巧[J].内蒙古广播与电视技术，2017，34（10）:73-78.

[34]杨建萍.科技期刊的图与表[J].甘肃医药，2008，27（3）：22-24.

[35]刘万才，张凯，龚玉琴，等.科技论文写作讲座之五，科技论文撰稿中图表的规范应用[J].中国农技推广，2007，23（9）:43-45.

[36]于晓东.科技论文写作中的插图和表格[J].工业技术与职业教育，2012，10(4):59-60.

[37]王小艳.从逻辑学角度研究三线表多层次栏目设置问题[J].天津科技，2016，43（12）:91-95.

[38]杨超，闫淑萍.化工科技论文撰稿常识（三）——量和单位的使用规范和要求[J].河北化工，2013，36（1）:70-74.

[39]牛冬静，闫淑萍.化工科技论文撰写常识（二）——化学式及数学式的表达及要求[J].河北化工，2012，35（12）:77-80.

[40]袁正明.科技论文写作知识（Ⅱ）[J].山西大学学报:自然科学版，2004，27（2）:100-110.

[41]《江苏化工》编辑部.科技论文中的图表数字与化学式[J].江苏化工，2004，32（4）:60-60.

[42]叶蓓蓉.企业技术人员如何撰写科技论文[J].安徽化工，2013，39(6):98-100.

[43]王克黎.科技论文摘要的撰写与常见问题[J].北京建筑工程学院学报，2012，28(2):76-78，82.

[44]龙娅丽，曾莉娟，周海慧.中文科技期刊论文摘要写作问题分析[J].科技传播，2019，11(13):11-13.

[45]孙晓玲.科技论文写作旨在突出创新[J].西北师范大学学报:自然科学版，2007，43(6):111-114.

[46]汪廷璋.科技论文摘要撰写指南[J].物探装备，2007，17(2):156.

[47]董志坚.科技论文引言的撰写[J].中国科技期刊研究，2004，15(6):743-744.

[48]陈溥远.实现水科学论文章节要素规范写作的有效途径——照模板写论文[J].中国科技期刊研究，2010，21(2):232-237.

[49]姜生有.科技论文参考文献著录的若干问题[J].闽南师范大学学报(自然科学版)，2019，32(3):98-101.

[50]宋萍.对工程科技论文写作的探讨[J].城市建设理论研究(电子版)，2012(32):1-4.

[51]寇蕾蕾，祝忠明.现行论文作者署名制度存在的问题及对策建议[J].中国科技期刊研究，2020，31(5):498-505.

[52]闫淑萍，杨超，牛冬静，等.化工科技论文撰写常识(一)——题名的确定、摘要的编写及关键词的选取[J].河北化工，2011，34(1):74-78.

[53]俞菁，张月红.国内外化学工业类期刊网站对比分析和启示[J].中国科技期刊研究，2018，29(12):1280-1284.

[54]闫建军.科技论文摘要常见问题辨析[J].中小企业管理与科技，2014(11):168-169.

[55]学位论文写作.如何一步步写出引言[EB/OL].(2020-06-30)[2020-10-04]https://mp.weixin.qq.com/s/atz6Hz-P0cERitdS1Z4c5g.

[56]宗淑萍.科技论文引言中常见问题及写作技巧探讨[J].河北农业大学学报(农林教育版)，2011，13(1):105-107.

[57]李鸿斌，李淑娟，李邦杰.科技论文引言写作常见问题及注意事项[J].今传媒，2011(12):114-115.

[58]吴芹，王光银，李雪蕾.科技论文摘要及其结尾的写作方法研究[J].山东建筑大学学报，2016，31(1):98-101.

[59]王永新.与你分享：教你如何写好工程技术论文[EB/OL].(2019-01-31)[2020-10-10]https://mp.weixin.qq.com/s/15FB8SYsYqF06dEZ7Spfkw.

[60]邓履翔，王维朗，陈灿华.欺诈引用——一种新的不当引用行为[J].中国科技期刊研究，2018，29(3):237-241.

[61]扶文静．科技论文中参考文献著录问题［J］．湖南科技学院学报，2009，30（7）:233-234，240.

[62]任锦．综述型论文对科技期刊影响力的贡献［J］．科技与出版，2014（5）:150-153.

[63]庄庆德．科技论文撰写系列讲座（一）——综述类论文的写法［J］．国外电子测量技术，2008，27（1）:1-2.

[64]秦宇，郭为．管理学文献综述类文章写作方法初探［J］．外国经济与管理，2011，33（9）:59-64.

[65]王健，王海滨．论综述性学术论文的写作［J］．洛阳师范学院学报，2011，30（6）:127-128.

[66]孙泽生，毕占天．本科毕业论文写作的要点和技巧——研究准备阶段［J］．浙江科技学院学报，2014，26（4）:308-313.

[67]姜晨．学术论文文献综述写作研究［J］．科技经济导刊，2016（35）:126-127.

[68]李铭娜．撰写综述性科技论文常见问题［J］．黑龙江工程学院学报，2017，31（5）:78-80.

[69]项东，孙浩森，赵成龙，等．科技期刊文献综述论文的写作方法［J］．山东建筑大学学报，2017，32（5）:507-510.

[70]陆小辉．计算机科技文献检索［J］．科技广场，2009（10）:50-51.

[71]胡蕊君．科技文献检索的有效途径［J］．天津科技，2004，31（5）:53-54.

[72]高丁丁．浅谈科技文献检索的技巧［J］．教育观察，2016，5（10）:135-136.

[73]韩玲．科技文献检索在科研选题中的重要作用［J］．江苏科技信息，2019（33）：11-13.

[74]邓要武．科技报告、专利文献和标准文献资源检索与利用［J］．图书馆工作与研究，2008（7）:71-74.

[75]吴进．中文搜索引擎与网络文献检索［J］．图书情报导刊，2009，19（3）:42-43.

[76]王苏海，颜惠，袁丽芬．Internet 免费检索常用科技文献数据库导览［J］．江苏图书馆学报，2002（6）:37-39.

[77]王栋，杜山弘，游洪文，等．利用现代科技手段检索石油科技文献［J］．江汉石油学院学报（社科版），2003，5（增刊）:154-155.

[78]文献跟踪、阅读、使用、引用和介绍［EB/OL］．［2020-10-30］https://zhuanlan.zhihu.com/p/128461676.

[79]想高效利用文献的你，最好点开看一下［EB/OL］．（2018-04-02）［2020-10-04］https://mp.weixin.qq.com/s/58b9DcOA5rwanbghN_V1YA.

[80]张新，王红伟．电子文献与纸质文献之比较［J］．医学信息学杂志，2007，28（4）:408-410.

[81]蔡先金，赵海丽 . 电子文献释义及其与纸质文献比较［J］. 图书馆理论与实践，2012（4）:26-31.

[82]李双，刘鹏 .“Ei”数据库使用方法简介［J］. 山东建筑大学学报，2012，27(5):553-554.

[83]吴旭，代根兴 . Web of Science 数据库检索系统［J］. 情报科学，2002，20(3):293-296，305.

[84]夏冬，任波，谢黎 . 科技论文检索工作中 SCI 数据库的使用探究［J］. 图书情报导刊，2016，1（12）:107-112.

[85]ScienceDirect 数据库［EB/OL］.（2019-04-22）［2020-10-07］.https://lib.fjmu.edu.cn/2018/0524/c2650a76407/page.htm.

[86]德国 Springer 数据库使用说明［EB/OL］.（2015-06-17）［2020-10-07］. http://lib.lnpu.edu.cn/info/1095/1143.htm.

[87]IEEE/IET Electronic Library（IEL）数据库［EB/OL］.（2020-06-19）［2020-10-07］. https://lib.sztu.edu.cn/info/1111/2922.htm.

[88]陈怡橙，胡金月 . 欧专局 Espacenet 检索平台［EB/OL］.（2020-06-02）［2020-06-04］https://www.sohu.com/a/318148579_120066701.

[89]刘敏 . 中英文学术搜索引擎的对比研究［J］. 图书馆学研究，2014（24）:31-37.

[90]吴进 . 中文搜索引擎与网络文献检索［J］. 图书情报导刊，2009，19（3）:42-43.

[91]谢智敏，郭倩玲 . 基于深度学习的学术搜索引擎——Semantic Scholar［J］. 情报杂志，2017，36（8）:175-182.

[92]赵蓉英，陈烨 . 学术搜索引擎 Google Scholar 和 Microsoft Academic Search 的比较研究［J］. 情报科学，2014，32（2）:3-6，15.